福建省服務海西重大研究項目、國家社科基金重大項目子課題

馬重奇◎主編

《潮聲十七音》

整理及研究

馬重奇　蔡麗華◎編著
姚弗如◎原著

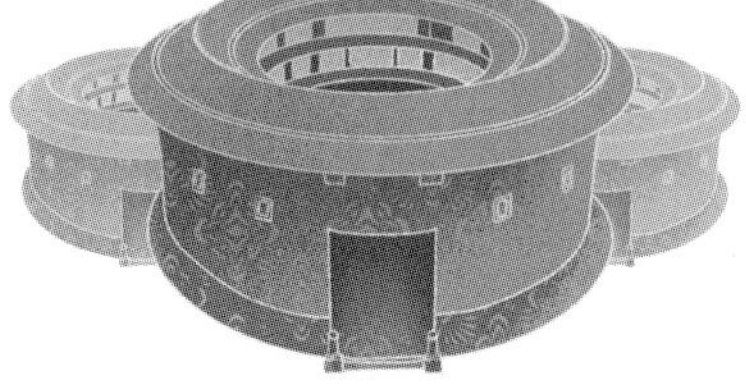

中国社会科学出版社

圖書在版編目（CIP）數據

《潮聲十七音》整理及研究／馬重奇，蔡麗華编著．—北京：
中國社會科學出版社，2022.4
（清代民初閩方言韻書整理及研究叢書）
ISBN 978－7－5203－9693－6

Ⅰ.①潮…　Ⅱ.①馬…②蔡…　Ⅲ.①閩語—韻書—研究
Ⅳ.①H177

中國版本圖書館 CIP 數據核字（2022）第 025634 號

出 版 人　趙劍英
責任編輯　張　林
特約編輯　張　亮
責任校對　周晓东
責任印製　戴　寬

出　　版　中國社會科學出版社
社　　址　北京鼓樓西大街甲 158 號
郵　　編　100720
網　　址　http://www.csspw.cn
發 行 部　010－84083685
門 市 部　010－84029450
經　　銷　新華書店及其他書店

印刷裝訂　北京明恒達印務有限公司
版　　次　2022 年 4 月第 1 版
印　　次　2022 年 4 月第 1 次印刷

開　　本　710×1000　1/16
印　　張　19.75
插　　頁　2
字　　數　325 千字
定　　價　119.00 元

總　　序

馬重奇

一　中國古代韻書源流與發展概述

古人把傳統語言學叫做“小學”。漢代稱文字學為“小學”，因兒童入小學先學文字，故名。隋唐以後，範圍擴大，成為“文字學”“音韻學”和“訓詁學”的總稱。至清末，章炳麟認為小學之名不確切，主張改稱“語言文字之學”。現在統稱為“漢語研究”。傳統的語言學以研究古代文獻和書面語為主。

漢語音韻學研究也有一個產生、發展、改革的過程。早在先秦兩漢時期就有關於字詞讀音的記載。主要有以下諸類：（1）譬況注音法：有急言、緩言、長言、短言、內言、外言等。它們都是大致描繪的發音方法，卻很難根據它準確地發出當時的音來，更無法根據它歸納出當時的音系。（2）直音法：隨著漢代經學的產生和發展，注釋家們在為先秦典籍下注解時開始使用“直音”法。這是以一個比較常用的字給另一個同音字注音的方法。直音法的優點是簡單明瞭，一看就懂，也克服了譬況注音法讀音不確的弊病，但自身也有很大局限性。（3）讀若，讀如：東漢許慎在《說文解字》中廣泛應用的“讀若”，就是從直音法發展而來的。“讀若”也叫“讀如”，主要用於注音。用讀若時，一般用一個常見的字進行解釋，有時常常引用一段熟悉的詩文，以該字在這段詩文中的讀音來注音。（4）反切法：真正的字音分析產生於東漢末年，以反切注音法的出現為標誌。反切就是利用雙聲、疊韻的方法，用兩個漢字來拼另一個字的讀音。這是古人在直音、讀若基礎上進一步創造出來的注音方法。反切是用兩個字拼合成另一個字的音，其反切上字與所切之字聲母相同，反切下字與所切之字韻母和聲調相同。即上字取聲，下字取韻和調。自從反切出現之後，古人注釋經籍字音，便以它為主要手段。編撰韻書，也大量使用反切。

四聲的發現與歸納，對韻書的產生與發展也起著極為重要的作用。據《南齊書・陸厥傳》記載："永明末盛為文章，吳興沈約、陳郡謝朓、琅邪王融，以氣類相推轂。汝南周顒，善識聲韻。約等文皆用宮商，以平、上、去、入為四聲，以此制韻，不可增減，世呼為永明體。"《梁書・庾肩吾傳》："齊永明中，文士王融、謝朓、沈約文章始用四聲，以為新變，至是轉拘聲韻，彌尚麗靡，複逾於往時。"四聲的發現與歸納以及反切注音法的廣泛應用，成為古代韻書得以產生的基礎條件。

古代韻書的出現，標誌著音韻學真正從注釋學中脫胎出來成為一門獨立的學科。據考證，我國最早的韻書是三國時魏國李登所撰的《聲類》。在隋朝陸法言《切韻》以前，就有許多韻書出現。據《切韻・序》中說："呂靜《韻集》、夏侯詠《韻略》、陽休之《韻略》、周思言《音韻》、李季節《音譜》、杜台卿《韻略》等，各有乖互。"《隋書・經籍志》中也提到：《四聲韻林》二十八卷，張諒撰；《四聲韻略》十三卷，夏侯詠撰，等等。遺憾的是，這些韻書至今都蕩然無存，無法窺其真況。總之，韻書的製作到了南北朝的後期，已是空前鼎盛，進入"音韻鋒出"的時代。這些韻書的產生，為《切韻》的出現奠定了很好的基礎和條件。隋代出現的對後世影響最大的陸法言《切韻》則是早期漢語音韻學的集大成之作。爾後，唐宋時人紛紛在它的基礎上加以增補刊削，有的補充若干材料，分立一些韻部，有的增加字數，加詳注解，編為新的韻書。其中最著名的有唐王仁昫所撰的《刊謬補缺切韻》，孫愐所撰的《唐韻》，李舟所撰的《切韻》以及宋代官修的《廣韻》《集韻》等一系列韻書。這些韻書對韻的分析日趨精密，尤其是《廣韻》成為魏晉南北朝隋唐時期韻書的集大成著作。以上所介紹的韻書都是反映中古時期的韻書，它們在中國音韻學史上的貢獻是巨大的，影響也是非常深遠的。

唐末和尚守溫是我國古代最初使用字母來代表聲母的人。他按照雙聲字聲母讀音相同的原則，從所有漢字字音中歸納出三十個不同的聲母，並用漢字給它們一一標目，這就是《敦煌綴瑣》下輯錄守溫"三十字母"。這"三十字母"經過宋人的整理增益，成為後代通行的"三十六字母"。

唐宋三十六字母的產生導致了等韻學的產生和發展。等韻學是漢語音韻學的一個分科。它以漢語的聲韻調系統及其互相配合關係為研究對像，而以編制等韻圖作為表現其語音系統的手段，從而探求漢語的發音原理和發音方法。宋元時期的重要等韻圖大致可以分為兩大類：第一類是反映《切韻》音系的韻圖，如南宋福建福州人張麟之刊行的宋佚名的《韻鏡》，福建莆田人鄭樵撰的《七音略》，都是根據《切韻》中的小韻列為 43 圖，每個小韻的代表字在韻圖中各佔有一個位置；第二類是按當時的實際語音對《切韻》語音系統進行了調整，如託名宋司馬光的《切韻指掌圖》，佚名的《四聲等子》，元劉鑒的《經史正音切韻指南》，均不再按韻書中的小韻列圖，只列 20 個韻圖或 24 個韻圖。

明清時期的等韻學與宋元等韻學一脈相承，其理論基礎、基本原則和研究手段都是從宋元等韻學發展而來，二者聯繫密切。然而，明清時期的韻圖，已逐漸改變了宋元時期韻圖的型制。其表現為兩個方面：一則由於受到理學思想以及外來語音學原理對等韻的影響；二則由於語音的不斷發展變化影響到韻圖編制的內容和格式。根據李新魁《漢語音韻學》考證，明清時期的韻圖可以分為五種類型：一是以反映明清時代的讀書音系統為主的韻圖，它們略帶保守性，保存前代的語音特點較多。如：明袁子讓《字學元元》、葉秉敬《韻表》、無名氏《韻法直圖》、李嘉紹《韻法橫圖》、章黼《韻學集成》和清李光地、王蘭生《音韻闡微韻譜》，樊騰鳳《五方母音》等。二是以表現當時口語的標準音——中原地區共同語標準音為主，它們比較接近現代共同語的語音。如：明桑紹良《青郊雜著》、呂坤《交泰韻》、喬中和《元韻譜》、方以智《切韻聲原》和無名氏《字母切韻要法》等。三是在表現共同語音的基礎上，加上“音有定數定位”的觀念，在實際的音類之外，添上一些讀音的虛位，表現了統包各類讀音的“語音骨架”。如：明末清初馬自援《等音》、清林本裕《聲位》、趙紹箕《拙庵韻語》、潘耒《類音》、勞乃宣《等韻一得》等。四是表現各地方音的韻圖，有的反映北方話的讀法。如：明徐孝《重司馬溫公等韻圖經》、明代來華傳教的法國人金尼閣（Nieolas Trigault）《西儒耳目資》、張祥晉《七音譜》等；有的顯示南方方言的語音，如：陸稼書《等韻便讀》、清吳烺《五聲反切正韻》、程定謨《射聲小譜》、晉安《戚林八音》、黃謙《彙音妙悟》、廖綸璣《拍掌知音》、無名氏《擊掌知音》、謝秀嵐《雅俗通十五音》、張世珍《潮聲十五音》等。五是表現宋元時期韻書的音系的，它們是屬於“述古”的韻圖。如：無名氏《等韻切音指南》、江永《四聲切韻表》、龐大堃《等韻輯略》、梁僧寶《切韻求蒙》等①。

古音學研究也是漢語音韻學研究中的一個重要內容。它主要是研究周秦兩漢語音系統的學問。嚴格地說是研究以《詩經》為代表的上古語音系統的學問。我國早在漢代就有人談到古音。但古音學的真正建立是從宋代開始的。吳棫撰《韻補》，創“古韻通轉”之說；程迥著《古韻通式》，主張“三聲通用，雙聲互轉”；鄭庠撰《古音辨》，分古韻為六部。明代陳第（福建連江人）撰《毛詩古音考·序》提出“時有古今，地有南北，字有更革，音有轉移”的理論，為清代古音學的建立奠定了理論基礎。到了清代，古音學達到全盛時期。主要的古音學家和著作有：顧炎武《音學五書》、江永《古韻標準》、戴震《聲韻考》和《聲類表》、段玉裁《六書音韻表》、孔廣森《詩聲類》、王念孫《合韻譜》、嚴可均《說文聲類》、江有誥《音學十書》、朱駿聲《說文通訓定聲》等。

音韻學還有一個分支，那就是“北音學”。北音學主要研究以元曲和《中原音韻》為代表的近代北方話語音系統。有關北音的韻書還有元人朱宗文的《蒙古字韻》、卓從之的《中州樂府音韻匯通》，明人朱權的《瓊林雅韻》、無名氏的《菉斐軒詞林要韻》、王文璧的《中州音韻》、范善臻的《中州全韻》，清人王鵕的《中州全韻輯要》、沈乘麐的《曲韻驪珠》、周昂的《增訂中州全韻》等。

二　福建近代音韻學研究概述

從永嘉之亂前至明清，中原人士陸續入閩定居，帶來了許多中原的文化。宋南渡之後，大批北方著名人士蜂擁而來，也有不少閩人北上訪學，也將中原文化帶回閩地。如理學開創者周敦頤、張載、程顥、程頤、邵雍等都在北方中原一帶，不少閩人投其門下，深受其影響。如崇安人遊酢、

① 李新魁：《漢語等韻學》，中華書局2004年版。

將樂人楊時曾受業于二程。他們返回閩地後大力傳播理學，後被南宋朱熹改造發揚為“閩學”。

自宋迄清時期，福建在政治、思想、文化、經濟等均得到迅速發展。就古代“小學”（包括音韻、文字、訓詁）而言，就湧現出許許多多的專家和著作。宋朝時期，福建音韻學研究成果很多。如北宋邵武黃伯思的《古文韻》，永泰黃邦俊的《纂韻譜》，武夷山吳棫的《韻補》《毛詩補音》《楚辭釋音》，莆田鄭樵的《七音略》；南宋建陽蔡淵的《古易叶音》，泉州陳知柔的《詩聲譜》，莆田劉孟容的《修校韻略》，福州張鱗之刊行的《韻鏡》等。元明時期音韻學研究成果也不少，如元朝邵武黃公紹的《古今韻會》，邵武熊忠的《古今韻會舉要》《禮部韻略七音三十六母通考》；明朝連江陳第的《毛詩古音考》《屈宋古音義》《讀詩拙言》，晉江黃景昉的《疊韻譜》，林霍的《雙聲譜》，福清林茂槐的《音韻訂訛》等。清代音韻學研究成果十分豐碩。如安溪李光地的《欽定音韻闡微》《音韻闡微韻譜》《榕村韻書》《韻箋》《等韻便覽》《等韻辨疑》《字音圖說》，閩侯潘逢禧的《正音通俗表》，曹雲從的《字韻同音辨解》，光澤高澍然的《詩音十五卷》，閩侯陳壽祺的《越語古音證》，閩侯方邁的《古今通韻輯要》，晉江富中炎的《韻法指南》《等韻》，惠安孫經世的《韻學溯源》《詩韻訂》，王之珂的《占畢韻學》等。

以上韻書涉及上古音、中古音、近代音、等韻學，為我國漢語音韻學史作出了巨大貢獻，影響也是很大的。

三　閩台方言韻書說略

明清時期的方言學家們根據福建不同方言區的語音系統，編撰出許許多多的便於廣大民眾學習的方言韻書。有閩東方言韻書、閩北方言韻書、閩南方言韻書、潮汕方言韻書、臺灣閩南方言韻書以及外國傳教士編撰的方言字典、詞典等。

閩東方言韻書有：明末福州戚繼光編的《戚參軍八音字義便覽》（明末）、福州林碧山的《珠玉同聲》（清初）、晉安彙集的《戚林八音》（1749）、古田鐘德明的《加訂美全八音》（1906），福安陸求藻《安腔八音》（十八世紀末）、鄭宜光《簡易識字七音字彙》（清末民初）等。

閩北方言韻書有：政和明正德年間陳相手抄本《六音字典》（1515）和清朝光緒年間陳家箎手抄本《六音字典》（1894）；建甌林瑞材的《建州八音字義便覽》（1795）等。

閩南方言韻書有：連陽廖綸璣的《拍掌知音》（康熙年間）、泉州黃謙的《彙音妙悟》（1800，泉州音）、漳州謝秀嵐的《彙集雅俗通十五音》（1818）、無名氏的《增補彙音》（1820）、長泰無名氏的《渡江書十五音》（不詳）、葉開恩的《八音定訣》（1894）、無名氏《擊掌知音》（不詳，兼漳泉二腔）。

潮汕方言韻書有：張世珍的《潮聲十五音》（1907）、江夏懋亭氏的《擊木知音》（全名《彙集雅俗十五音全本》，1915）、蔣儒林《潮語十五音》（1921）、潮安蕭雲屏編的《潮語十五音》（1923）、潘載和《潮汕檢音字表》（1933）、澄海姚弗如改編的《潮聲十七音》（1934）、劉繹如改編的《潮聲十八音》（1936）、鳴平編著肅穆改編《潮汕十五音》（1938）、李新魁的《新編潮汕方言十八音》（1975）等。

大陸閩方言韻書對臺灣產生重大影響。臺灣語言學家們模仿大陸閩方言韻書的內容和形式，結合臺灣閩南方言概況編撰新的十五音。反映臺灣閩南方言的韻書主要有：臺灣現存最早的方言韻書為臺灣總督府民政局學務部編撰的《臺灣十五音字母詳解》（1895，臺灣）和《訂正臺灣十五音字母詳解》（1901，臺灣）等。

以上論著均為反映閩方言的韻書和辭書。其數目之多可以說居全國首位。其種類多的原因，與閩方言特別複雜有著直接的關係。

四　閩方言主要韻書的整理及其研究

福建師範大學漢語言文字學專業是2000年國務院學位委員會審批的二級學科博士學位授權點，也是2008年福建省第三批省級重點學科。2009年，該學科學科帶頭人馬重奇教授主持了福建省服務海西重大研究項目“海峽西岸瀕危語言學文獻及資料的挖掘、整理與研究”。經過多年的收集、整理和研究，擬分為兩個專題組織出版：一是由馬重奇教授主編的“清代民初閩方言韻書整理及研究”叢書；二是由林志強教授主編的

“閩籍學者的文字學著作研究”叢書。2010 年馬重奇教授又主持了國家社科基金重大招标項目“海峽兩岸閩南方言動態比較研究”，也把閩方言韻書整理与研究作為子課題之一。

“清代民初閩方言韻書整理及研究”叢書的目錄如下：1.《〈增補彙音妙悟〉〈拍掌知音〉整理及研究》；2.《〈彙集雅俗通十五音〉整理及研究》；3.《〈增補彙音〉整理及研究》；4.《〈渡江書十五音〉整理及研究》；5.《〈八音定訣〉整理及研究》；6.《〈潮聲十五音〉整理及研究》；7.《〈潮語十五音〉整理及研究》；8.《〈潮聲十七音〉整理及研究》；9.《〈擊木知音〉整理及研究》；10.《〈安腔八音〉整理及研究》；11.《〈加訂美全八音〉整理及研究》；12.《〈建州八音字義便覽〉整理及研究》。

關於每部韻書的整理，我們的原則是：

1. 每本新編閩方言韻書，均根據相關的古版本以及學術界相關的研究成果進行校勘和校正。

2. 每本方言韻書均以原韻書為底本進行整理，凡韻書編排較亂者，根據韻字的音韻學地位重新編排。

3. 韻書有字有音而無釋義者，根據有關工具書補充字義。

4. 凡是錯字、錯句或錯段者，整理者直接改之。

5. 通過整理，以最好的閩方言韻書呈現於廣大讀者的面前，以滿足讀者和研究者學習的需要。

至於每部韻書的研究，我們的原則是：

1. 介紹每部韻書的作者、成書時間、時代背景、各種版本。

2. 介紹每部韻書在海內外學術界的研究動態。

3. 研究每部韻書的聲韻調系統，既做共時的比較也做歷時的比較，考證出音系、音值。

4. 考證出每部韻書的音系性質以及在中國方音史上的地位和影響。

“清代民初閩方言韻書整理及研究”叢書的順利出版，首先要感謝福建省人民政府對“福建省服務海西重大研究項目‘海峽西岸瀕危語言學文獻及資料的挖掘、整理與研究’”經費上的支持！我們還要特別感謝中國社會科學出版社張林編審的鼎立支持！感謝她為本套叢書的編輯、校對、出版所付出的辛勤勞動！

在本書撰寫過程中，著者們吸收了學術界許多研究成果，書後參考書目中已一一列出，這裡不再一一說明，在此一併表示感謝！然而，由於著者水準所限，書中的錯誤在所難免，望學術界的朋友們多加批評指正。

2021年5月於福州倉山書香門第

目　　錄

《潮聲十七音》與澄海方言音系

馬重奇

《潮聲十七音》（全稱《潮聲十七音新字彙合璧大全》），澄邑姚弗如編，蔡邦彥校的《潮聲十七音》，中華民國二十三年（1934）春季初版。書首有三篇序言：（1）作者姚弗如于民國二十年（1931）三月十六日自序；（2）澄海杜國玮于中華民國二十一年（1932）五月序；（3）同里蔡無及于民國二十一年（1932）壬申春正月序。姚弗如自序云：

> 戴東原說讀書必先識字，所以也就從研究字學入手。然後講旁的學問，那麼字典字彙為讀書治學的工具，的確是很緊要的；不可不設法使其易學易檢便用，而期文化的發展。
>
> 檢字方法之難易，與文化的發展，有密切的關係。我國舊有的字典字彙，多用部首檢字法，難學難檢，使一般人對之望而生厭；因此或致讀書而不求甚解，或竟因參考為難而無法自修，這實在是文化上的大障礙。
>
> 並且那些切音，因方言的關係，也極感困難，尤其是舊有的字彙字典，只可檢查字音字義，而不可檢查字形。倘使有時忘掉了字形那就沒法檢了，雖有那十五音以備遺忘，但是缺點的地方還很多，簡單的批評起來，十五音不夠支配，裏面多有二音混合為一，字音也錯誤很多，字數太少，不敷應用。
>
> 編者感着上面各問題，故毅然犧牲了三年的精神努力研究，並得我友蔡君邦彥之校閱，我徒陳奐然之幫忙，結果編就這部書。本書廢除部首檢字法，採用筆數檢字法，歷經實驗，便於舊法者實多。不但易學易檢易切，可以檢查字音字形字義，而且使那小朋友們，是很喜歡學和很喜歡檢很喜歡切的。為的本書是按照三十四個字母和十七音、

八音的順序編輯而成，極有系統牽連的，所以很容易引起他們的興趣。

那末本書雖不能說是盡善盡美，然亦不無發展文化於萬一的功能。惟是我潮地域廣大，人口眾多，方言雜出，編者耳目有所不周，學識有所未及的地方，還祈參考是書者有以原諒和指正。至是書出版的目的，也不過是抛磚引玉的意思罷了；將來能夠實現此目的，使我潮的文化煥然一新的，是所望於識者。民國二十年三月十六日弗如序於道文學校。

繼而，作者為本書所作“例言”十條。例言云：

一、本書是根據從前的十五音增“杳嫋”兩音而為十七音；再編上筆數檢字索引而為新字彙；字數是把全部詞源裏所有的字，一切都收編過來，同時還把新字典的拾遺字收編許多，那末才成功這部書，故名為潮聲十七音新字彙合璧大全。

二、本書檢字的功用，可分為三點：（1）查字義：我國的同音字很多，极容易寫错，現羅列一處，孰是孰非，一檢便知。（2）檢查字音：廢除繁冗的部首檢字法，採用簡便的筆數檢字法。（3）檢查字形：使那忘掉字形或不知字形的切一切查一查也就知道了。

三、本書以小學及商場之適用為目的，解釋務求淺顯，但字義之出於引申假借，有通俗習用而不求甚解者，不憚反覆引喻，期得真詮；而關於科學上之應用，注解尤不厭其詳。

四、本書檢查字音方法：按照某字多少畫向檢字索引檢查，像“碑”字的下邊注“基邊一”便是在基部十七音的邊音，八音的上平音，餘的類推。

五、本書檢查字形的方法：（已知了字音而不知字形的）也是和十五音一樣，先切其在某字母，切在十七音某音，八音某音，要知其在某字母，應切其和字母的音韻切近，要求其切近，應照八音的上平音和字母相切頂妥。（純熟的不在此例）如要查“文”字，文字的上平音“蚊”字，蚊和“君”頂切近，所以文字便在君部，再把文字切十七音，“柳輪……文‘文’”頂妥。或照君部切十七音，“柳……文‘蚊’”須照蚊字切八音也可。（熟純的不在此例）

六、本書檢查字形筆數，都按照楷書計算，但那部首“辵艸水阜”不算七畫六畫四畫八畫，只照他的固有筆數“辶艸氵阝”計算。例如

“茂”字九畫，“道”字和“源”字十三畫，“陸”字十一畫，餘的類推。

七、本書雖廢部首檢字法，但是在那筆數檢字索引裏面，還是按照部首的次序排列，使其易於檢查。

八、本書的“嗞𡃶”兩字母，字書無此字，是由“基薑”兩字母產生出來的。“嗞”字讀鼻音，“𡃶”字讀舌前音。

九、本書“居”部的“磺黃園秧”、瓜部的“横”、“歸”部的“畏謂跪匱櫃縣黃糖懸”、弓部的“逆”、“姑”部的“否虎琥”等特別字音，在各該部，本是收容不下，應和“基、薑”兩部之增“嗞𡃶”兩字母才妥，但是因為字數太少，沒有增設字母之可能，所以定為特別音。

十、本書匆匆排印，字音編次，容有錯誤，尚祈讀者指正。

《潮聲十七音》正文的編排體例與《潮聲十五音》相同，基本上採用漳州方言韻書《彙集雅俗通十五音》的編排體例。每個韻部均以八個聲調（上平聲、上上聲、上去聲、上入聲、下平聲、下上聲、下去聲、下入聲）分為八個部分，每個部分上部橫列十五個聲母字（柳邊求去地坡他增入時英文語出喜），每個聲母字之下縱列同音字，每個韻字之下均有注釋。

以下從聲、韻、調三個方面來研究探討《潮聲十七音》的音系性質。

一 《潮聲十七音》的音系性質

《十七音字母》云：“君家居京基嗞公姑兼皆高庚柯官枓弓龜雞恭嬌哥肩柑瓜乖膠佳薑口薑扛金歸光江。”共三十四個字母。《潮聲十五音》共三十七個韻部，即“君家高金雞公姑兼基堅京官皆恭君鈞居歌光歸庚鳩瓜江膠嬌乖肩扛弓龜柑佳甘瓜薑燒”。《潮聲十七音》比《潮聲十五音》少了四個韻部“金［im/ip］”部、“兼［iam/iap］”部、“甘［am/ap］”部和“扛［ŋ］”部，却多了“嗞［ĩ/ĩʔ］”部。《潮語十五音》也是三十七個韻部，即“君堅金歸佳江公乖經光孤驕雞恭歌皆君薑甘柯兼交家瓜膠龜扛枝鳩官居柑庚京蕉天肩”。《潮聲十七音》比《潮語十五音》少了三個韻部“金［im/ip］”部、“兼［iam/iap］”部、“甘［am/ap］”部。根據林倫輪、陳小楓著《廣東閩方言語音研究》（汕頭大學出版社

1996年版），汕頭、潮州、澄海、潮陽、揭陽、海豐諸方言中，唯獨澄海方言無［im/ip］、［iam/iap］、［am/ap］三部。因此，《潮聲十七音》所反映的音系應該是澄海音系。

首先，考證《潮聲十七音》第九部“兼”的收字特點。

《潮聲十七音》“兼”部相當於《潮聲十五音》“兼［iam/iap］”和“堅［iaŋ/iak］”二部，《潮語十五音》“兼［iam/iap］”和“堅［iaŋ/iak］”二部，《擊木知音》“兼［iam/iap］”、“堅［ieŋ/iek］”和“姜［iaŋ/iak］”三部，《新編潮汕方言十八音》“淹［iam/iap］”和“央［iaŋ/iak］”二部。請看下表：

例字	汕頭	潮州	澄海	潮陽	揭陽	海豐
堅	kiaŋ^{1}	kieŋ^{1}	kiaŋ^{1}	kiaŋ^{1}	kiaŋ^{1}	kiaŋ^{1}
兼	kiam^{1}	kiam^{1}	kiaŋ^{1}	kiam^{1}	kiam^{1}	kiam^{1}
騫	kʻiaŋ^{1}	kʻieŋ^{1}	kʻiaŋ^{1}	kʻiaŋ^{1}	kʻiaŋ^{1}	kʻiaŋ^{1}
謙	kʻiam^{1}	kʻiam^{1}	kʻiaŋ^{1}	kʻiam^{1}	kʻiam^{1}	kʻiam^{1}
顛	tiaŋ^{1}	tieŋ^{1}	tiaŋ^{1}	tiaŋ^{1}	tiaŋ^{1}	tiaŋ^{1}
沾	tiam^{1}	tiam^{1}	tiaŋ^{1}	tiam^{1}	tiam^{1}	tiam^{1}
天	tʻiaŋ^{1}	tʻieŋ^{1}	tiaŋ^{1}	tʻiaŋ^{1}	tʻiaŋ^{1}	tʻiaŋ^{1}
添	tʻiam^{1}	tʻiam^{1}	tiaŋ^{1}	tʻiam^{1}	tʻiam^{1}	tʻiam^{1}
相	siaŋ^{1}	sieŋ^{1}	siaŋ^{1}	siaŋ^{1}	siaŋ^{1}	siaŋ^{1}
森	siam^{1}	siam^{1}	siaŋ^{1}	siam^{1}	siam^{1}	siam^{1}
央	iaŋ^{1}	ieŋ^{1}	iaŋ^{1}	iaŋ^{1}	iaŋ^{1}	iaŋ^{1}
淹	iam^{1}	iam^{1}	iaŋ^{1}	iam^{1}	iam^{1}	iam^{1}
潔	kiak^{4}	kiak^{4}	kiak^{4}	kiak^{4}	kiak^{4}	kiak^{4}
劫	kiap^{4}	kiap^{4}	kiak^{4}	kiap^{4}	kiap^{4}	kiap^{4}
撤	tʻiak^{4}	tʻiak^{4}	tʻiak^{4}	tʻiak^{4}	tʻiak^{4}	tʻiak^{4}
貼	tʻiap^{4}	tʻiap^{4}	tʻiak^{4}	tʻiap^{4}	tʻiap^{4}	tʻiap^{4}
酌	tsiak^{4}	tsiak^{4}	tsiak^{4}	tsiak^{4}	tsiak^{4}	tsiak^{4}
接	tsiap^{4}	tsiap^{4}	tsiak^{4}	tsiap^{4}	tsiap^{4}	tsiap^{4}
鵲	tsʻiak^{4}	tsʻiak^{4}	tsʻiak^{4}	tsʻiak^{4}	tsʻiak^{4}	tsʻiak^{4}
妾	tsʻiap^{4}	tsʻiap^{4}	tsʻiak^{4}	tsʻiap^{4}	tsʻiap^{4}	tsʻiap^{4}
列	liak^{8}	liak^{8}	liak^{8}	liak^{8}	liak^{8}	liak^{8}
粒	liap^{8}	liap^{8}	liak^{8}	liap^{8}	liap^{8}	liap^{8}
孽	giak^{8}	giak^{8}	giak^{8}	giak^{8}	giak^{8}	giak^{8}
業	giap^{8}	giap^{8}	giak^{8}	giap^{8}	giap^{8}	giap^{8}

由上表可見，《潮聲十七音》“兼”部中“堅”與“兼”，無［kiaŋ^{1}］、［kiam^{1}］之別，而同讀作［kiaŋ^{1}］；“騫”與“謙”，無［k‘iaŋ^{1}］、［k‘iam^{1}］之別，而同讀作［k‘iaŋ^{1}］；“顛”與“沾”，無［tiaŋ^{1}］、［tiam^{1}］之別，而同讀作［tiaŋ^{1}］；“天”與“添”，無［t‘iaŋ^{1}］、［t‘iam^{1}］之別，而同讀作［t‘iaŋ^{1}］；“相”與“森”，無［siaŋ^{1}］、［siam^{1}］之別，而同讀作［siaŋ^{1}］；“央”與“淹”，無［iaŋ^{1}］、［iam^{1}］之別，而同讀作［iaŋ^{1}］；“潔”與“劫”，無［kiak］、［kiap］之別，而同讀作［kiak］；“撤”與“貼”，無［t‘iak^{4}］、［t‘iap^{4}］之別，而同讀作［t‘iak^{4}］；“酌”與“接”，無［tsiak^{4}］、［tsiap^{4}］之別，而同讀作［tsiak^{4}］；“鵲”與“妾”，無［ts‘iak^{4}］、［ts‘iap^{4}］之別，而同讀作［ts‘iak^{4}］；“列”與“粒”，無［liak^{8}］、［liap^{8}］之別，而同讀作［liak^{8}］；“孽”與“業”，無［giak^{8}］、［giap^{8}］之別，而同讀作［giak^{8}］。這反映了澄海方言的語音特點，而非汕頭、潮州、潮陽、揭陽和海豐方言的特點。

其次，考證《潮聲十七音》第三十四部“江”的收字特點。

《潮聲十七音》“江”部相當於《潮聲十五音》“甘［am/ap］”和“江［aŋ/ak］”二部，《潮語十五音》“甘［am/ap］”和“江［aŋ/ak］”二部，《擊木知音》“甘［am/ap］”、“江［aŋ/ak］”和“幹［εŋ/εk］”三部，《新編潮汕方言十八音》“庵［am/ap］”和“按［aŋ/ak］”二部。請看下表：

例字	汕頭	潮州	澄海	潮陽	揭陽	海豐
剛	kaŋ^{1}	kaŋ^{1}	kaŋ^{1}	kaŋ^{1}	kaŋ^{1}	kaŋ^{1}
甘	kam^{1}	kam^{1}	kaŋ^{1}	kam^{1}	kam^{1}	kam^{1}
刊	k‘aŋ^{1}	k‘aŋ^{1}	k‘aŋ^{1}	k‘aŋ^{1}	k‘aŋ^{1}	k‘aŋ^{1}
龕	k‘am^{1}	k‘am^{1}	k‘aŋ^{1}	k‘am^{1}	k‘am^{1}	k‘am^{1}
丹	taŋ^{1}	taŋ^{1}	taŋ^{1}	taŋ^{1}	taŋ^{1}	taŋ^{1}
耽	tam^{1}	tam^{1}	taŋ^{1}	tam^{1}	tam^{1}	tam^{1}
鏜	t‘aŋ^{1}	t‘aŋ^{1}	t‘aŋ^{1}	t‘aŋ^{1}	t‘aŋ^{1}	t‘aŋ^{1}
貪	t‘am^{1}	t‘am^{1}	t‘aŋ^{1}	t‘am^{1}	t‘am^{1}	t‘am^{1}
珊	saŋ^{1}	saŋ^{1}	saŋ^{1}	saŋ^{1}	saŋ^{1}	saŋ^{1}
杉	sam^{1}	sam^{1}	saŋ^{1}	sam^{1}	sam^{1}	sam^{1}

续表

例字	汕頭	潮州	澄海	潮陽	揭陽	海豐
安	aŋ^{1}	aŋ^{1}	aŋ^{1}	aŋ^{1}	aŋ^{1}	aŋ^{1}
庵	am^{1}	am^{1}	aŋ^{1}	am^{1}	am^{1}	am^{1}
確	k‘ak^{4}	k‘ak^{4}	k‘ak^{4}	k‘ak^{4}	k‘ak^{4}	k‘ak^{4}
闔	k‘ap^{4}	k‘ap^{4}	k‘ak^{4}	k‘ap^{4}	k‘ap^{4}	k‘ap^{4}
撻	t‘ak^{4}	t‘ak^{4}	t‘ak^{4}	t‘ak^{4}	t‘ak^{4}	t‘ak^{4}
塌	t‘ap^{4}	t‘ap^{4}	t‘ak^{4}	t‘ap^{4}	t‘ap^{4}	t‘ap^{4}
作	tsak^{4}	tsak^{4}	tsak^{4}	tsak^{4}	tsak^{4}	tsak^{4}
汁	tsap^{4}	tsap^{4}	tsak^{4}	tsap^{4}	tsap^{4}	tsap^{4}
撒	sak^{4}	sak^{4}	sak^{4}	sak^{4}	sak^{4}	sak^{4}
颯	sap^{4}	sap^{4}	sak^{4}	sap^{4}	sap^{4}	sap^{4}
惡	ak^{4}	ak^{4}	ak^{4}	ak^{4}	ak^{4}	ak^{4}
押	ap^{4}	ap^{4}	ak^{4}	ap^{4}	ap^{4}	ap^{4}

由上表可見，《潮聲十七音》“江”部中的“剛”與“甘”，無［kaŋ^{1}］、［kam^{1}］之别，而同讀作［kaŋ^{1}］；“刊”與“龕”，無［k‘aŋ^{1}］、［k‘am^{1}］之别，而同讀作［k‘aŋ^{1}］；“丹”與“耽”，無［taŋ^{1}］、［tam^{1}］之别，而同讀作［taŋ^{1}］；“鏜”與“貪”，無［t‘aŋ^{1}］、［t‘am^{1}］之别，而同讀作［t‘aŋ^{1}］；“珊”與“杉”，無［saŋ^{1}］、［sam^{1}］之别，而同讀作［saŋ^{1}］；“安”與“庵”，無［aŋ^{1}］、［am^{1}］之别，而同讀作［aŋ^{1}］；“確”與“闔”，無［k‘ak^{4}］、［k‘ap^{4}］之别，而同讀作［k‘ak^{4}］；“撻”與“塌”，無［t‘ak^{4}］、［t‘ap^{4}］之别，而同讀作［t‘ak^{4}］；“作”與“汁”，無［tsak^{4}］、［tsap^{4}］之别，而同讀作［tsak^{4}］；“撒”與“颯”，無［sak^{4}］、［sap^{4}］之别，而同讀作［sak^{4}］；“惡”與“押”，無［ak^{4}］、［ap^{4}］之别，而同讀作［ak^{4}］。這反映了澄海方言的語音特點，而非汕頭、潮州、潮陽、揭陽和海豐方言的特點。

最後，考證《潮聲十七音》第三十一部“金”的收字特點。

《潮聲十七音》“金”部相當於《潮聲十五音》“金［im/ip］”和“君［iŋ/ik］”二部、《潮語十五音》“金［im/ip］”和“君［iŋ/ik］”二部、《擊木知音》“金［im/ip］”和“君［iŋ/ik］”、《新編潮汕方言十八音》“音部［im/ip］”和“因部［iŋ/ik］”二部。請看下表：

例字	汕頭	潮州	澄海	潮陽	揭陽	海豐
輕	k‘iŋ^{1}	k‘iŋ^{1}	k‘iŋ^{1}	k‘iŋ^{1}	k‘eŋ^{1}	k‘iŋ^{1}
欽	k‘im^{1}	k‘im^{1}	k‘iŋ^{1}	k‘im^{1}	k‘im^{1}	k‘im^{1}
津	tsiŋ^{1}	tsiŋ^{1}	tsiŋ^{1}	tsiŋ^{1}	tseŋ^{1}	tsin^{1}
箴	tsim^{1}	tsim^{1}	tsiŋ^{1}	tsim^{1}	tsim^{1}	tsim^{1}
申	siŋ^{1}	siŋ^{1}	siŋ^{1}	siŋ^{1}	seŋ^{1}	siŋ^{1}
心	sim^{1}	sim^{1}	siŋ^{1}	sim^{1}	sim^{1}	sim^{1}
因	iŋ^{1}	iŋ^{1}	iŋ^{1}	iŋ^{1}	eŋ^{1}	in^{1}
音	im^{1}	im^{1}	iŋ^{1}	im^{1}	im^{1}	im^{1}
親	ts‘iŋ^{1}	ts‘iŋ^{1}	ts‘iŋ^{1}	ts‘iŋ^{1}	ts‘eŋ^{1}	ts‘in^{1}
深	ts‘im^{1}	ts‘im^{1}	ts‘iŋ^{1}	ts‘im^{1}	ts‘im^{1}	ts‘im^{1}
吉	kik^{4}	kik^{4}	kik^{4}	kik^{4}	kek^{4}	kik^{4}
急	kip^{4}	kip^{4}	kik^{4}	kip^{4}	kip^{4}	kip^{4}
織	tsik^{4}	tsik^{4}	tsik^{44}	tsik^{4}	tsek^{4}	tsik^{4}
執	tsip^{4}	tsip^{4}	tsik^{4}	tsip^{4}	tsip^{4}	tsip^{4}
失	sik^{4}	sik^{4}	sik^{4}	sik^{4}	sek^{4}	sit^{4}
濕	sip^{4}	sip^{4}	sik^{4}	sip^{4}	sip^{4}	sip^{4}
乙	ik^{4}	ik^{4}	ik^{4}	ik^{4}	ek^{4}	it^{4}
揖	ip^{4}	ip^{4}	ik^{4}	ip^{4}	ip^{4}	ip^{4}
七	ts‘ik^{4}	ts‘ik^{4}	ts‘ik^{44}	ts‘ik^{4}	ts‘ek^{4}	ts‘it^{4}
緝	ts‘ip^{4}	ts‘ip^{4}	ts‘ik^{4}	ts‘ip^{4}	ts‘ip^{4}	ts‘ip^{4}

由上表可見，《潮聲十七音》“金”部中的“輕”與“欽”，無［k‘iŋ^{1}］、［k‘im^{1}］之別，而同讀作［k‘iŋ^{1}］；“津”與“箴”，無［tsiŋ^{1}］、［tsim^{11}］之別，而同讀作［tsiŋ^{1}］；“申”與“心”，無［siŋ^{1}］、［sim^{1}］之別，而同讀作［siŋ^{1}］；“因”與“音”，無［iŋ^{1}］、［im^{1}］之別，而同讀作［iŋ^{1}］；“親”與“深”，無［ts‘iŋ^{1}］、［ts‘im^{1}］之別，而同讀作［ts‘iŋ^{1}］；“吉”與“急”，無［kik^{4}］、［kip^{4}］之別，而同讀作［kik^{4}］；“織”與“執”，無［tsik^{4}］、［tsip^{4}］之別，而同讀作［tsik^{4}］；“失”與“濕”，無［sik^{4}］、［sip^{4}］之別，而同讀作［sik^{4}］；“乙”與“揖”，無

［ik^4］、［ip^4］之別，而同讀作［ik^4］；“七”與“緝”，無［ts‘ik^4］、［ts‘ip^4］之別，而同讀作［ts‘ik^4］。這反映了澄海方言的語音特點，而非汕頭、潮州、潮陽、揭陽和海豐方言的特點。

通過對《潮聲十七音》“兼”“江”“金”三部所收韻字的具體分析，我們認為《潮聲十七音》只有 - ŋ 尾韻而無 - m 尾韻，這是區別於汕頭、潮州、潮陽、揭陽和海豐方言，所反映的應該是澄海方言。

二 《潮聲十七音》聲母系統

書首有《十七音次序》云：“柳邊求去地坡他增入時英文杳語出喜嫋。新增杳嫋兩音。”此書比《潮聲十五音》“柳邊求去地坡他增入時英文語出喜”多了“杳嫋”兩音。根據《廣東閩方言語音研究》以及現代潮汕方言等材料，今把現代粵東六個縣市閩方言聲母與《擊木知音》“十五音”比較如下表：

	聲母系統																	
潮聲十七音	邊	坡	文/杳		地	他	嫋/柳		增	出	時	入	求	去	語		喜	英
潮聲十五音	邊	坡	文		地	他	柳		增	出	時	入	求	去	語		喜	英
汕頭話	p	p‘	b	m	t	t‘	n	l	ts	ts‘	s	z	k	k‘	g	ŋ	h	ø
潮州話	p	p‘	b	m	t	t‘	n	l	ts	ts‘	s	z	k	k‘	g	ŋ	h	ø
澄海話	p	p‘	b	m	t	t‘	n	l	ts	ts‘	s	z	k	k‘	g	ŋ	h	ø
潮陽話	p	p‘	b	m	t	t‘	n	l	ts	ts‘	s	z	k	k‘	g	ŋ	h	ø
揭陽話	P	p‘	b	m	t	t‘	n	l	ts	ts‘	s	z	k	k‘	g	ŋ	h	ø
海豐話	P	p‘	b	m	t	t‘	n	l	ts	ts‘	s	z	k	k‘	g	ŋ	h	ø

上表可見，粵東閩南方言的聲母是一致的。根據現代澄海方言，現將潮聲十七音擬音如下：

柳［l］	嫋［n］	邊［p］	求［k］	去［k‘］	地［t］	坡［p‘］	他［t‘］	增［ts］
入［z］	時［s］	英［ø］	文［b］	杳［m］	語［g/ŋ］	出［ts‘］	喜［h］	

因為澄海方言有非鼻化韻與鼻化韻兩套系統，因此“柳、文、語”三個字母在非鼻化韻前讀作［l］、［b］、［g］，在鼻化韻前讀作［n］、［m］、［ŋ］。《廣東閩方言語音研究》中指出，“［b－、g－、l－］三個濁音聲母不拼鼻化韻母；［n］、［m］、［ŋ］三個鼻音聲母與母音韻母相拼後，母音韻母帶上鼻化成分，即［me］＝［mẽ］、［ne］＝［nẽ］、［ŋe］＝［ŋẽ］。所以可以認為［m－、n－、ŋ－］不拼口母音韻母，與［b－、g－、l－］不拼鼻化韻母互補。”這是柳［l/n］、文［b/m］、語［g/ŋ］在不同語音條件下所構擬的音值。

三 《潮聲十七音》韻母系統

《十七音字母》云：“君家居京基口 基公姑兼皆高庚柯官梎弓龜雞恭嬌哥肩柑瓜乖膠佳薑囒扛金歸光江。”共三十四個字母。現根據《廣東閩方言語音研究》，汕頭、潮州、澄海、潮陽、揭陽、海豐諸方言韻系，考證《潮聲十七音》的韻部系統的音值。

（一）“君家居京基”五部音值的擬測

1. *君部*

君部在粵東汕頭、潮州、澄海、揭陽、潮陽諸方言中讀作［uŋ/uk］，唯獨海豐方言讀作［un/ut］。現根據澄海方言將君部擬音為［uŋ/uk］。

例字	汕頭	潮州	澄海	潮陽	揭陽	海豐
軍	$kuŋ^1$	$kuŋ^1$	$kuŋ^1$	$kuŋ^1$	$kuŋ^1$	kun^1
本	$puŋ^2$	$puŋ^2$	$puŋ^2$	$puŋ^2$	$puŋ^2$	pun^2
棍	$kuŋ^3$	$kuŋ^3$	$kuŋ^3$	$kuŋ^3$	$kuŋ^3$	kun^3
骨	kuk^4	kuk^4	kuk^4	kuk^4	kuk^4	kut^4
輪	$luŋ^5$	$luŋ^5$	$luŋ^5$	$luŋ^5$	$luŋ^5$	lun^5
郡	$kuŋ^6$	$kuŋ^6$	$kuŋ^6$	$kuŋ^6$	$kuŋ^6$	kun^6
問	$buŋ^7$	$buŋ^7$	$buŋ^7$	$buŋ^7$	$buŋ^7$	bun^7
佛	huk^8	huk^8	huk^8	huk^8	huk^8	hut^8

2. 家部

此部在粵東潮汕方言中均讀作［e/eʔ］。現根據澄海方言將家部擬音為［e/eʔ］。

3. 居部

此部在汕頭、潮州、澄海、揭陽方言中均讀作［ɯ］，潮陽方言讀作［u］，海豐方言有兩讀［i］和［u］，韻書無入聲韻部，現根據澄海方言將居部擬音為［ɯ］。

例字	汕頭	潮州	澄海	潮陽	揭陽	海豐
居	$kɯ^1$	$kɯ^1$	$kɯ^1$	ku^1	$kɯ^1$	ki^1
旅	$lɯ^2$	$lɯ^2$	$lɯ^2$	lu^2	$lɯ^2$	li^2
鋸	$kɯ^3$	$kɯ^3$	$kɯ^3$	ku^3	$kɯ^3$	ku^3
除	$tɯ^5$	$tɯ^5$	$tɯ^5$	tu^5	$tɯ^5$	ti^5
仕	$sɯ^6$	$sɯ^6$	$sɯ^6$	su^6	$sɯ^6$	su^6
事	$sɯ^7$	$sɯ^7$	$sɯ^7$	su^7	$sɯ^7$	su^7

4. 京部

此部在粵東潮汕方言中均讀作［iã］，韻書無入聲韻部，現根據澄海方言將京部擬音為［iã］。

5. 基部

此部在粵東潮汕方言中均讀作［i/iʔ］，現根據澄海方言將基部擬音為［i/iʔ］。

（二）"噬公姑兼皆"五部音值的擬測

6. 噬部

此部在粵東潮汕方言中均讀作［ĩ/ĩʔ］，現根據澄海方言將噬部擬音為［ĩ/ĩʔ］。

7. 公部

此部在粵東潮汕方言中均為［oŋ/ok］，現根據澄海方言將公部擬音為［oŋ/ok］。

8. 姑部

此部在粵東潮汕方言中均讀作［ou］，韻書無入聲韻部，現根據澄海方言將姑部擬音為［ou］。

9. 兼部

此部相當於《潮聲十五音》和《潮語十五音》的“兼部”［iam/iap］和“堅部”［iaŋ/iak］，在粵東潮汕方言中比較複雜：汕頭方言讀作［iam/iap］、［iaŋ/iak］，潮州方言有［iam/iap］、［iaŋ/iak］、［ieŋ/iek］三讀，潮陽、揭陽、海豐方言有［iam/iap］、［iaŋ/iak］二讀，只有澄海讀作［iaŋ/iak］。現根據澄海方言將兼部擬音為［iaŋ/iak］。

例字	汕頭	潮州	澄海	潮陽	揭陽	海豐
兼	$kiam^1$	$kiam^1$	$kiaŋ^1$	$kiam^1$	$kiam^1$	$kiam^1$
輛	$liaŋ^2$	$liaŋ^2$/$ieŋ^2$	$liaŋ^2$	$liaŋ^2$	$liaŋ^2$	$liaŋ^2$
劍	$kiam^3$	$kiam^3$	$kiaŋ^3$	$kiam^3$	$kiam^3$	$kiam^3$
哲	$tiak^4$	$tiak^4$/iek^4	$tiak^4$	$tiak^4$	$tiak^4$	$tiak^4$
涼	$liaŋ^5$	$liaŋ^5$/$ieŋ^5$	$liaŋ^5$	$liaŋ^5$	$liaŋ^5$	$liaŋ^5$
健	$kiaŋ^6$	$kiaŋ^6$/$ieŋ^6$	$kiaŋ^6$	$kiaŋ^6$	$kiaŋ^6$	$kiaŋ^6$
焰	iam^7	iam^7	$iaŋ^7$	iam^7	iam^7	iam^7
別	$piak^8$	$piak^8$/iek^8	$piak^8$	$piak^8$	$piak^8$	$piak^8$

10. 皆部

此部在粵東潮汕方言中均讀作［ai］，現根據澄海方言將皆部擬音為［ai/aiʔ］。

(三)“高庚柯官杙”五部音值的擬測

11. 高部

此部在粵東潮汕方言中均讀作［au/auʔ］，現根據澄海方言將高部擬音為［au/auʔ］。

12. 庚部

此部在粵東潮汕方言中均讀作［ẽ/ẽʔ］，現根據澄海方言將庚部擬音為［ẽ/ẽʔ］。

13. 柯部

此部在粵東潮汕方言中均讀作［ua/uaʔ］，現根據澄海方言將柯部擬音為［ua/uaʔ］。

14. 官部

此部在粵東潮汕方言中均讀作［uã］，現根據澄海方言將官部擬音為［uã］。

15. 杒部

此部在粵東潮汕方言中均讀作［iu］，現根據澄海方言將杒部擬音為［iu/iuʔ］。

（四）"弓龜雞恭嬌"五部音值的擬測

16. 弓部

此部在粵東潮汕方言中多數讀作［eŋ/ek］，潮陽、海豐有兩讀：［eŋ/ek］和［ioŋ/iok］，現根據澄海方言將弓部擬音為［eŋ/ek］。

例字	汕頭	潮州	澄海	潮陽	揭陽	海豐
弓	$keŋ^1$	$keŋ^1$	$keŋ^1$	$keŋ^1/kioŋ^1$	$keŋ^1$	$kioŋ^1$
頂	$teŋ^2$	$teŋ^2$	$teŋ^2$	$teŋ^2/tioŋ^2$	$teŋ^2$	$teŋ^2$
政	$tseŋ^3$	$tseŋ^3$	$tseŋ^3$	$tseŋ^3/tsioŋ^3$	$tseŋ^3$	$tseŋ^3$
釋	sek^4	sek^4	sek^4	$sek^4/sioŋ^4$	sek^4	sek^4
平	$p‘eŋ^5$	$p‘eŋ^5$	$p‘eŋ^5$	$p‘eŋ^5/p‘ioŋ^5$	$p‘eŋ^5$	$p‘eŋ^5$
並	$peŋ^6$	$peŋ^6$	$peŋ^6$	$peŋ^6/pioŋ^6$	$peŋ^6$	$peŋ^6$
用	$eŋ^7$	$eŋ^7$	$eŋ^7$	$eŋ^7/ioŋ^7$	$eŋ^7$	$ioŋ^7$
綠	lek^8	lek^8	lek^8	$lek^8/liok^8$	lek^8	$liok^8$

17. 龜部

此部在粵東潮汕方言中均讀作［u］，無入聲韻。現根據澄海方言將龜部擬音為［u/uʔ］。

18. 雞部

此部在粵東潮汕方言中多數讀作［oi/oiʔ］，只有海豐讀作［i/ei/eʔ］，現根據澄海方言將雞部擬音為［oi/oiʔ］。

例字	汕頭	潮州	澄海	潮陽	揭陽	海豐
雞	koi^{1}	koi^{1}	koi^{1}	koi^{1}	koi^{1}	kei^{1}
底	toi^{2}	toi^{2}	toi^{2}	toi^{2}	toi^{2}	tei^{2}
計	koi^{3}	koi^{3}	koi^{3}	koi^{3}	koi^{3}	ki^{3}
八	$poiʔ^{4}$	$poiʔ^{4}$	$poiʔ^{4}$	$poiʔ^{4}$	$poiʔ^{4}$	$peʔ^{4}$
犁	loi^{5}	loi^{5}	loi^{5}	loi^{5}	loi^{5}	lei^{5}
蟹	hoi^{6}	hoi^{6}	hoi^{6}	hoi^{6}	hoi^{6}	hei^{6}
賣	boi^{7}	boi^{7}	boi^{7}	boi^{7}	boi^{7}	bei^{7}
笠	$loiʔ^{8}$	$loiʔ^{8}$	$loiʔ^{8}$	$loiʔ^{8}$	$loiʔ^{8}$	$leʔ^{8}$

19. 恭部

此部在粵東潮汕方言中多數讀作［ioŋ/iok］，只有潮陽、揭陽還有另一讀［ueŋ/uek］，現根據澄海方言將恭部擬音為［ioŋ/iok］。

例字	汕頭	潮州	澄海	潮陽	揭陽	海豐
躬	$kioŋ^{1}$	$kioŋ^{1}$	$kioŋ^{1}$	$kueŋ^{1}$	$kueŋ^{1}$	$kioŋ^{1}$
勇	$ioŋ^{2}$	$ioŋ^{2}$	$ioŋ^{2}$	$ueŋ^{2}$	$ueŋ^{2}$	$ioŋ^{2}$
永	$ioŋ^{3}$	$ioŋ^{3}$	$ioŋ^{3}$	$ueŋ^{3}$	$ueŋ^{3}$	$ioŋ^{3}$
鞠	$kiok^{4}$	$kiok^{4}$	$kiok^{4}$	$kuek^{4}$	$kuek^{4}$	$kiok^{4}$
容	$ioŋ^{5}$	$ioŋ^{5}$	$ioŋ^{5}$	$ueŋ^{5}$	$ueŋ^{5}$	$ioŋ^{5}$
佣	$ioŋ^{6}$	$ioŋ^{6}$	$ioŋ^{6}$	$ueŋ^{6}$	$ueŋ^{6}$	$ioŋ^{6}$
育	iok^{8}	iok^{8}	iok^{8}	uek^{8}	uek^{8}	iok^{8}

20. 嬌部

此部在粵東潮汕方言中多數讀作［iau/iauʔ］，只有潮州、澄海讀作［iou/iouʔ］，無入聲字，現根據澄海方言將嬌部擬音為［iou/iouʔ］。

例字	汕頭	潮州	澄海	潮陽	揭陽	海豐
驕	$kiau^1$	$kiou^1$	$kiou^1$	$kiau^1$	$kiau^1$	$kiau^1$
了	$liau^2$	$liou^2$	$liou^2$	$liau^2$	$liau^2$	$liau^2$
吊	$tiau^3$	$tiou^3$	$tiou^3$	$tiau^3$	$tiau^3$	$tiau^3$
亍 siauʔ	——	——	——	——	——	——
條	$tiau^5$	$tiou^5$	$tiou^5$	$tiau^5$	$tiau^5$	$tiau^5$
妙	$biau^6$	$biou^6$	$biou^6$	$biau^6$	$biau^6$	$biau^6$
料	$liau^7$	$liou^7$	$liou^7$	$liau^7$	$liau^7$	$liau^7$

（五）“哥肩柑瓜乖”五部音值的擬測

21. 哥部

此部在粵東潮汕方言中均讀作［o/oʔ］，現根據澄海方言將哥部擬音為［o/oʔ］。

22. 肩部

此部在汕頭、潮州、澄海方言裡均讀作［õi］，而潮陽、揭陽、海豐方言則讀作［ãi］。現根據澄海方言將肩部擬音為［õi］。

例字	汕頭	潮州	澄海	潮陽	揭陽	海豐
肩	kõi^1	kõi^1	kõi^1	kãi^1	kãi^1	kãi^1
研	ŋõi^2	ŋõi^2	ŋõi^2	ŋãi^2	ŋãi^2	ŋãi^2
蓮	nõi^5	nõi^5	nõi^5	nãi^5	nãi^5	nãi^5
第	tõi^6	tõi^6	tõi^6	tãi^6	tãi^6	tãi^6
殿	tõi^7	tõi^7	tõi^7	tãi^7	tãi^7	tãi^7

23. 柑部

此部在粵東潮汕方言中均讀作［ã］，無入聲韻，現根據澄海方言將柑部擬音為［ã］。

24. 瓜部

此部在粵東潮汕方言中均讀作［ue/ueʔ］，現根據澄海方言將瓜部擬音為［ue/ueʔ］。

25. 乖部

此部在粵東潮汕方言中均讀作［uai］，無入聲韻，現根據澄海方言將乖部擬音為［uai］。

（六）“膠佳薑㘔扛”五部音值的擬測

26. 膠部

此部在粵東潮汕方言中均讀作［a/aʔ］，現根據澄海方言將膠部擬音為［a/aʔ］。

27. 佳部

此部在粵東潮汕方言中均讀作［ia/iaʔ］，現根據澄海方言將佳部擬音為［ia/iaʔ］。

28. 薑部

此部在粵東潮汕方言中多數讀作［iõ］，只有潮州、澄海方言讀作［iẽ］，現根據澄海方言將薑部擬音為［iẽ］。

例字	汕頭	潮州	澄海	潮陽	揭陽	海豐
薑	$kiõ^1$	$kiẽ^1$	$kiẽ^1$	$kiõ^1$	$kiõ^1$	$kiõ^1$
兩	$niõ^2$	$niẽ^2$	$niẽ^2$	$niõ^2$	$niõ^2$	$niõ^2$
醬	$tsiõ^3$	$tsiẽ^3$	$tsiẽ^3$	$tsiõ^3$	$tsiõ^3$	$tsiõ^3$
場	$tiõ^5$	$tiẽ^5$	$tiẽ^5$	$tiõ^5$	$tiõ^5$	$tiõ^5$
象	$ts'iõ^6$	$ts'iẽ^6$	$ts'iẽ^6$	$ts'iõ^6$	$ts'iõ^6$	$ts'iõ^6$
邵	$siõ^7$	$siẽ^7$	$siẽ^7$	$siõ^7$	$siõ^7$	$siõ^7$

29. 㘔部

此部在汕頭、潮陽、揭陽、海豐方言中均讀作［io/ioʔ］，潮州、澄海方言則讀作［ie/ieʔ］，現根據澄海方言將燒部擬音為［ie/ieʔ］。

例字	汕頭	潮州	澄海	潮陽	揭陽	海豐
標	pio^1	pie^1	pie^1	pio^1	pio^1	pio^1
表	pio^2	pie^2	pie^2	pio^2	pio^2	pio^2
笑	$ts'io^3$	$ts'ie^3$	$ts'ie^3$	$ts'io^3$	$ts'io^3$	$ts'io^3$

续表

例字	汕頭	潮州	澄海	潮陽	揭陽	海豐
尺	ts‘ioʔ^{4}	ts‘ieʔ^{4}	ts‘ieʔ^{4}	ts‘ioʔ^{4}	ts‘ioʔ^{4}	ts‘ioʔ^{4}
潮	tio^{5}	tie^{5}	tie^{5}	tio^{5}	tio^{5}	tio^{5}
趙	tio^{6}	tie^{6}	tie^{6}	tio^{6}	tio^{6}	tio^{6}
廟	bio^{7}	bie^{7}	bie^{7}	bio^{7}	bio^{7}	bio^{7}
藥	ioʔ^{8}	ieʔ^{8}	ieʔ^{8}	ioʔ^{8}	ioʔ^{8}	ioʔ^{8}

30. 扛部

此部在汕頭、潮州、澄海方言中讀作［ɤŋ］，揭陽方言讀作［eŋ］，潮陽方言有［iŋ］和［ŋ］兩讀，海豐方言有［iŋ］、［in/it］、［uĩ］、［uaŋ］數讀，現根據澄海方言將鈞部擬音為［ɤŋ/ɤk］。

例字	汕頭	潮州	澄海	潮陽	揭陽	海豐
鈞	kɤŋ^{1}	kɤŋ^{1}	kɤŋ^{1}	kiŋ^{1}/kŋ^{1}	keŋ^{1}	kiŋ^{1}
謹	kɤŋ^{2}	kɤŋ^{2}	kɤŋ^{2}	kiŋ^{2}/kŋ^{2}	keŋ^{2}	kin^{2}
算	sɤŋ^{3}	sɤŋ^{3}	sɤŋ^{3}	siŋ^{3}/sŋ^{3}	seŋ^{3}	suĩ^{3}/suaŋ^{3}
乞	k‘ɤk^{4}	k‘ɤk^{4}	k‘ɤk^{4}	k‘ik^{4}	k‘ek^{4}	k‘it^{4}
勤	k‘ɤŋ^{5}	k‘ɤŋ^{5}	k‘ɤŋ^{5}	k‘iŋ^{5}/k‘ŋ^{5}	k‘eŋ^{5}	k‘in^{5}
近	kɤŋ^{6}	kɤŋ^{6}	kɤŋ^{6}	kiŋ^{6}/kŋ^{6}	keŋ^{6}	kin^{6}
段	tɤŋ^{7}	tɤŋ^{7}	tɤŋ^{7}	tiŋ^{7}/tŋ^{7}	teŋ^{7}	tin^{7}

（七）“金歸光江”四部音值的擬測

31. 金部

此部相當於《潮聲十五音》和《潮語十五音》“金［im/ip］”部和“君［iŋ/ik］”部，除澄海方言讀作［iŋ/ik］以外，其他地區讀音均為［im/ip］和［iŋ/ik］，揭陽方言讀作［eŋ/ek］，海豐方言則有三讀［iŋ］、［in］、［im/ip］。現根據澄海方言將金部擬音為［iŋ/ik］。

例字	汕頭	潮州	澄海	潮陽	揭陽	海豐
賓	piŋ^{1}	piŋ^{1}	piŋ^{1}	piŋ^{1}	peŋ^{1}	piŋ^{1}
緊	kiŋ^{2}	kiŋ^{2}	kiŋ^{2}	kiŋ^{2}	keŋ^{2}	kin^{2}
禁	kim^{3}	kim^{3}	kiŋ^{3}	kim^{3}	kim^{3}	kim^{3}
急	kip^{4}	kip^{4}	kik^{4}	kip^{4}	kip^{4}	kip^{4}
仁	ziŋ^{5}	ziŋ^{5}	ziŋ^{5}	ziŋ^{5}	ziŋ^{5}	ziŋ^{5}
任	zim^{6}	zim^{6}	ziŋ^{6}	zim^{6}	zim^{6}	zim^{6}
陣	tiŋ^{7}	tiŋ^{7}	tiŋ^{7}	tiŋ^{7}	tiŋ^{7}	tiŋ^{7}
及	kip^{8}	kip^{8}	kik^{8}	kip^{8}	kip^{8}	kip^{8}

32. 歸部

此部在粵東潮汕方言中均讀作［ui］，此部無入聲韻部，現根據澄海方言將歸部擬音為［ui］。

33. 光部

此部相當於《潮聲十五音》和《潮語十五音》的“光部”，在粵東汕頭、澄海讀作［uaŋ /uak］，潮州、潮陽、揭陽、海豐方言有三讀：［uaŋ/uak］、［ueŋ/uek］和［uam/uap］，現根據澄海方言將光部擬音為［uaŋ/uak］。

例字	汕頭	潮州	澄海	潮陽	揭陽	海豐
專	tsuaŋ^{1}	tsueŋ^{1}	tsuaŋ^{1}	tsuaŋ^{1}/tsueŋ^{11}	tsuaŋ^{1}	tsuaŋ^{1}
管	kuaŋ^{2}	kuaŋ^{2}	kuaŋ^{2}	kuaŋ^{2}/kueŋ^{2}	kuaŋ^{2}	kuaŋ^{2}
怨	uaŋ^{3}	uaŋ^{3}	uaŋ^{3}	uaŋ^{3}/ueŋ^{3}	uaŋ^{3}	uaŋ^{3}
劣	luak^{4}	luak^{4}	luak^{4}	luak^{4}/luek^{44}	luak^{4}/luek^{4}	luak^{4}
凡	huam^{5}	huam^{5}	huaŋ^{5}	huam^{5}	huam^{5}	huam^{5}
漫	buaŋ^{6}	bueŋ^{6}	buaŋ^{6}	buaŋ^{6}/bueŋ^{6}	buaŋ^{6}	maŋ^{6}
犯	huaŋ^{7}	huam^{7}	huaŋ^{7}	huam^{7}	huam^{7}	huam^{7}
拔	puak^{8}	puak^{8}	puak^{8}	puak^{8}/puek^{8}	puak^{8}/puek^{8}	puak^{8}

34. 江部

此部相當於《潮聲十五音》和《潮語十五音》的“江［aŋ/ak］”部和“甘［am/ap］”部，在粵東潮汕方言中除了澄海方言唯讀作［aŋ/ak］

外，其餘方言均有兩讀：［aŋ/ak］和［am/ap］，現根據澄海方言將江部擬音為［aŋ/ak］。

例字	汕頭	潮州	澄海	潮陽	揭陽	海豐
甘	kam^1	kam^1	$ka\eta^1$	kam^1	kam^1	kam^1
眼	$ga\eta^2$	$ga\eta^2$	$ga\eta^2$	$ga\eta^2$	$ga\eta^2$	$ga\eta^2$
監	kam^3	kam^3	$ka\eta^3$	kam^3	kam^3	kam^3
結	kak^4	kak^4	kak^4	kak^4	kak^4	kak^4
含	ham^5	ham^5	$ha\eta^5$	ham^5	ham^5	ham^5
浪	$la\eta^6$	$la\eta^6$	$la\eta^6$	$la\eta^6$	$la\eta^6$	$la\eta^6$
陷	ham^7	ham^7	$ha\eta^7$	ham^7	ham^7	ham^7
十	$tsap^8$	$tsap^8$	$tsak^8$	$tsap^8$	$tsap^8$	$tsap^8$

根據現代澄海方言，《潮聲十七音》共三十四部，五十九個韻母。具體韻系如下表：

1. 君［uŋ/uk］	2. 家［e/eʔ］	3. 居［ɯ］	4. 京［iã］	5. 基［i/ iʔ］	6. 啴［ĩ/ĩʔ］
7. 公［oŋ/ok］	8. 姑［ou］	9. 兼［iaŋ/iak］	10. 皆［ai/aiʔ］	11. 高［au/auʔ］	12. 庚［ẽ/ẽʔ］
13. 柯［ua/uaʔ］	14. 官［uã］	15. 枓［iu/iuʔ］	16. 弓［eŋ/ek］	17. 龜［u/uʔ］	18. 雞［oi/oiʔ］
19. 恭［ioŋ/iok］	20. 嬌［iou/iouʔ］	21. 哥［o/oʔ］	22. 肩［õi］	23. 柑［ã］	24. 瓜［ue/ueʔ］
25. 乖［uai］	26. 膠［a/aʔ］	27. 佳［ia/iaʔ］	28. 薑［iẽ］	29. 嚾［ie/ieʔ］	30. 扛［ɤŋ/ɤk］
31. 金［iŋ/ik］	32. 歸［ui］	33. 光［uaŋ/uak］	34. 江［aŋ/ak］		

上表所反映的是《潮聲十七音》三十四個韻部五十九個韻母的音值。現代澄海方言有四十四個韻部七十八個韻母。如果將現代澄海方言與《潮聲十五音》韻母系統相對照，有十九個韻母是《潮聲十五音》裡所沒有的。如：乞［ɯʔ］、活［uãʔ］、關［u ẽ/］、愛/□［ãi/ãiʔ］、樣/□［uãi/uãiʔ］、好/樂［ãu/ãuʔ］、虎［õu/］、□/□［iõu/iõuʔ］、幼/□［ĩu/ĩuʔ］、畏［uĩ/］、姆/□［m/mʔ］、□/□［ŋ/ŋʔ］。

四 《潮聲十七音》聲調系統

《潮聲十七音》有上平聲、上上聲、上去聲、上入聲、下平聲、下上聲、下去聲、下入聲八個聲調，與現代澄海話相對照，其調值如下：

調類	調值	例 字	調類	調值	例 字
上平聲	33	分君坤敦奔呑尊	下平聲	55	倫群唇墳豚船旬
上上聲	53	本滾捆盾囤准	下上聲	35	郡潤順慍混
上去聲	213	嫩糞棍困噴俊	下去聲	11	笨屯陣閏運悶
上入聲	2	不骨屈突脫卒	下入聲	5	律滑突術沒佛

【參考文獻】

葛劍雄主編：《中國移民史》，福建人民出版社 1997 年版。

林倫倫：《廣東閩方言語音研究》，汕頭大學出版社 1996 年版。

馬重奇：《福建閩南方言韻書比較研究》，《福建師範大學學報》2002 年第 2 期。

馬重奇：《閩台方言的源流與嬗變》，福建人民出版社 2002 年版。

馬重奇：《清代三種漳州十五音韻書研究》，福建人民出版社 2004 年版。

馬重奇：《閩南方言“la－mi 式”和“ma－sa 式”秘密語研究》，《中國語言學報》第 5 期，商務印書館 1999 年版。

無名氏：《擊木知音》，《彙集雅俗通十五音——擊木知音》，台中瑞成書局 1955 年版。

（清）謝秀嵐：《彙集雅俗通十五音》，1818 年文林堂出版，高雄慶芳書局影印本。

蕭雲屏撰：《潮語十五音》，汕頭市科學圖書館發行，1922 年。

張世珍輯：《潮聲十五音》，汕頭文明商務書局石印本。

新編《潮聲十七音》

馬重奇　蔡麗華　新　著
姚弗如　蔡邦彥　原　著

十七音字母

君家居京基⿰口基公姑兼皆高庚

柯官朻弓龜雞恭嬌哥肩柑瓜

乖膠佳薑⿰口薑 扛金歸光江

十七音次序

柳邊求去地坡他增入時

英文杳語出喜嫋

新增嫋杳兩音

自序

戴東原說讀書必先識字所以也就從研究字學入手然後講旁的學
問那麼字典字彙為讀書治學的工具的確是很緊要的不可不設法
使其易學易檢便用而期文化的發展
檢字方法之難易與文化的發展有密切的關係我國舊有的字典字
彙多用部首檢字法難學難檢使一般人對之望而生厭因此或致讀
書而不求甚解或竟因參考為難而無法自修這實在是文化上的大
障礙
並且那些切音因方言的關係也極感困難尤其是舊有的字彙字典
只可檢查字音字義而不可檢查字形倘使有時忘掉了字形那就沒
法檢了雖有那十五音以備遺忘但是缺點的地方還很多簡單的批
評起來十五音不夠支配裏面多有二音混合為一字音也錯誤很多

字數太少不敷應用

編者感着上面各問題故毅然犧牲了三年的精神努力研究並得我友蔡君邦彥之校閱我徒陳奂然之幫忙結果編

就這部書本書廢除部首檢字法採用筆數檢字法歷經實驗便於舊法者實多不但易學易檢易切可以檢查字音字形字義而且使那小朋友們是很喜歡學和很喜歡檢很喜歡切的為的本書是按照三十四個字母和十七音八音的順序編輯而成極有系統牽連的所以很容易引起他們的興趣

那末本書雖不能說是盡善盡美然亦不無發展文化於萬一的功能惟是我潮地域廣大人口眾多方言雜出編者耳目有所不周學識有所未及的地方還祈參考是書者有以原諒和指正至是書出版的目的也不過是拋磚引玉的意思罷了將來能夠實現此目的使我潮的

文化煥然一新的是所望於識者

民國二十年三月十六日弗如序於道文學校

杜國瑋序

中國文字之創作基於形義聲三特例象形指事本於形會意轉注賅於義諧聲假借即屬於聲不能千里而一致於是夫南腔北調鄉音方言侏離哤雜莫可究詰此音韻之學所以遂為古今絕詣也

剖釋形聲音義之書莫先於漢許氏之說文解字至唐沙門守溫據梵文諸音制定見溪郡疑等三十六字母自是以後陳晉翁刪照穿牀娘為三十二母吳澄刪郡娘非牀知徹易以芹圭缺群危威仍為三十六母李如真刪郡定並奉從邪牀禪匣喻知徹澄娘為二十二母方以智又減非清照影四母仍用從知二母合為二十母雖與守溫聲母不同均持之有故言之成理至清康熙朝所定字典聲母一準守溫之舊外以迦結庚裓高該傀根干鉤歌揭為十二攝音以判其蔀別而三十六聲母即本是以神其用焉

坊間十五音編製之內容即根據守溫三十六聲母而縮為一十五音
母根據十二攝音之根干等而衍為君堅金歸佳諸紐根據古反切以
音劘韻以韻定聲之例而變為柳理邊比之容易取音既便於昕夕之
檢尋復適於舟車之攜帶立意固甚善也
邑人姚君弗如感於十五音之有遺漏而有潮聲十七音之作兼訂新
字彙成為合璧大全一書余惟夫十五音者既準折三十六音以縮小
即不得以展至十七音為增加又攝音既不限於十二紐則本書於嗟
嚾之綴入亦非無本特所謂潮聲者但限於一局部所採用姚君萃三
載之心血以完成此書所貢獻於地方人者厚矣邇者注音三十九字
母方風靡全國他日姚君此書為研究方言者取而讀之或將據是以
定南方之一標準音其貢獻豈惟潮聲之是限也載

中華民國二十一年五月杪澄海杜國瑋序

蔡無及序

我國文字繁雜奧妙而字義復深幽難測數千年來代代相沿以訛傳訛者有之增删損益者亦有之其間斷簡殘編魯魚亥豕雖經後人校閱糾正者不少杜撰臆說者亦多是以音義愈紛注釋愈繁古法妙義日就湮沒更使後學無所適從何況音韻隨地而異字義容或不同故欲統一語言文字者非倉卒間所能實現也我鄉姚君弗如有鑒於音韻之不齊字義之或誤毅然負解字義正聲音之責志隨自著潮聲十七音新字彙合璧大全一書不欲自秘願貢于世書成囑序予予於此道未之有得莫明其妙但素知姚君性情沉默博學多才經三寒暑而後成是書從可知其潛心研究非伊朝夕固不同草率從事與徒沽虛譽者所可比擬也今者白話文已風行全國矣是為統一語言文字之先聲姚君之編是書義簡而賅音正而顯為我潮語言尚參差不齊遑論

全國蓋欲先潮人而後普及於全國也簡陋蠡測不知有當立言之旨否耶此序

民國二十一年壬申春正月同里蔡無及序於田寮之深竹處

例言

一本書是根據從前的十五音增杳嫋兩音而為十七音再編上筆數檢字索引而為新字彙字數是把全部詞源裏所有的字一切都收編過來同時還把新字典的拾遺字收編許多那末才成功這部書故名為潮聲十七音新字彙合璧大全

二本書檢字的功用可分為三點1查字義我國的同音字很多极容易寫錯現羅列一處孰是孰非一檢便知2檢查字音廢除繁冗的部首檢字法採用簡便的筆數檢字法3檢查字形使那忘掉字形或不知字形的切一切查一查也就知道了

三本書以小學及商場之適用為目的解釋務求淺顯但字義之出於引申假借有通俗習用而不求甚解者不憚反覆引喻期得真詮而關於科學上之應用注解尤不厭其詳

四本書檢查字音方法按照某字多少畫向檢字索引檢查像碑字的字的下邊注基邊一便是在基部十七音的邊音八音的上平音餘的類推

五本書檢查字形的方法〈已知了字音而不知字形的〉也是和十五音一樣先切其在某字母切在十七音某音八音某音要知其在某字母應切其和字母的音韻切近要求其切近應照八音的上平音和字母相切頂妥〈純熟的不在此例〉如要查文字文字的上平音蚊字蚊和君頂切近所以文字便在君部再把文字切十七音柳輪文文頂妥或照君部切十七音柳文蚊須照蚊字切八音也可〈熟純的不在此例〉

六本書檢查字形筆數都按照楷書計算但那部首辵艸水阜不算七畫六畫四畫八畫只照他的固有筆數辶艸氵阝計算例如茂字九畫

道字和源字十三畫陸字十一畫餘的類推

七本書雖廢部首檢字法但是在那筆數檢字索引裏面還是按照部首的次序排列使其易於檢查

八本書的⿰口基⿰口薑兩字母字書無此字是由基薑兩字母產生出來的⿰口基字讀鼻音⿰口薑字讀舌前音

九本書居部的磺黃園秧瓜部的橫歸部的畏謂跪匱櫃縣蕢轒懸弓部的逆姑部的否虎琥等特別字音在各該部本是收容不下應和基薑兩部之增⿰口基⿰口薑兩字母才妥但是因為字數太少沒有增設字母之可能所以定為特別音

十本書匆匆排印字音編次容有錯誤尚祈讀者指正

潮聲十七音新字彙合璧大全

1 君部上平声

·邊 楓 本音風木名葉經秋而紅漢宮多植之

·求 君 尊也(二)群也群下之所歸心者也(三)嚴君稱父(四)細君稱妻 桾 桾櫏果名即牛奶柹也 皸 手足凍而坼裂也 軍 兵隊也如陸軍海軍之類

·去 坤 八卦名地也(二)順也以喻婦德故稱婦人之詞多曰坤如結婚稱女家曰坤宅 埅 同坤 昆 後昆後嗣也(二)兄也(三)蟲類最眾曰昆蟲 晜 通作昆晜孫來孫之子也

琨 美玉也 褌 短腳袴曰褌 錕 錕鋘山名出金作刀劍可以切玉故寶刀曰錕鋘亦作錕鋙 顐 頭大貌 騉 野馬也(二)騉蹄駿馬也(三)騉駼馬名足有小趾歧出者

髠 去髮也古刑法有此一種二僧徒去髮與剪去樹枝使之禿皆謂之髠 鯤 大魚名見莊子 鵾 鵾雞鳥名似雞而大 鶤 鶤雞鳳凰之別名 崑 崑崙山名

·地 伅 倱伅不慧也一作渾敦又作混沌 哼 哼哼遲重之貌 堆 聚土曰堆 墩 平地有堆者曰墩 惇 厚也篤信也 敦 厚也如敦篤敦睦(二)治也(三)勉也(四)迫也

暾 日始出也 焞 焞焞無光耀貌又音推盛也又音揆灼龜也 盹 目藏也俗謂小睡曰打盹或讀作（頓）義同 礅 石之可踞者 ⿱敦皿 盂也

肫 懇摯貌(二)俗謂家禽之胃曰肫 諄 教誨不倦曰諄諄 鈍 銳之對鋒刃不利也又凡事物之不利者皆曰鈍(二)不敏捷也 鐓 矛戟柄之端以銅冒之平底者曰鐓亦作鐜錞

鐜 同鐓

·坡 奔 走也謂疾趨以赴之也 歕 吹氣也口唅物噴散也(二)歕一作噴 賁 勇士也飾也又光明貌賁臨光臨也 犇 古奔字

•他 **吞** 咽也減也(二) **涒** 食已而後復吐

•增 **墫** 喜也舞也(二) **尊** 重也貴也敬也古酒器今作樽(二) **樽** 與罇同酒器也 **皴** 皮拆裂也(二)書法之狀(三)山石凹凸者曰皴 **蹲** 踞坐也 **逡** 卻也行不進曰逡巡

遵 順道而行也凡事理及法令之率行者通謂之遵 **鐏** 戈柄下端以銅冒之為圓錐形者曰鐏 **鱒** 魚名似鱓長者至(二)尺餘產於海河間夏月溯河流而上以產卵

罇 酒器也亦作樽

•時 **孫** 子之子也又後裔統謂之子孫 **猻** 猢猻猷名猴屬 **蓀** 香草名亦作荃 **飧** 熟食也朝曰饔夕曰飧(二)水和飯也

•英 **齋** 水波深廣之貌 **榲** 杉也根也(二) **氳** 氤氳天地合氣也 **溫** 煖也和也(二)凡事已過而重提者曰溫 **熅** 烟熅天地氣也(二)聚火而無燄者 **瘟** 瘟疫傳染之病

縕 赤黃色也又讀去聲舊絮也 **蒀** 草名即萬年青一名千年蒀 **薀** 水草名一名聚藻又讀上聲積也 **豱** 豕名

轀 轀輬臥車也密閉曰轀旁開曰輬後因用為喪車故專名喪車曰轀輬 **醞** 釀酒也

•文 **蚊** 嚙人小飛蟲也 **蟁** 古蚊字

•出 **春** 四時之首(二)少年曰青春 **杶** 木名或作櫄可以為琴 **椿** 木名葉嫩時香甘可食(二)材堅可為器具三稱父曰椿庭詳見莊子 **輴** 載柩之車也 **旾** 古春字

•喜 **分** 總數折成多數曰分(二)尺度名十分位寸(三)判別也(四)算學名(五)讀下去聲職位也 **吩** 吩咐猶囑也 **婚** 娶婦曰婚 **婚** 同婚 **惛** 心不明也 **惽** 同惛

氛 凶氣曰氛(二)氛氳盛貌 **昏** 日入為昏如黃昏夜昏(二)闇昧也不明事理曰昏 **棔** 木名一作合昏又名合歡小葉甚多日中開展晚而閉合故亦曰夜合

焄 火上出也(二)香臭之氣也 紛 亂也(二)眾也 芬 花草香氣也(二)與紛通 葷 俗謂肉食為葷蔬食為素(二)辛物也 閽 守門之隸也

雰 霧氣也(二)雰雰霜雪下降之貌 餴 牛蒸飲也蒸米一熟而以水沃之乃再蒸也

君部上上聲

·邊 本 木本也猶根源也(二)又初意曰本意(三)自稱曰本如本國(四)書一冊曰一本 畚 管屬盛土之器以草索為之 畚 同畚盛土器也

·求 掍 與緄同 滾 大水流貌或作混(二)水沸也(三)旋轉而行亦曰滾 緄 俗謂衣服緣邊曰緄(二)繩也 蓘 以土壅苗根也 袞 古天子之禮服曰袞(二)袞袞多也

輥 車轂齊等貌謂榦木正圓不屈不減也(二)轉之速亦曰輥 鯀 禹父名治水無功舜殛之於羽山 緷 緯也

·去 困 廩之圓者 壼 宮中閣道之門曰壼(二)借用為閫字 悃 志純一也(二)衷曲也如自稱其志曰愚悃下悃是 捆 以繩縛也 梱 門中豎短木為門限也

稛 絭束也滿也(二)國語稛載而歸 宭 宭迫也(二)困也 箘 美竹也(二)竹筍也

菌 隱花植物之一形狀如傘生於樹蔭及朽木上(二)黴菌細菌皆寄生之細微植物恒為傳染病之媒介 閫 門橛也(二)婦女所居處也故謂婦人之德曰閫範

麇 同麕麞也又音羣聚也相聚而至曰麇至 麕 獸名即麞也詳見麞字 蕈 同菌 綑 同裍織也(二)俗謂以索縛為綑 莙 藻之葉細如絲者即聚藻也(二)莙薘菾菜之異名

·地 囤 小廩也所以積米谷者俗讀平聲謂儲物待價曰囤 楯 闌檻也縱曰欄橫曰楯 盾 干也俗謂之藤牌 ⿱竹屯 受米穀器 腞 行曳踵也

躉 整數曰躉(二)俗謂艤大舟岸旁以備也舟往來囤積貨物者曰躉船 噸 英美重量之名

●坡 笨 蠢率也今亦謂不慧曰笨

●增 准 俗準字有一定之意 噂 聚語也 撙 裁抑也撙節節制也 準 平也(二)符合也(三)一定也

●入 允 肯也猶言應許也誠實也(二)平也 狁 玁狁古北狄名 吮 以口吸之曰吮猶如小孩之食乳是

●時 損 減也失也(二)傷也 栒 亦作簨栒為虡懸鐘磬之架其木直立者為虡橫者為栒 榫 剡木入竅也俗曰榫頭 笋 同筍

筍 竹根所生之芽外有籜包裹漸長則籜解而生枝葉為竹嫩時可食 簨 同栒 隼 鳥名鷹類中之最小者毛色斑紋與鷹同惟胸腹灰白略帶黑色

●英 惲 姓也 穩 安也定也 蘊 積也聚也(二)深奧也如精蘊底蘊 韞 藏也 殞 歿也 荺 草根可食者亦筍類也

●杳 晚 日暮也(二)遲也於先輩自稱曰晚生

●出 刌 切斷也 忖 細思也 惷 俗作蠢(二)惷惷動擾之貌 朐 朐䏰縣名在今四川雲陽縣西 舛 本音喘錯亂也 荈 茶之晚取者曰荈

蠢 蟲動也(二)愚也本作惷 踳 踳踳失意貌

●喜 倱 倱伅不慧也 忿 怒也恨也 憤 嫌怨也煩悶也 混 雜流也(二)混沌元氣未分也 粉 物質之研成細末者曰粉如麵粉顏料之白色用以化妝品者曰粉

鯶 魚名長身圓類似青魚江湖中處處有之食草俗亦謂之草魚 鼢 小獸名一名鼴鼠

君部上去聲

·柳嫩 物未老而脆弱也凡植物之初起者皆曰嫩如嫩葉

·邊瀵 水名在陝西郃縣水源出地下曰瀵(二)

糞 動物大腸內所排泄之廢料也(二)治也培也(三)掃除也

·求捃 拾取也

棍 棒也(二)俗謂無賴之輩曰棍徒

·去困 窮也苦也

睏 睡也

·坡噴 噀也如言噴水(二)鼓鼻出聲也如言噴嚏

坋 塵起也通作坌

坌 聚也並也

·增俊 才智過人也凡事物傑出者皆謂之俊

儁 與俊同卓特也

峻 高也如言崇山峻嶺(二)大也(三)峭也

悛 改也改過曰悛

捘 推排也(二)擠也

濬 疏河使深通也

焌 然火也燒火也

畯 典田官也主勸農之事(二)草野也

竣 事畢也(二)止也

朘 減也縮也猶言剝削也

鐫 雕刻也(二)謫也如謂降官曰鐫級

陖 高也險也與峻通

雋 與俊儁俱同

餕 食之餘也又食人之餘亦曰餕

駿 馬之美稱(二)凡言事物之高大及疾速皆以此為喻

鵔 鵔鸃雉之有文采者亦名鷩雉

踆 與竣通止也

·時噀 噴水也

巽 八卦名(二)卑順也

眣 目動也謂以目示意也

瞚 目動也

瞬 目動也(二)時之至速者曰瞬如言轉瞬

舜 草名木槿也(二)虞帝之號

蕣 灌木名即木槿也詳見槿字

遜 辭去也如言遜位(二)順也謙恭也(三)此不如彼亦謂之遜

顨 同巽

·英搵 沒也指按也

·出 吋 英度名十二吋為一呎 寸 度名十分為寸十寸為尺（二）心曰方寸亦曰寸衷

·喜 僨 仆也覆敗也 奮 發揚也震動也凡物猛然用力皆謂之奮 訓 教誨也如訓導（二）解說也（三）言之可以為法則者曰訓如古訓經訓

·邊 不 否也非也與弗字義同

君部上入聲

·求 骨 人物全體之幹支持軀體附着筋肉保護內臟以為運動者 榾 榾柮斷木頭也用以代炭 汩 亂也（二）沒也（三）又音覓汨羅江在湖南湘陰縣古屈原投水之處也

淈 濁亂也（二）水出貌 蓇 植物之實熟時一邊縱裂者曰蓇葖如芍藥木蘭等皆是 餶 餶飿菜雜眾味也 鶻 鶻鳩鳥名身灰褐色俗名斑鳩（二）鷙鳥名鷹屬

·去 堀 與窟同穴也 屈 曲也如言能屈能伸 矻 矻矻勤勉不止也亦音兀義同 窟 孔穴也 詘 屈也（二）枉曲也（三）卷也折服也（四）止也（五）縮也 䘿 與䘿通短衣也

蟵 窟也 髷 半臂羽衣也 倔 倔強不受屈抑也 胐 胐臀也謂髀之近竅處 鈯 鈯鉞鎖鈕也 鶌 鳩之一種

·他 脫 物之相連而離去者曰脫（二）遺也如脫落脫漏 跊 獸跡也 黜 貶退也擯去也 侻 簡易也（二）輕也 怵 恐也（二）悽愴也

·增 卒 隸人給事者如今之聽差是（二）兵士也（三）終也盡也（四）人死曰卒（五）竟也 崒 危高也 捽 手持也 摔 棄於地曰摔 猝 急遽也如言倉猝謂急而不及防也

率 領也（二）遵也循也輕也（三）慨也 蟀 蟋蟀也見蟋字 踤 觸也

·時 卹 同恤 恤 憫也如撫恤（二）賑也賑貧之曰恤憐 戌 地支之一（二）屈戌窗戶所設之環紐 窣 從穴中猝出也

腧腧穴人體中之穴道也一方書灸法腧穴在脊中對臍各開一半寸 訹與怵通誘也謂為利害所誘也 賉與恤同

•英 嗢咽也㈡嗢噱謂大笑也 欝同鬱 鬱氣聚而不舒散也如鬱結鬱悶亦作欝 黦色壞也 熨以火斗按布白使之平貼曰熨又音慰醫療之法從上按其下也

膃膃肭肥耎也獸名即海狗其腎曰膃肭臍㈡可為藥用

•杳 刎到也以刀自殺曰自刎 吻口邊也口吻猶言語氣 唶同吻閉口也 脗俗吻字 抆拭也如拭淚曰抆淚

•出 出入之反自內而至外也㈡發出也㈢斥逐也㈣餘存也 齣一回也如一戲劇之一幕曰一齣

•喜 茀草多也㈡塞也㈢治也首飾也㈣蔽也㈤通紼也 黻古禮服刺繡之文半青半黑如兩己相背形㈡亦與韍同 髴髣髴見不真切也

韍古祭服所以蔽膝者以韋為之其朝服所用者曰韠同物而異名也 艴怒而作色也 綍同紼 紼大繩也㈡引棺索曰紼故送葬曰執紼

紱綬也絲繩之繫印環者 笏俗名朝板古朝會所執者 祓潔也㈡除災求福也 淴水出之聲 曶同忽 昒日尚冥也

拂拭也輕擊也㈡逆也如言不忍過拂 惚恍惚見不真切也 忽不經意也如疏忽忽略㈡迅速也如倏忽忽然㈢小數名 佛彷佛謂不定也 弗不也不可也

帗樂舞器壹幅巾也以五采繒為之 圀圀圖物完整而不殘缺也 唿憂也口哨寇盜所發㈡唿號也 刜斫也

君部下平聲

•柳 侖與崙同 崙崑崙山名在西藏江河之源皆出於此中國最高之山也 淪水波也㈡沒也㈢率也混淪未分離之貌 圇圀圇詳圀字

倫 常也君臣父子兄弟夫婦統稱為五倫(二)類也(三)比也(四)等也 掄 選擇也 綸 青絲綬也粗於絲者曰綸(二)巾之一種

輪 車輪也凡平圓形者皆曰輪如日輪月輪(二)大也稱屋之高大曰輪奐(三)更迭為之曰輪如輪流輪值(四)地形東西為廣南北為輪

• 求 裙 下裳也(二)鼈之甲邊曰鼈裙

• 去 拳 手握不伸也又音權拳拳懇至之意 羣 多數曰羣(二)同輩也

• 地 脣 俗用為口脣之脣原音真驚也 脣 口緣也 漘 水涯也

• 坡 墳 墓之對土隆起者 幩 馬飾也 汾 水名陝西省之大川 湓 水名一名龍開河在江西(二)水涌也 盆 盎也瓦器今亦以金屬及木為之

蕡 草木多實也(二)麻子也 豶 豕之去勢者 鼖 大鼓也 坟 與墳同

• 他 坉 田隴也 屯 聚也(二)勒兵而守曰屯故兵耕曰屯田 窀 窀穸墓穴也 臀 人身兩股上端與腰相連之部位也(二)物之底為臀 芚 木始生貌 豚 小豬也

軘 兵車也 迍 迍邅難行不進貌 遯 隱遯也猶隱遁也字同遁 飩 餛飩詳餛字 魨 河豚魚也大尺餘味甚鮮美然其卵巢內含有毒質食之往往致死

忳 悶也亂也(二) 㹠 豕子也本作豚

• 增 船 舟也

• 時 狥 俗徇字 鶉 亦音敦鶴鶉鳥名 馴 馬順從也凡順從者皆曰馴(二)由漸而至曰馴至(三)善也 錞 錞干樂器鳴之以和鼓又與鐓通

醇 厚酒也如醇醪謹重也如醇厚醇謹(二) 郇 古國名在今山西猗氏縣唐韋涉襲對郇國公精究飲饌時曰(二)郇廚 詢 訪問也謀也咨也(三)均(二)也

蓴 疏類植物一名水葵亦作蒓 蒓 同蓴 荀 草名黃花赤實春秋時國名三姓也(二) 膊 股骨也 純 絲也純一不雜也(三)大(二)也(四)皆也

紃 圓條也薄闊者為組似繩者曰紃 瞯 目外部掣動也俗謂之眼跳 眴 目搖動也又讀去聲義同 珣 玉類

徇 軍中宣布號令曰徇與殉通以身從之也如言烈士(二)徇名 殉 用人從葬也(二)與殉同 犉 黃牛黑脣曰犉牛七尺亦曰犉 淳 清也樸也猶純粹也

洵 信也言信實不虛也(二)遠也 旬 十日為一旬祝壽亦以十年為一旬(二)(三)徧也 恂 恂信實貌 巡 往來察看曰巡(二)徧也 峋 嶙峋山崖重深貌

侚 與殉通從葬也

•英

蚡 與鼢同人名漢有田蚡 鄖 縣名在湖北春秋漢南國名在今湖北(二)安陸縣境 邧 同鄖 轒 車穹窿也轒輣兵車也(二) 芸 香草名可辟蠹蚤

朌 大首貌一曰眾貌 耘 除草也 羵 羵羊土怪也 羒 白羝羊也 縜 射侯所用之具 紜 紛也亂也本音雲 篔 篔簹竹之大者

筠 竹膚堅實者俗謂之篾青 昀 昀昀言田之懇辟也 焚 燒也火灼物也 潰 大水溢出別為小水者曰潰(二)水厓也 棼 短樑也麻布也(三)亂(二)也 棻 又音芬香木也

枌 白榆也稱鄉里曰枌榆 妘 姓也 勻 均也齊也如調勻 云 與曰字義同二助語辭猶言有如是也

•文

雯 雲成章曰雯 文 文字也文辭也(二)武之對美也善也(三)質之對 玫 石之美者玫瑰花名香氣清烈可製香(二)水及糖酒之用 閿 閿鄉地名屬河南洛河道

紋 錦繡之文曰紋物之有縐痕者皆謂之紋如(二)言波紋 芠 芒芠無形也

• 杳 虋 赤苗嘉穀也亦作穈 穈 同虋 璊 玉之紅色者 捫 撫持也摸也 樠 木名又音瞞義同 們 就一方面多數之人而言如我們他們

門 宮室垣墻所設可以開闔通出入者曰門(二)類也分類曰分門專藝曰專門

• 出 存 亡之反在也

• 喜 鼲 鼠名尾足俱短毛色黃故亦名黃鼠 魂 魄之對人身精神之主宰者 餛 餛飩麵食之一種以麵裹餡曲之使兩端相接以煮食者 鞎 與前以革為車飾曰鞎

雲 水氣上升凝結為雲其在地面低處則為霧 蕓 蕓薹油菜也子可榨油 痕 胝瘢也(二)凡物之有迹者皆曰痕如苔痕黑痕 琿 美玉也 澐 江水大波謂之澐

涓 涓水亦名鄖川源出湖北隨州東南流至漢川入漢 渾 濁貌(二)齊同也如渾合渾括又與混同(三)水名有二一出奉天一出直隸 沄 水轉流也

君部下上聲

• 柳 論 議事也(二)文體名論事之文也(三)決罪曰論

• 求 郡 府也如潮州府曰潮郡

• 地 沌 混沌元氣未判也又不開通貌 燉 俗謂隔湯熟物為燉又音屯燉煌地名 遁 逃也隱去也 頓 叩首曰頓(二)立也如停頓(三)遽也猶即時也(四)整也(五)食一次曰一頓

• 入 潤 滋也益也易以潤之

• 時 順 從也不逆也(二)安樂也(三)降服之也

·英 霣 雨也雷起而雨曰霣 慍 本音蘊含怒也恚恨也

·文 聞 又音文聽覺鼻嗅亦謂之聞也

·喜 諢 弄言也猶俗言打諢 焜 煌也光也 溷 亂也廁也獸圈也 慁 辱也擾亂也 圂 同溷

君部下去聲

·求 攟 拾也 攈 與捃攟同拾取也

·入 䏰 胸䏰或作胸䏰縣名在今四川雲陽縣西 閏 有所餘也如閏日閏月

·英 餫 運糧饋之也（二）餛飩亦作餫飩 韻 聲之餘音相叶者曰韻如公與空岡與康之類（二）風雅曰韻如韻人韻事 韗 韗人攻皮之工製鼓者也見考工記 韵 同韻

運 轉動也凡物轉輪而移動之皆曰運（二）彼此挪補也如運籌（三）氣數曰運 鄆 春秋魯邑名在今山東鄆城縣境

紊 亂也 悶 煩悶也猶不樂之貌 懣 同悶 汶 水名在山東又音門玷辱也

問 訊也謂以不知者就正於人也音信亦曰音問 絻 喪服也（二）弔所執之絻也

份 物之分折曰份（二）不敢妄為曰份如安份守份

君部下入聲

• 柳
鷊 鳥名嘴長頭大背灰色腹白色常棲田澤捕食小魚蟲類
鴪 鷹隼疾飛之貌
驈 驪馬白跨者
霱 瑞雲也
遹 循也(二)遵也(三)發語詞

葎 蔓生之草其實似松毬
膟 膟膋腸間脂也
聿 筆也(二)發語辭遂也惟也
繂 大索也以竹為之所以維持舟者
矞 矞雲瑞雲也又與獝同

獝 狂也(二)鳥驚飛貌
律 古審音之具有六律六呂截長短不同之竹管為之(二)法律也(三)一概也
劀 刮去惡瘡肉也

• 求
崛 特起也
掘 穿也如掘地掘井
搰 掘也濁也
滑 利也謂不凝滯也(二)虛浮也如奸猾(三)誹諧也如滑稽
猾 亂也(二)黠也(三)狡也

⿰虫屈 ⿰虫屈蠌海邊寄居形如蜘蛛之蟲也
⿰衤屈 短衣也

• 去
⿱屈毛 鳥短毛也

• 地
凸 凹之反高出貌
朮 草名可作藥即今之白朮
突 卒然相見曰突(二)觸也如唐突衝突(三)煙囪曰突四穿也
腯 肥也
葖 蘆菔之異名

• 坡
哱 哱囉軍中吹器也

• 增
秫 本音術稷之黏者可以釀酒
糯 同秫稻之黏者

• 時
沭 水名又沭陽江蘇縣名
術 技術也凡推行之方法皆曰術(二)邑中道也
述 傳其舊所聞者曰述(二)遵循也陳述也
鉥 長鍼也

• 杳
沒 沉溺也(二)死也亦作歿(三)無也盡取之也如乾沒(四)隱也如出沒
疫 傳染病之流行廣者曰瘟疫
歾 古文沒字終也
歿 古沒字死亡也

• 喜
佛 釋教之祖釋迦牟尼也凡釋教之成道者皆曰佛
咈 不然之詞
岪 山脅道也
怫 鬱也

·嫋 貀 同貀骨貀海獸名似狗體灰褐色並能游泳出東海水中稱膃肭獸 貀 獸名亦作貀

2 家部上平聲

·求 鎵 金屬之一即鎔也 猳 牡豕也 袈 袈裟僧衣也 傢 俗謂器具曰傢伙 家 居其地曰家一門曰一家（二）有專長之學問曰家如文學家政治家等是

齋 素食也（二）外舍曰齋因古為齋戒之室故今書室曰書齋

·時 些 少也 紗 絹之輕細者 裟 袈裟僧衣也

·英 挪 挪揄舉手侮弄之也 揶 同挪謂嘲弄之也 耶 語助詞

·出 杈 木之歧出者

家部上上聲

·增 姊 女兄也 姉 同姊字 秭 數也十萬曰億萬億曰秭或讀作子 這 與此字通這箇猶言此箇本音彥迎也

·英 啞 瘖也口不能言也

·文 螞 螞蟥水蛭之大者（二）螞蟻之大者今以之為蟻之通稱 馬 獸名能負重遠行其齒隨年而異故名謙言己之年歲曰馬齒

碼 計數之字曰號碼（二）泊舟之處曰碼頭（三）英度名每碼合排錢二尺四寸

家部上去聲

•求 價 論物之價也 嫁 女適人也 稼 稼穡農事也種之曰稼斂之曰穡(二)禾之秀實曰稼 架 庋物之器(二)加其上曰架

駕 以馬駕車也車乘總稱曰駕(二)稱人來臨曰駕臨(三)陵也

•坡 帕 額巾也手巾也

•增 債 負財曰債如欠債還債 瘵 肺癆病也

•入 渃 渃溪水名在湖北枝江縣東三十里水通大江

•出 廁 亦作廁便所也(二)間也次也

家部上入聲

•邊 伯 父之兄曰伯(二)長也 佰 與百同 柏 木名有扁柏側柏(二)種扁柏可作器具之用側柏則植之庭中可為賞品 百 數名(二)眾多也如百官百姓 胉 肩甲也

•求 鬲 鍑也又音歷鼎屬 骼 骨也又枯骨也 隔 障也謂不相通也(二)不相合亦曰隔 鎘 與鬲同鼎屬 觡 角也麋角有枝曰觡無枝曰角

膈 膈膜生理學名詞在胸腹腔之間分為二腔人之呼吸有此膜一張一縮 胳 腋下也俗亦謂臂曰胳膊(二)牲之後脛骨也 格 正也法式也(二)有一定之巨離曰格

•去 喀 嘔吐聲兩手據地嘔吐而不出如喀喀然 客 主之對(二)也寄居在外曰客旅(三)客氣猶不謙退之意 揢 手把箸也 衉 嘔血也

·他 鉈 腰帶垂頭於下曰鉈尾楚人謂之魚尾 詫 誇也㈡欺狂也㈢疑怪也如詫異驚詫 ⿺走差 ⿺走差趣村在直隸行唐縣東清高宗幸五臺曾過斯地 姹 誇也詫也

奼 豔冶也如嬌奼婭奼 咤 叱怒也與詫通驚異也 吒 叱怒也

·增 勣 功也 仄 傾也㈡狹也㈢字之四聲分為平仄平聲為平上去入聲為仄 啫 歎聲㈡啫啫鳥聲也 嘖 爭言也稱歎也 幘 韜髮之巾也 摭 拾取也

織 小木椿也 積 聚也累也㈡算學中乘得之數謂之積數 窄 寬之反狹也隘也 笮 狹也迫也壓也 簀 席也 績 緝也紡也㈡功業也

職 事也執掌也㈡分所應為之事曰職如子職婦職職務職業 蚱 蚱蜢食稻之害蟲也㈡蚱蟬鳴蟲名 襀 襞襀謂襞布帛之廣而摺疊之也 賾 幽深也

踖 踧踖恭敬不安之貌 咋 大聲也㈡嚙也又音詐暫也 責 求也謂索取也分所應為而必求其如是曰責〇詰問誚讓也鞭撻也 昃 日過午也㈡盈滿也

·英 掟 把也與扼同抑也 呃 喉間氣逆作聲也 阨 本作阸境遇困苦也㈡險地也㈡阻塞也 軛 車衡兩端作月缺形似扼馬頸者 搤 同扼持也㈡握也㈢捉也

扼 把持也力據要地之義如扼守扼要 戹 同厄困也 厄 同阨戹困也

·出 簎 以叉取魚曰簎 筴 卜筮所揲之蓍也㈡同策謀也㈢簡書也㈣又音夾箸屬 策 簡也策書也㈡計畫也㈢馬箠也鞭馬亦曰策 矠 矛屬㈡刺取也 溹 溹溹雨下之貌

坼 裂也 冊 書一本曰一冊㈡符命也封爵所受之文曰冊

·喜 嚇 恐懼也㈡怒也

家部下平聲

・邊 杷 枇杷果名江蘇洞庭山所產最著名 爬 搔也 琶 琵琶樂器名 筢 竹器用以除草 耙 田器以破土塊使細者

・求 枷 獄具也項械也（二）連枷打穀具也亦作耞

・地 秅 禾稼計數之名四百秉為一秅 茶 常綠灌木葉可烹作飲料（二）山茶花名

・時 儕 等輩也如謂吾等曰我儕

・語 牙 齒也齒之大者在旁為牙當脣為齒 芽 植物初生時之萌也（二）事物發軔之始亦曰芽 衙 官署也

・出 查 檢點也考察也 楂 同楂水上浮木也 槎 斫也（二）水上浮木也

・喜 蝦 節足動物之長體者種類甚多有沙蝦龍蝦等種 鰕 與蝦同

家部下上聲

・邊 父 父母生我之人也（二）又音府男子之美稱（三）老人通稱曰父如言田父漁父

家部下去聲

・他 鮀 海蜇也

・增 寨 與砦同山居環列木柵以為防衛也 砦 同寨藩落也

家部下入聲

喜 夏四時之一陰曆四五六月為夏 廈屋也大屋謂之廈亦作廈

柳 曆曆法推算日月星辰以定歲時節氣之法也 櫟木名皮可作染料 櫪養馬之所曰櫪又與櫪同 歷過也如經歷閱歷(二)跡也明也(三)越也(四)日歷也

瀝水下滴也(二)淅瀝雨雪之聲 癧病名患者皮肉生核塊 皪的皪珠光也 磿古送葬執紼者書名與版謂之磿 礫小石也 藶葶藶也詳葶字注

躒動也又音洛卓躒超絕也 轢車輪輾過也如言輘轢(二)以勺掠釜曰轢 靂雷之急擊者為霹靂 嚦聲也 蒚野生小蒜也

邊 帛絲織物之總名 白素色也(二)明也潔也(三)告白也

他 宅居屋也

文 麥一年或二年生草本植物

3 居部上平聲

求 琚瓊琚佩玉名 椐木椐亦名靈壽木亦借為櫸字 硨硨磲文蛤類之最大者 居處也(二)積也儲貨待價曰居奇 崌崌山在峽民山東北北江所出

蛼蛼鰲蛤屬殼色紫璀璨如玉有斑點以火炙之則開取肉供食又稱昌娥 裾衣襟也 車又音奢陸行所乘之器如汽車等(二)旋轉助力之器如水車紡車等皆是

地 櫫杙也楬櫫有所表識者也 猪同豬字 豬家畜之一

• 增

之 適也往也至也(二)語助詞連屬詞(三)代名詞(四)此也

淄 水名源出山東境

咨 謀也(二)嗟嘆聲(三)官中平行之文牘謂之咨文

姿 態也媚也

孜 孜孜勤勉不怠之意

孳 孳孳勤勉之意鳥獸將生子曰孳尾

嵫 崦嵫山名相傳為日出處在甘肅天水縣西

書 以文字紀載書物曰書如書籍等(二)寫也作字也(三)書信也(四)經名

椔 木立死也

滋 滋水源出山西五臺縣(二)益也長也蕃也(三)滋潤也(四)滋味也

玆 黑也亦作滋與玆通此也

粢 穀之供祭祀者六穀亦謂之六粢黍稷稻粱麥瓜是

孖 雙生子曰孖

緇 黑色也

芝 菌類古以為瑞草一名靈芝又名紫芝(二)芝蘭花名

茲 益也(二)此也(三)年也時也(四)席也(五)通滋

菑 田一年一墾曰一菑木立死也(二)殺草也

蟕 蟕蠵龜屬之最大者

觜 星名二十八宿之一(二)與蟕同

諮 與咨同謀也(二)問也

貲 罰錢也(二)今統稱財物曰貲財

資 貨財也(二)賴也(三)給也(四)位也(五)天所賦亦曰資如天資資質

輜 載衣之車也

趑 同趦

趦 趦趄行不進也

錙 古衡名(二)錙銖言甚輕微之數無足計較也

鎡 鎡錤田器耒耜之屬

頿 俗髭鬚口上作也

髭 口上曰髭口下曰鬚

鯔 魚名狀似青魚色黑口小骨軟如鯔有黃脂長者尺許產近海

鶿 鸕鶿水鳥名

甾 同菑

薋 草名即蒺藜也

鼒 鼎之斂上而小口者

齍 黍稷器用以祀者(二)亦與粢同

齎 持以與人也(二)餞送也與賫字同

• 時

偲 相切責也(二)多鬚貌

澌 冰解而流也

厶 古私字

師 眾也軍旅以二千五百人為師(二)教人以道者亦謂之師

廝 使役也

思 心之作用也又讀去聲意志也

斯 析也(二)此也(三)語助辭

浉 浉水在河南信陽縣

滮 水名即今百泉河源出直隸邢臺縣

澌 盡也又同嘶散聲也

禠 福也

私 公之對己也(二)隱秘也(三)姦通曰私謂不使人知也

箟 竹名生於海旁

緦 麻布之細者喪服之輕者用也

罳 屏風窗欞之有疏孔者曰罘罳

虒 委虒虎之有角者

蟴 螽蟴也見螽字

螄 螺螄與田螺異種產於淡水

蟖 蛅蟖蟲名詳蛅字注

鍶 鐵器也

颸 涼風也

嘶 凡聲幽咽皆曰嘶馬鳴也(二)聲破也

撕 提撕也謂使之警悟也(二)裂物也

• 英

於 與于字通語辭依也(二)歎辭

菸 萎也又音煙草名可製切煙卷煙之屬亦謂之煙草

秧 禾苗曰秧本音央

• 喜

驉 駏驉獸名

虛 空也無也(二)不實也(三)弱也(四)星名

歔 歔欷悲泣氣咽而抽息也

姁 姁婾美貌又音詡姁姁佚樂貌

墟 大邱也(二)故城也(三)商賈貨物輻湊之處曰墟

噓 吹噓也凡出氣急曰吹緩曰噓吹氣寒噓氣溫

居部上上聲

• 柳

旅 軍之五百人為旅今以步兵二百人為旅(二)客處曰旅(三)眾也

梠 屋材之施於簷口者一謂之眉

籹 粔籹食品搓麵成細條組之成束以油炸之者亦曰饊子

膂 脊骨也為人體主幹故謂體力曰膂力

侶 同也

⿱旅力 同膂⿱旅骨力也

你 同汝我之對

汝 你也(二)水名源出河南嵩山縣之老君山

尔 與爾同

爾 與你同

袮 祭名承作旅

• 求

偊 與踽通偊偊獨行之貌

弆 藏也

柜 木名亦作欅

椇 枳椇果木名俗稱雞距子

榘 同矩矱榘猶法度也

櫸 木名材質堅固木理秀美可作箱几之用

矩 規矩也為圓之器曰規為方之器曰矩(二)法也(三)俗謂謹守禮法者曰有規矩

筥 盛米器也方者曰筐圓者曰筥(二)刈稻聚把亦曰筥

舉 以力使之向上也皆也(二)拔取也

莒 草名(二)周國名少皞之後即今山東莒縣

蒟 草名可食

踽 踽獨行之貌

佢 廣州人謂他曰佢

虡 懸鐘磬之架其兩旁所立之柱曰虡(二)几之高者亦曰虡

炬 火炬也猶今之火把也(二)蠟燭亦曰蠟炬

· 增
子 對母之稱(二)地支之一(三)男子之美稱
梓 木名葉類桐而小(二)治木器也木工曰梓人鄉里曰桑梓(三)父子曰喬
煑 本音渚烹也
笫 牀簀也
耔 壅苗本也

蚜 蚜蚄米蟲也亦名蚌詳蚌字注
訾 議人過失也
訿 同訾○訿訿怠惰而不供職也
鬻 與煑同

· 入
洱 洱海在雲南
爾 汝也(二)語助辭詞之終也(三)爾爾猶言如此也爾來猶近來也
璽 玉璽印也古時尊卑共之秦漢以後惟皇帝印曰璽
耳 人及動物司聽之器官也(二)語助詞

邇 近也
駬 騄駬良馬名

· 時
史 古掌書之官也記事之書亦曰史
駛 馬行疾也引伸之凡疾行皆曰駛又音使義同

· 英
與 及也偕也(二)許也從也(三)助也

· 語
圉 養馬之所曰圉
敔 樂器名形如伏虎背有二十七鉏鋙用木櫟之發聲以止樂也
籞 禁苑之遮衛也用繩編竹為籬使人不得往來也
語 談說也

· 出
仳 小也
此 彼之對這也指定之詞
玼 玉色鮮也凡物之鮮盛亦皆曰玼
癙 憂病也
泚 水清也又鮮明貌
鼠 小獸名穴處人家之屋恃竊食以生活者

· 喜
栩 木名即櫟也栩栩活潑貌
滸 水厓也
許 允其請也如許可(二)語助詞如幾許猶言幾何又音苦姓也
詡 大言也誇也自陳其功德張大曰誇詡
鄦 與許字同

居部上去聲

· 求
鋸 以鐵為薄條鑿成細齒張於木匡往來移動以解木者以鋸斷物亦曰鋸

· 去
去 來之反目此而之彼也

·增 傳(以物插地為傳故以刀插人曰傳刃與剸通) 剸(插刀也通作傳) 慫(放縱也) 漬(浸於水中使水滲曰漬) 胔(腐肉也) 胾(切肉也)

·時 僿(細碎也無悃誠也) 泗(山東水名(二)液自鼻流出者) 笥(萑葦器也以竹為之圓者曰簞方者曰笥) 殔(埋棺之坎也)

肆(極也放恣也(二)陳列也又陈列之處曰肆(三)俗借為數目四字) 賜(予也上所予曰賜(二)惠也(三)盡也) 駟(一車四馬也古人駕車皆用四馬中兩馬為服馬外兩馬為驂馬故曰駟)

·英 医(盛弓矢器) 淤(淤溉以泥水灌田也(二)血不流行亦曰淤) 瘀(積血曰瘀) 瞖(目障也謂眼珠所生之白膜也)

翳(樂舞所持羽翻以自隱蔽者猶雉尾之類(二)目疾有膜障蔽者曰翳) 飫(食多而飽也) 饇(同飫) 黳(黑也) 㙒(同淤濁泥也)

·出 次(等級也一回也(二)舍也處所也) 栨(門窗上下欄曰檻栨) 庛(耒下歧木也) 佽(助也)

居部上入聲

全部空音

居部下平聲

·柳 櫚(木名其材性堅有花文者曰花櫚可作器皿扇骨等物) 臚(陳也(二)上傳語告下也) 蘆(茹蘆草名即茜也) 藺(藺茹草名生於郊野根可入藥) 閭(里門也如閭里閭閻)

驢(畜名體小於馬耳頰皆長性馴能負重如牛馬亦用以為騎)

·去 璩(環屬) 癯(同臞瘠也) 豦(獸名玃類) 衢(四達道也如言大道通衢) 蘧(與瞿同蘧然驚貌(二)姓也) 蕖(芙蕖荷花之別名) 臞(瘠也) 腒(鳥獸乾腊也)

籧 籧篨粗竹席也 碟 碑碟文蛤類之最大者 瞿 心驚貌(二)視貌(三)兵器名戟屬 渠 水所居也如溝渠(二)俗謂人曰渠 氍 氍毹毛織物地毯之屬 戵 戟屬

地 滁 滁河源出安徽合肥縣北 篨 案竹席之粗者曰籧篨 蒢 黃蒢草名又名敗醬亦稱苦草可以為疏 除 階也(二)去也(三)拜官曰除(四)末也一歲之末日曰除夕五算學名分之也

增 薯 本音署甘薯也俗謂之番薯 藷 藷蔗甘蔗也(二)藷蕷草名根似羊蹄亦簡稱藷亦與薯同 蒣 同薯

入 栭 櫨也斗拱也柱之上端方木以承樑者 洏 連洏流涕貌 而 汝也(二)語助詞猶兮也(三)有直接轉下意如一而十十而百之類猶乃也 耏 頰鬚也又音奈去頰鬚之刑也

胹 爛也煮熟也 輀 喪車也 鮞 魚子也 鴯 鴯鶓鳥名與鴕鳥同類頭頸有羽毛高五尺餘體褐色產於澳洲 轜 同輀 髵 本作而亦作耏頰毛也

時 祠 家廟曰祠堂 詞 文言也言之成文曰詞通作辭(二)文體之一詞曲也 辭 言之成文者曰辭(二)訟辭口供也(三)同辤不受也讓也(四)別去也遣去也

英 予 同余我也又讀上聲與也錫也 余 我也(二)姓也 狳 犰狳獸名產墨西哥等國 妤 婕妤女官亦作倢伃 伃 倢伃漢女官名言接幸於上也伃美稱也

旟 旗之畫鳥隼者 歟 語末之詞疑而未定也又讀下去聲義同 璵 璠璵春秋時魯之寶玉 畬 田之開墾已及三歲者謂曰已熟也 舁 扛抬也共舉也

艅 艅艎舟名 輿 車也(二)轎曰肩輿(三)天地曰堪輿今謂相地術者亦曰堪輿(四)眾也 餘 賸也存也凡不盡之數皆謂之餘 轝 同輿車之所以任載者

磺 硫黃亦作硫磺请参看硫字 黃 五色之一(二)俗谓金曰黃金因其色黃也(三)小兒初生曰黃故亦曰黃口

出 傜 同傜地名通舒字 徐 遲緩也(二)徐州古九州之一今山東南部江蘇安徽之北部皆其地 瓷 陶器之堅緻者 甆 同瓷字

磁 磁石又名吸鐵石有吸引鐵鎳鈷等金屬之性(二)亦同瓷 疵 病也(二)凡事物之過誤者皆曰疵 茨 以茅蓋屋也(二)積也(三)蒺藜也

雌 禽獸類之屬陰性者（二）柔弱也如守雌雌伏 餈 稻餅也凡炊米爛後而擣之成餅者曰餈 骴 鳥獸殘骨也又死人骨尚有肉者

瓷 與瓷同 慈 稱母曰慈（二）上愛下也賑濟窮乏曰慈善事業

·喜 魚 水族之一可供常用之食品故亦以喻凌虐他人曰魚肉 歔 同漁字 漁 捕魚也捕魚之人曰漁人（二）侵取無擇曰漁如於中取利謂之漁利

〔園 稱疏果花木之地而有藩籬者曰園〕

居部下上聲

·柳 儢 儢儢不欲為也 勴 助也 呂 古國名（二）姓也 慮 憂思也謀思也 濾 以紗葛等過水曰濾謂使水由微孔滲出而去其滓也 穭 自生稻也 鋁 同鑢

鑢 磋骨角銅鐵所用之具即錯刀也

·求 倨 倨傲不遜貌 岠 大山也 巨 大也 拒 捍禦也如言拒而不納 據 依也（二）按也佔也（三）憑證也 据 拮据手病也俗亦謂境況窘迫者

秬 黑黍也 簴 同虡懸鐘磬之架也 粔 粔粄以麵搓成細條之食品也 苣 束葦燒也（二）疏類植物本作蘧吳屬謂之萵苣笋

距 雞爪曰距（二）兩物相隔之地位也如距離相距（三）大也（四）至也（五）通作拒 踞 蹲也坐其上也如箕踞而坐為坐時伸其兩足其形如箕也 遽 疾速也如急遽遽爾驚懼也如惶遽駭遽

醵 合錢飲酒也故集眾人之貲財亦曰醵 鉅 鋼鐵也亦與巨同大也 鐻 同簴鐘鼓之柎也樂器也（二）金銀器 駏 駏驉獸名似蠃而小牝騾牡馬所生者見古今注

詎 豈也

·增

自 由也從也(二)己也躬親也(三)自然天然也

·入

棫 棫棘果木名即酸棗形圓小而味甚酸

膩 肥也(二)滑澤也(三)垢也

·時

仕 宦也出就官職曰仕

伺 偵候也察也謂專司察人之舉動也

似 肖也(二)擬議未定之辭(三)嗣也謂子孫曰似續見之詩經

佀 似本字

俟 待也本作竢

兕 獸名犀之雌者

嗣 繼也續也子孫也

士 研究學問之人曰士人(二)女子之有士行曰女士(三)兵卒曰士

姒 兄弟之妻相謂曰姒

嶼 水中小山大曰島小曰嶼

戺 砌也

汜 水流歧出復還入本水者曰汜

涘 水涯也

祀 祭也年也

竢 待也古俟字

耜 臿也耒端所以起土者也

飼 以食食人也今謂畜養鳥獸亦曰飼

騃 馬行仡仡也又獸行貌又音岸癡也

·英

鸒 鳥名鵶之別稱

預 預備也謂先事而準備也(二)亦與豫字同

豫 安也早也(二)猶豫(二)獸名性多疑故喻人臨事不決曰猶豫(三)河南曰豫

譽 稱人之美也

蕷 薯蕷一名藷萸草名又稱山藥

礜 礜石礦物學名詞可以入藥用

澦 灩澦堆地名在四川

棜 禮器長方形之木架下有兩扛以盛獸陳饌承尊者也

籲 呼也亦音裕義同

·語

馭 與御同駕馭謂駕馬車馬而能節制馬之行止也(二)凡節制皆謂之馭

禦 扞也拒也止也(二)當也(三)敵也

御 駕馭也(二)車馬也(三)統治也(四)舊制天子之敬稱

居部下去聲

·地

箸 飯具亦名曰筷

筯 同箸

•時事 凡人類所作所為所遭所逢皆曰事

居部下入聲

全部空音

4京部上平聲

•邊冰 水遇寒而凝曰冰 ⿰犭水 蠻族名性耐寒廣西有之 冫 本作仌古文冰字 仌 古冰字 兵 戎器也弓矢矛戟之屬皆曰兵執兵器從戎者亦謂之兵

•求京 大也國都曰京 驚 馬駭也(二)凡有駭者皆曰驚 京 古京字

•他听 笑貌哂之古文(二)俗借為聽字 廳 會客之室曰廳如客廳廳堂

•增晶 精光也(二)石之似玉而透明者曰水晶

•時聲 耳官之所感覺者也(二)音樂也(三)語言也(四)名譽也(五)宣佈也

•喜兄 男子先生為兄同輩相稱曰兄

京部上上聲

•柳嶺 山頂可通道路者 領 衣之護頸者(二)管理一部分之人曰領袖(三)取之也(四)理會也如領悟

● **邊丙** 十干之第三位(二)陰陽家謂以丙屬火故謂以物投火曰付丙丁又姓 **䴵** 並齒也 **餅** 食品之平圓形者 **鉼** 傾金銀似餅者猶今之錠也 **怲** 憂也

● **求仔** 任也(二)俗謂物幼小曰仔

● **地鼎** 烹飪之器即釜也(二)古器三足兩耳以金類為之三方也四鼎鼎盛大貌

● **增整** 齊也物之完全而不分解者曰整

● **英影** 物之陰影也照片曰小影

● **語疋** 正也 **雅** 正也美也(二)嫻雅也

● **出請** 聘也(二)問也如請教(三)乞也 **且** 發語詞姑且也尚也又也將也此也

京部上去聲

● **邊併** 事之盡力為之曰併(二)相並也

● **求鏡** 照影之器古以銅為之今皆用玻璃

● **增正** 直而不曲也又讀平聲正月元月也

● **時聖** 謂事無不通也(二)修養人格造乎至極之地位曰聖

•出 蒨同茜(二)絳色也(三)草盛貌 倩美好貌(二)壻也(三)男子之美稱(四)雇代也如使人頂替曰倩代 輤載柩車飾也 綪青赤色也又音爭屈也	茜草名花白色實黑色根赤黃可染絳並可供藥用	•喜 罅裂也謂瓦器之裂縫也又事之間隙亦曰罅讀同暇 虩詐也俗謂以言恐人曰嚇虩	京部上入聲	空音不錄	京部下平聲	•求 行步趨也又音幸德行也在心為德施之為行又音寒列也(二)商之辨事處	•地 埕本音呈酒一壜曰一埕(二)梓里鄉村曠地曰埕	•坡 坪本音平山坡也	•他 呈示也露出也奉以上進也(二)上訴之文曰呈亦音埕 程度量之總名(二)法式也(三)期也限也四道途也五姓也	•時 城城郭也外曰城內曰郭	•英 營軍壘也(二)兵制以五百人為一營又音塋謀為也如經營 贏有餘利也如贏餘(二)勝也之對凡賭博勝者曰贏負者曰輸輸

·文名 號稱也人之名也

·喜邢 地名殷祖乙自耿徙於此周初以其地對周公之後今直隸邢臺縣又姓

京部下上聲

·求件 事物之數曰件

·地錠 以金銀鎔鑄成塊曰錠古作鋌以錫箔為冥幣俗亦曰錠

京部下去聲

·地定 安也不更易也

·時檵 字書無此字潮俗謂盛物竹器之一種曰樁檵木器曰木檵亦簡稱檵

京部下入聲

空音不錄

5 基部上平聲

·邊碑 豎石鐫文以紀功德者 箄 小籠也捕魚之器又音排大桴也 蓖 蓖麻草名其莖中空如竹實可榨油謂之蓖麻油 裨 補益也 襬 衣之下端幅廣者曰襬

鑼 耜屬平底有齒耕者先以耜起土次瀦水以鑼平之 陂 地勢斜傾向下曰陂陀

•求

騤 馬前足皆白也 踑 跡也亦與箕通 萁 豆莖也 岐 山名在陜西岐山縣又同岐路也(二)峻也 歧 與跂同(二)道旁出也凡事物之錯出者皆謂之歧

魕 祆祥也 饑 荒年也穀不熟為饑(二)與飢通餓也 飢 饑也 鞿 馬韁在口曰鞿 鐖 鉤逆鋩也猶今釣魚之鉤端有逆上之鋩使刺入而不能脫也

跂 足多指也又與企通舉踵也 譏 誚也非責之也如譏誚譏刺(二)詰問也伺察也 諆 欺也謾言也 蟣 虱之幼蟲也又讀下平聲蛭也

肌 膚肉也俗通謂皮膚曰肌如言玉骨冰肌 箕 揚米去糠之具曰簸箕盛塵之具曰糞箕(二)星名 笄 簪也所以係冠使不墜也古女子十有五年而笄故謂女子成年曰及笄

稽 拜首也(二)至也合也(三)計議也留止也(四)考也(五)滑稽詼諧也 朞 朞本子週年為朞 禾 與禾別木之曲頭止不能上也 禨 祥也好事鬼以求福之意

磯 水中磧也石激水亦曰磯 畿 近都城之地曰畿(二)門限曰畿門內亦曰畿 畸 井田為正零田不可井者為畸凡數之零餘者皆謂之畸 璣 珠之不圓者曰璣(二)測天文之器具

機 弩所以發矢者(二)智巧(四)機器也要也如機密(三)時會也也如機 梔 木名可染黃色俗曰黃梔 栟 屋櫨也柱上橫木承棟者 枝 花木之旁出者曰枝 朞 與期同週也

幾 問數多少之詞 嵇 嵇山在河南修武縣西北以嵇康居此而得名 姬 婦人美稱又眾妾之通稱 基 本也始也(二)據也在下為物所據也如言根基基礎 嘰 小食也

刉 斷切也殺牲取血毛者曰刉羽者曰衈 丌 薦物之具(二)姓也唐有丌實丌士能 乩 卜以問疑也

•去

觭 傾欹也獸角一低一仰曰觭 欺 詐也陵也如欺負 榿 木名古稱蜀木 攲 傾側也謂不正直也 徛 步橋也 崎 崎嶇言山路不平也

娸 醜也詆娸猶言醜詆之也 僛 醉舞貌 倛 古之神像以逐疫者四目為方相兩目為倛 踦 一足也(二)踦踦謂傾側也 頎 醜也 藄 草名 魌 醜也

·地

低 高之反下也 **蜘** 蜘蛛蟲名能吐絲作網 **衹** 衹綢短衣也 **賀** 以財質人也 **鞮** 革履也 **鼅** 蜘蛛亦作鼅鼄

·坡

狓 狓猖盜寇悍橫也 **砒** 礦物之一亦名信石 **駓** 馬毛色雜黃白也 **鈹** 劍也(二)大鍼也亦謂之鈹鍼 **披** 開也散也荷衣曰披衣

·他

黐 黏鳥之膠也以細葉冬青之樹皮煮成

·增

隮 與躋通登也虹也(二)墜也 **懠** 怒也 **齏** 食品之細切以為調和之用者如薑蔥之類

·時

司 主也主其事曰司如司理 **屍** 死人之軀體也 **尸** 神像也(二)主也(三)死人之肢體曰尸亦作屍尸僵陳不動故言居位不事事曰尸位 **施** 惠也與也(二)設也用也(三)旌旗搖曳貌 **灑** 以水布於地也(二)不拘束也如灑脫又汛也(三)同洒 **粞** 米碎也 **絁** 粗細也 **絲** 蠶所吐之物凡纖細者皆曰絲(二)琴瑟之屬絲竹也三小數十絲為毫 **葹** 卷葹草名 **蓍** 草名花似菊古以其莖為占筮之用 **縰** 與纚同又與纚通紗也 **襹** 襹襹毛羽衣也 **詩** 文之有聲韻可歌詠者曰詩(二)經名 **郫** 古國名在今山東濟寧州境(二)山名亦在山東平陰縣境 **鉰** 金屬化學原質之一 **鳲** 鳥名即布穀鳥穀雨後始鳴夏至後乃止亦謂之鳲鳩 **鷥** 鷺亦名鷺鷥 **漇** 水名

·英

黟 黑也(二)山名在安徽黟縣以此得名 **鷖** 鳥名即鷗也(二)青黑色也 **銥** 金屬化學原質之一 **譩** 與噫同 **衣** 身上所著統稱曰衣讀去聲以衣穿之也 **蛜** 蛜蝛蟲名頭類竈雞四足兩股多生空屋之中 **緊** 猶是也語助詞 **猗** 歎美辭又讀上聲依也又樹枝柔弱也 **褘** 美也 **漪** 水波如錦紋曰漪 **欹** 歎美詞通作猗 **檕** 木名即鳥木也 **旖** 旖旎柔弱也(二)雲貌盛貌又讀上聲義同 **嫛** 釋名始生曰嫛婗 **噫** 悲嘆傷痛之聲 **咿** 笑噱也 **依** 倚也如俗言依靠(二)從也照所定程式而為之 **伊** 彼也發語詞

• 出

僁 不齊也 妻 男子謂正室曰妻又讀去聲以女嫁人曰妻之 悽 悲也 棲 與栖同 淒 雲雨起貌(二)寒涼也又窮愁寂寞曰淒涼 痴 與癡同

癡 不慧也瘋癲也 笞 捶擊也(二)舊制五刑之一俗謂之小板子 脛 鳥類臟腑之總名 萋 草盛貌 鄿 鄿丘齊地名在今山東東阿縣境

齎 亦音旨去聲怒也齎怒猶俗言動火 齝 牛之反芻也謂食以咽吐而更嚼之也 栖 或作棲鳥宿曰栖(二)凡物止息皆曰栖(三)栖遲謂遊息也 媸 妍之對醜也

嗤 笑也 蚩 無知識貌(二)敦厚貌(三)蚩尤黃帝時人 鴟 角鴟猛禽名兩眼大而圓晝伏夜出頭部似貓俗謂之貓頭鳥 鵄 同鴟

• 喜

蒔 草名葵屬一名兔葵 睎 望也又慕也 頤 面頰也(二)養也百歲曰期頤謂年老惟能就養於人也 霼 靉霼雲貌又不審也 醯 醋也(二)醯雞蟲名即蠛蠓也

郗 周邑名在今河內縣境(二)姓也 豨 豕也(二)豨豨豕走聲 譆 懼聲也 誒 歎聲又娛樂亦曰誒 羲 伏羲古皇名 絺 細葛布也 稀 疏也少也(二)粥也

禧 福也吉也 瓻 盛酒之器 瑿 黑玉也 犧 宗廟之牲也(二)摒棄一切謂之犧牲 熹 明也(二)熹微光未盛之貌 熙 光明也興也廣也

欷 欷歔悲聲(二)欷吁嗟嘆之聲 曦 日色也 晞 乾燥也 悕 悲也 希 少也寡也(二)望也 巇 危險也 嬉 戲也游也

娭 婦人賤稱又音哀婢也 嚱 呼嚱嘆辭亦讀去聲 嘻 戲笑也又悲歎之聲 唏 哀而不泣曰唏 僖 喜樂也 兮 歌詞語助也

基部上上聲

• 柳

娌 兄弟之妻相呼曰妯娌 履 履也皮曰履麻曰履(二)踐也(三)祿也(四)行為也曰履歷 峛 峛崺山卑長貌 李 果木名(二)行裝曰行李 澧 澧河源出河南桐柏縣

浬 海里也(二)合中國三里二分釐弱 理 治也治事曰理(二)道也義理也(三)條理也 蠡 蠡木蟲也又讀下平聲瓢瓢也又音裸牲畜疥病也 裏 內衣也又凡在內者皆謂之裏

邐 邐迤旁行連延之貌也邐倚高下曲直相間

醴 甜酒也（二）醴泉甘泉也謂其味甘似禮故名

里 居邑也如同鄉曰同里（二）計路程之遠近今以三百六十步為一里

鋰 金屬之一

鯉 魚名（二）書札也唐人寄書常以尺素結成雙鯉之形故沿稱書札曰鯉

鱧 魚名體圓形長細鱗黑色有斑文俗謂之烏魚

裡 與裏同

• **邊**

毘 本音佛名

皮 與毗同毘盧毘舍離地名

毗 本音皮輔也並也（二）地相連曰毗連

髀 股也

貏 貏豸漸平貌

粃 同秕

秕 不成粟也（二）喻穢也

疕 疕瘍也頭瘍為疕身瘍為瘍

狴 牢也（二）狴犴獸名

沘 古水名今名泌水在河南泌陽縣

比 事物相較也（二）例也（三）國如比利時之簡稱又去聲朋也（四）近名比鄰

梐 梐枑行馬也交互其木以為遮欄也（二）周梐牢獄也

朼 匕也以木為之喪祭用桑吉祭用棘以出牲體而受於俎者

彼 他也

妣 母死曰妣

匕 食器俗曰湯匙（二）匕首短劍也

仳 離別之意

• **求**

几 案也

剞 曲刀也用以雕刻者

己 身也對人而言如言自己

掎 偏引也分兵制敵曰掎角

紀 理絲也（二）十二年為一紀（三）法也如紀律（四）會也（五）記事也

机 同几借為機（二）俗作枸欉亦字欉枸杞

杞 木名有杞柳枸杞等種（二）縣名在河南

屺 山無草木也

麀 獸名麞屬革柔韆可以拭物亦可以製衣袋用

• **去**

启 同與

啓 亦作啟開也（二）啟事也書札亦曰書啓

棨 有衣之戟古儀仗用之

綮 戟衣也

芑 粱之白苗者（二）草名狀似苦菜摘其葉出白汁可以生食

起 立也（二）奮發也（三）一件亦曰一起（四）開始曰起

• **地**

弤 雕弓也

詆 誣也（二）毀辱也又與柢通

抵 抗拒也（二）當也價值相當亦謂之抵如抵押（三）至也又大凡曰大抵

柢 木之根也

氐 根本也又音低西戎也

牴 與抵通觸也

砥 磨石也粗者為礪細者為砥

羝 牡羊也

觝 同牴

邸 諸侯來朝所舍曰邸今稱人大宅府第曰邸第

• 坡

丕大也奉也　狉　痞　伾有力也　啚同鄙今用為地方區域之名(二)俗作圖字同用

嚭大也(二)人名春秋時吳有大宰嚭　圮毀也右從戊己之己　秠黑黍中有一稃米者別名曰秠(二)　鄙邊境也(二)陋也厭惡之也(三)嗇於財也如鄙吝(四)自謙也如言鄙意鄙人

柀木名即榧也其實謂之柀子

• 增

秭數名十萬曰億十億曰秭　黹以鍼縷縫製之衣也俗亦謂女紅曰鍼黹　鰿魚名體狹長而薄細鱗白色一名刀魚亦作鮆　鮆同鰿　阯與址趾沚三字並通

霽凡雨雪止雲霧散皆謂之霽(二)怒氣消釋亦曰霽威　軹車軸之端曰軹　趾足也亦謂足指曰趾(二)跡也(三)亦與址通　詣往候也至也(二)所至之境曰詣如學業所造曰造詣

虀鹽菜也　薺蔬類其葉缺列嫩時可食(二)荸薺也參看荸字　茈草之可染紫色者　芷一年生草一名白芷亦作茝　紫青赤相間之色也　祉福也

癠病也　疻毆傷也　畤天地五帝之祭地也畤止也謂神靈之所依止者也　沚小渚曰沚謂水中可止息之地也　止停也息也　枳木名可以入藥

旨美也(二)意也(三)詔書曰旨　指手指也(二)示也謂以手指之也　抵側擊也(二)鼓掌曰抵掌或作抵掌　址基也基址謂地之經畫塡築可供營造者也

嚌嘗也飲至齒也　呰苟且也(二)與呰同口毀也　咫周尺八寸謂之咫合營造尺六寸四分八釐(二)咫尺猶言迫近也　呰口毀也通作訾(二)弱也

只語助詞(二)與惟字止字同　底與砥通柔石也可以為礪(二)定也(三)致也

• 時

始終之對初也　屣履也　弛弓解也(二)放鬆也開放也如言弛禁　枲牡麻也大麻之不結實者　死凡人物失其生命曰死　矢箭也(二)正也誓也(三)弛也

縰同纚所以韜髮者也　纚韜髮之繒也又音離縷也又一音史颯纚長之貌　豕家畜名俗謂之豬　蹝草履也　躧舞履也(二)草履也(三)履不著根也

釃 以筐漉酒也(二)分也 阤 通作陁小崩也又音豸阪也崖際也又與陀同

•英

倚 因也謂禍福相因倚也恃也如言倚勢陵人 扆 斧扆戶牖間畫斧屏風也 苢 苡本字 㠯 同以字 輢 輿左右板也

•文

眯 物入目中也 咪 法國度名一咪合營造尺三尺一寸二分五釐 銤 金屬化學原質之一 米 穀之去皮者

•喜

喜 悅也吉祥之事皆曰喜 匸 與匚字別覆藏之意 蟢 蟢子壁蟢皆蜘蛛之屬

基部上去聲

•邊

⿰韋必 弓檠也弛則縛之弓裹以備損傷也以竹為之 閟 閉也謂隱而不發也 轡 馬轡也 苾 草名苾也(二)與庇同蔭也覆也 秘 同祕 祕 不使人知曰祕如祕密

痹 神經病名肢體失其感覺不能移動曰痿痹亦曰麻痹 畀 賜也與也 泌 水名在河南泌陽縣(二)流質之物由微孔逼壓而出亦謂之泌 毖 慎也(二)勞也(三)泉流之貌

柲 柄也(二)弓檠也 庀 具也治也營造曰鳩工庀材 庇 覆蔽也

•求

記 識之不使忘也(二)職掌文牘之人曰書記 繼 續也相次之詞

•去

憩 本音契憩息謂休息也 企 與跂通舉趾望也 器 用具之總名 弃 古棄字 愒 息也又音慨貪也(二)急也 棄 廢而不用之也 气 雲氣也

氣 息也謂呼吸也(二)無形質而相感應者曰氣如氣運(三)節候也(四)發怒也 汽 沸水所發蒸氣曰汽今舟車利用蒸氣之力以行車者曰汽車汽船 炁 與氣字同空氣也

甈 瓦器罌一說破也也 餼 饋餉也(二)廩給也禾米也(三)生牲也

• 地

帝 君也（二）謂天曰上帝
憓 怒也
憒 忿戾也
揥 亦音替搔首之物因以為首飾者也（二）捐棄也
智 愚之反明白事理也
疐 礙不行也（二）頓也（三）跲也（四）仆也

碲 化學非金屬原質之一
緻 密也如工緻精緻
置 立也設也（二）站也（三）安放也如位置措置
致 與也（二）引也如招致（三）意態也如言雅人深致又興致也（四）景致也

諦 審也如諦視猶審視也（二）釋典用語猶真言也如言妙諦
蹪 有所阻礙而顛仆也
騺 馬重貌
嚏 噴鼻也

• 坡

媲 配也
淠 水名一名泚水又名沙河源出安徽
潎 水中擊絮也（二）潎洌水流轻疾貌
睥 睥睨斜視也或作俾倪
譬 比喻也猶以彼喻此也

• 他

剃 除髮也
啻 但也
屜 履中襯物也（二）器物上隔層亦曰屜附於几案謂之抽屜
懘 怗懘敝敗不和貌
替 代也廢也
涕 目汁流出曰涕

滯 凝也謂不流通也（二）貨物之不得速消售者亦曰滯（三）遲留也
睇 小視也
禘 大祭也
綈 繒之厚而滑澤者
締 結不解也

翅 鳥類及昆蟲類之翼也（二）魚鰭也
翨 鳥疾飛也
薙 除草也
蝃 同螮
螮 本音帝螮蝀虹之別名
⿰金替 金屬之一色灰白質堅如金剛石

髢 髲也又髮少者以假髮人之者曰髢
鬄 同髢髲也（二）剃髮也又音惕与剔同支解牲體也
鬀 與剃同
⿸疒帶 痢疾也

• 增

饎 酒食也
際 交接也如交際國際（二）介於其間也如言秋冬之際（三）遇也（四）邊也畔也
鋕 銘也
誌 記也（二）標識也（三）記事之文也如碑誌墓誌（四）譜錄也如言地誌名山誌

觶 酒器
製 裁衣也（二）凡造作器物及著文字皆謂之製（三）法式也
至 到也及也（二）大也（三）冬至夏至曰至謂日躔達於極南極北之處也
穧 穫刈也
穄 黍屬之不黏者

祭 祀神祀祖皆謂之祭
眥 目眶為眥衣交領處亦曰眥
瘛 筋脈拘急曰瘛（二）瘛瘲小兒驚風病也
痣 皮膚上所生黑色斑點微突起者俗音作記
猘 狂犬也

熾 盛也炊也
濟 渡也（二）成也（三）益也（四）賙救也（五）又讀上聲水名亦稱沇水出河南
漈 水涯也（二）舟入海底深處曰落漈
泲 古文濟字水名在直隸（二）酒之清者亦曰泲

晰 明也 擠 推也排也 摯 與贄通執物以為相見之禮也(二)至也如言情意懇摯 忮 嫉妒也 志 心之所之也(二)與誌通 幟 旗旌之屬

寘 置也 劑 物之配合而成者曰劑如藥劑 制 成法曰制(二)造也(三)御也如言統制節制(四)居三年喪者謂之守制

·時 四 數名 貰 貸也(二)賒也(三)赦也 視 看也觀也 眡 同視 柶 匕也 嗜 喜之也如嗜好 勢 行動之力也(二)形式也(三)權力也(四)機會也如言有勢可乘(五)外腎也

世 代也三十年為一世父子相繼亦曰一世(二)繼世者曰世如伯父曰世父諸侯之嫡長子曰世子(三)故舊之稱凡與先輩有父誼皆稱世如世誼等

·英 意 志也心所計慮也臆度也(二)國名 瘱 安也靜也(二)婉瘱謂有節操也 嫕 同瘱 鷾 鷾鴯燕也 鐿 化學金屬原質之一 豷 豕息也

謚 人死將葬誄列其行而為之立號以易名也 薏 薏苡草名其仁可作粥飯及磨麵之用亦可以入藥(二)蓮之中心也 肊 胸也 縊 以繩繞扼其頸而死也

瘞 埋葬也 殪 死也(二)殺之也 枍 枍栺一作枍詣漢有枍詣宮枍詣木名宮中美木茂盛也見三輔黃圖註 曀 陰而風曰曀 𡔷 貪也

·語 睨 斜視也 誼 情意相結如世交曰世誼鄉情曰鄉誼與義通 誽 伺也

·出 弒 下殺上謂之弒 試 探也(二)嘗也(三)較也如考試試驗

·喜 憙 悅也 糦 酒食也

基部上入聲

·邊 鷩 與鼈同字 鼈 介屬產淡水腹白背褐口尖背甲圓邊緣柔輭成肉裙肉多滋養分味美

• 求 砌 階也(二)層疊比次也如堆垛磚石曰堆砌

• 地 滴 水滴曰點 蔕 本音帝瓜當也果鼻也又花葉與枝莖相連處亦曰蔕 蒂 同蔕

• 他 驖 馬之赤黑色者 鉄 古文鉄字今多作鐵字用 鐵 金類之為用最廣者其鑛中國各省皆有之今開採惟湖北大冶為最著 偖 偖倪狡滑也

• 增 折 斷也(二)未婚而死曰短折(三)虧也如折本 踅 一足行也(二)今謂行路時中途而返謂之踅回

• 入 慴 懼也如慴伏又音牒義同 摺 摺疊也紙之摺成頁者 讋 懼也(二)失氣也 讘 讘詼多言也 霅 雨也

• 時 薛 草名籟蒿也(二)古國名戰國時滅於齊今山東有薛城其故地也(三)姓也 辥 同薛古國名 齝 羊之反芻也謂食以咽吐而更嚼之也

基部下平聲

• 柳 黧 黑而黃也 黎 眾也(二)天將明貌(三)種族名居本省瓊崖道之五指山內所謂黎峒是也 鸝 黃鸝鳥名即黃鶯詳鶯字 鱺 鰻鱺也詳鰻字 魑 魑魅木石之怪也

驪 馬黑純色者(二)驪駒古送別詩篇名故贈別之詞亦稱驪歌 蠡 理也(二)小數名十毫為蠡(三)蠡金商稅之一種又音僖與禧通福也 離 分散也近曰離遠曰別

醨 薄酒也 酘 酘酘乳腐名見玉篇 鄽 魯地名見春秋又音歷地名在河南內鄉縣境(二)姓也漢有鄽食其 貍 獸名貓屬 褵 褵褷毛羽衣也亦作褵襹

褵 同縭 螭 若龍而無角又黃古人彫刻多仿其形為之 蘺 江蘺草名即蘼蕪也 藜 草名葉可食莖可作杖又一名萊 蔾 與藜同(二)蒺藜亦作蒺蔾

罹 憂也遭也又音羅義同 䍦 頭巾也 縭 香纓也女子既許嫁所著故婚禮曰結縭 籬 編柴或竹以為障隔也俗謂之籬笆 瓈 玻璃本作玻瓈詳玻字

璃 琉璃也詳琉字

狸 獸名形狀似狐

灕 水名源出廣西興安縣境

漦 涎沫也

漓 水滲入地也（二）與醨通薄也如澆薄曰澆漓

樆 山梨也大如杏可食濟南有之

氂 牛類產於西藏其尾毛細長亦名旄牛

梩 徙土轝也鍬臿之屬

彲 與螭同獸名若龍而黃

孷 孷孖雙生子也

孋 國名史記獻公所獲孋戎之女曰孋姬左傳作驪

嫠 婦無夫也

喱 英美重量名

厘 市廛也（二）俗為釐字之省文重量名

劙 分割也刀刺也

剺 劃也剺面以刀劃面也

• 邊

啤 譯音字麥酒也從其譯音稱為啤酒

枇 枇杷果木名

椑 圜榼也又音卑本名又音鬪親身之棺也

琵 琵琶樂器名

脾 臟名在胃底之外側為製造血球之所二俗謂人之性情曰脾氣

膔 牛羊麋鹿之屬凡反芻倒噍者其胃皆曰膔

蚍 蚍蜉大蟻也

貔 貔貅獸名形似虎性甚猛故亦以喻勇士

鈚 亦作鉮箭也

陴 城上女墻也

鼙 騎鼓也古軍隊用之亦作鞞

• 求

塈 仰塗也書惟其塗塈茨取也詩頃筐塈之（二）息也

旗 綴布帛於竿以為標識號令者

棊 同棋字

棋 遊戲之一有象棋軍棋等種

碁 與棊同

旂 同旗

• 去

圻 界也地方千里為圻

奇 奇也又音基單數曰奇雙數曰偶（二）運蹇曰奇（三）零數亦曰奇

期 時也（二）冀望也（三）百年曰期頤又音基（四）一年曰期居一年之喪稱期服

麒 麒麟獸名似鹿而大古謂之仁獸牡曰麒牝曰麟

鰭 魚類游泳之具曰鰭

鬐 馬鬣也亦借為魚鰭字

騏 馬之青黑色者

頎 長貌又音墾惻隱也

錤 鎡錤田器也

錡 鑿屬又音技斧之有足者（二）兵器架

軝 轂之外長而旁出者曰軝

蜞 蟲名能刺人取血（二）蟛蜞似蟹而小

蚑 蟲行貌

蘄 蘄茝草名即蘼蕪也（二）求也漢有蘄年宮謂求年也

芪 黃芪草名花黃白色結荚似赤豆根可為藥用

肵 盛心舌之俎曰肵俎儀禮佐食升肵俎

耆 老也

綦 帛蒼艾色也又履飾也（二）極也如甚重曰綦重

祁 盛也大也（二）姓也

祺 吉也祥也安也

祈 求也求福也（二）報也

祇 地之神也（二）安也大也又音支適也但也

ネ 與祇同地之神也 **碕** 曲岸也 **疷** 病也 **堪** 弁上之結飾也 **琪** 玉也 **琦** 玉之可珍者(二)不凡也如瑰琦猶言奇偉也

溰 溰溰霜雪貌 **淇** 水名在河南 **其** 指物之詞如言其人其事

•**地** **池** 渟水可養魚種蓮曰池 **治** 理也如治國(二)懲處也如治罪(三)地方長官所駐地也如省治縣治 **踟** 踟躕行不進也

•**坡** **郫** 郫邵春秋時晉邑名在今河南濟源縣境 **邳** 縣名在今江蘇徐海道 **羆** 獸名產歐洲及北方等處體大於熊多力能超樹木又能人立俗曰人熊 **紕** 飾也緣邊也

疲 勞乏也 **梍** 檐椽之端所横木也 **埤** 附也增也厚也(二)墻也高曰垣低曰埤又音俾下溼也又音睥參看堄字

•**他** **啼** 號哭也有聲曰啼(二)鳥鳴也如鶯啼雞啼 **嗁** 啼之本字 **持** 執也 **提** 挈也(二)稱舉也如舊事重提(三)取也朱提漢縣名產銀處故銀曰朱提 **禔** 福也

箈 小竹筍也又音台義同 **緹** 帛丹黃色也 **鵜** 鵜鶘水鳥也腳短嘴長頷下有囊捕得魚則藏之漁人多畜之又名淘河 **騠** 駃騠駿馬也 **鍉** 歃血之具(二)亦同匙

醍 醍醐酪酥之上凝結如油者 **荑** 始生茀也(二)凡草木始生皆曰荑通作稊草名(三)又音夷芟刈也

•**增** **姼** 方言南楚謂婦妣曰母姼稱婦考曰父姼

•**入** **兒** 孩子也男曰兒女曰嬰 **唲** 嚅唲強笑貌

•**時** **匙** 匕也調羹所用器潮俗謂之湯匙(二)開鑰之具俗謂之鎖匙 **塒** 鑿垣為雞棲謂之塒 **時** 春夏秋冬曰四時(二)時代也(三)一日夜為二十四小時四常也

蒔 蒔蘿草名子如黍粒味辛可以調味亦可入藥二種也農人分秧曰蒔秧 **辤** 不受也(二)與辭同言之成文者 **鰣** 魚名形扁而長色白如銀肉多細刺味甚美每年頁初出江中離水即死

英

貽 直視也(二)盱貽安徽縣名

瞸 熟視不言也

鮧 鮧魚之屬腹部尤膨大亦有毒

酏 薄粥也

飴 錫也即今之麥生是

鈶 耒端也又鎌柄也

迻 通作移遷徙也

迤 同迤地勢斜延也(二)迆邐旁行連延之貌

迆 亦作迤邪行也(二)邪倚也

貽 贈遺也(二)遺傳也如貽謀貽訓

誃 凡門堂臺榭別出者曰誃本作誃亦作簃

詒 贈遺也如致書曰詒書又與貽通遺傳也

訑 自足其智不嗜善言曰訑訑

蠵 蠵蠵龜屬

羠 牡羊之去勢者(二)野草也牡者曰羠牝者曰羠

胰 夾脊肉也(二)肥皁亦謂之胰子

簃 閣邊小屋也宮室相連亦曰簃

移 遷也易也轉也(二)官文書名

痍 傷也瘡痍謂皮膚因傷而開裂者

畦 田五十畝曰畦一區亦曰一畦

洟 鼻液也與涕同

沶 水名在湖北鄖縣一名零水

椸 衣架也

桋 木名葉如柞皮白而薄其木理赤者為桋白者為棟堅韌可為車轂

栘 木名樹似白楊一名夫栘

柂 同栘又與杝通

扡 分離也裂而漸相及也

㢊 扊㢊戶扃也所以止扉者

怡 和悅也

彝 酒樽也(二)武彝地名在福建出茶處

异 已也俗借作異字用

宧 室東南隅謂之宧

姨 妻之姊妹曰姨

夷 古稱東方邊遠之國曰夷(二)平也(三)傷也(四)誅滅也(五)大也

圯 橋也右从辰巳之巳與圮字別

咦 大呼曰咦(二)俗用為驚怪之詞

卮 酒器也俗謂之酒漏

匜 古盥器猶今之面盆

侇 等也儕也與夷同(二)陳也

㐌 類篇謂本省之猺種曰㐌

語

疑 似也謂心有所未信也

觺 角利貌

嶷 九嶷山名在湖南又音逆識也

出

齊 整也並也(二)衣下縫也如喪服之緝邊曰齊衰(三)古國名又朝代名

馳 車馬急驅也(二)向往之意如言神馳情馳(三)馳名謂名嚮遠播也

遲 徐行也故紆緩皆曰遲如舒遲遲鈍

躋 同隮登也上升也

䞾 䞾隝謂輕薄也

蠐 蠐螬金龜之幼蟲也

落 落牆菊之別名

艩 艗艩用以承艗者

篪 樂器名

竾 同篪

泜 水名在直隸

峙 峙躇不前也

墀 階上地也

坻 水中高地也(二)止也

·喜

傒 高傒春秋時人名見左傳六朝時譏江右人曰傒見南史
奚 隸役也如言奚奴(二)疑問詞猶何也
徯 待也(二)與蹊通徯徑狹路也
觿 解結錐也以象骨為之
磎 空也

豯 豚生三月也
蹊 徑也。人行處也
酅 春秋時地名在今山東臨淄縣境
鑴 鼎屬(二)日旁氣也
巂 矩也又音髓漢郡名今縣名屬四川建昌道

鼷 鼠屬體長不滿三寸常棲人家倉庫中畏人故言膽小者多以為喻
攜 本與畦同縣持也牽手也(二)提攜也
謑 謑髁不正貌

基部下上聲

·柳

俐 俗謂黠慧者曰伶俐
利 鈍之反(二)不頓滯也(三)害之反(四)商賈所獲曰利以毋金獲子金亦曰利
儷 並也偶也夫婦曰伉儷
勵 勉力也

厲 磨石也通作礪(二)勉也(三)猛烈也(四)惡也(五)病也
唳 鳥鳴也晉書華亭鶴唳
戾 至也止也定也(二)乖也(三)凶暴也又音嵒俗謂扭轉曰戾
攦 折也撕也

棙 機棙也如輪軸之類(二)琵琶之撥曰棙
沴 水不利也(二)害也(三)妖氣也惡氣也
涖 臨也涖止謂臨其地也
浰 疾流也
痢 病名大便頻瀉之病

癘 瘡疾也(二)惡疫氣也
盭 狠也(二)違也(三)疾名
礪 磨石也細者為砥粗者為礪
糲 粗也米不精也
綟 帛蒼艾色

荔 草名似蒲而小根可作別(二)荔枝果名味甘多汁可供食品俗謂之蓮果
莅 與涖通臨也
莉 茉莉花名詳茉字
蜊 蛤蜊蟶屬殼為正圓形肉白可食亦名圓蛤

蠣 牡蠣即蠔也詳蠔字
詈 罵也正斥曰罵旁及曰詈
麗 華麗也(二)附也又音離高麗國名即朝鮮今併於日本

·邊

鷩 雉屬羽毛美麗尾甚長亦名錦雞
髲 取他人之髮以益己髮曰髲
骳 骫骳謂屈曲也見漢書
鞴 鞲鞴以革為囊所以鼓氣鎔鑄銅鐵者

鞞 鞞琫刀鞘也一作鞸鞛
鞁 駕車之具即靷也
陛 古天子之階也又稱天子亦稱陛下
閉 開之反闔門也又不開通亦曰閉如言閉塞之類

鼈 漢縣名屬牂牁郡今四川遵義縣境有鼈縣故城見清一統志 **贔** 贔屭石碑下形似龜者(二)作力貌 **詖** 辨論也(二)慧也(三)佞也(四)偏陂也不平正也

薜 薜荔灌木名花曝乾擣碎可作涼粉亦名木蓮又音擘藥草名即當歸也 **蔽** 障隔也(二)斷也掩飾也(三)當也 **斃** 死也 **糒** 乾飯以為行軍之糧曰糒

箅 編竹為之所以蔽甑底而蒸物也 **獘** 頓仆也 **敝** 壞也(二)疲也(三)謙詞如敝姓等 **撇** 亦作撆擊也 **庳** 屋卑也又音卑下也(二)短也

幣 帛之用為禮物者今統稱錢財曰幣 **帔** 衣之披於肩背者 **嬖** 賤而得君之寵幸曰嬖 **婢** 女子之使役而事人者曰婢 **奰** 怒也詩內奰于中國

坒 相連也一作批 **備** 具也猶言完全(二)先具以待用也如預備籌備之類 **俾** 使也從也

・**求**

廄 本作廏音究馬舍也 **驥** 千里馬也(二)驥尾謂從善人之後也 **邛** 漢縣名屬南郡在今湖北宜城縣 **跽** 長跪也 **蔇** 草多貌 **伎** 才也如伎能伎巧

冀 古九州之一(二)欲望也如希冀 **妓** 女樂也漢武帝始置營妓以待軍士無妻室者 **忌** 妒忌也(二)畏也憚也(三)親喪之日曰忌四禁也 **惎** 害毒也(二)教也

技 藝術也才能也 **旡** 飲食氣逆不得息也 **洎** 及也(二)肉汁也 **羇** 旅寓也寄也 **羈** 本音基馬絡頭也(二)牽也(三)檢制也 **芰** 芰也四角曰菱兩角曰菱

・**地**

娣 女弟也(二)娣姒妯娌也 **庤** 儲也具也詩庤乃錢鎛 **廌** 解廌獸名似羊一角 **弟** 男子先生為兄後生為弟 **悌** 善事其兄曰悌

杝 折薪也隨其理而以手離之曰杝又音移木名形似白楊可以為棺 **棣** 木名有常棣棠棣二種(二)俗借為兄弟之弟字 **彘** 豕之異名 **踶** 踢也

銻 金屬礦物之一湖南產生最多質脆易碎可與鉛錫相和鑄造活字之用 **滍** 水名即古泜水今稱沙河在河南汝州源出自魯山縣西吳大嶺

隸 附屬也(二)給使役之人也如奴隸役(三)書體名亦作隸(四)直隸省名 **雉** 鳥名雞類雄者美麗目赤尾甚長又名野雞 **鯷** 鮎魚也 **豸** 蟲豸也有足曰蟲無足曰豸(二)同廌

· 坡 屁 气下泄也

· 他 痔 痔瘡在肛門與大腸相連處腫爛之病 跱 具也

· 增 巳 十二支之第六位為午前九點鐘至十一點鐘為巳時 舐 以舌掠取物也

· 入 咡 口旁曰咡禮負劍辟咡詔之謂傾頭與語也 刵 斷耳也古肉刑名 佴 貳也見爾雅釋言 珥 以珠玉為耳飾也 鉺 鉤也

· 時 是 非之對指定之詞 諟 理也審也亦作是 氏 氏族也婦人稱氏(二) 恃 依賴也 偫 儲也具也 峙 屹立貌

侍 凡卑幼陪從尊長曰侍侍奉之人也如言女侍內侍(二)

· 英 饐 飯傷溼也爾雅食饐謂之餲 貤 重疊增加之也延也(二)又同移也 裔 衣末邊也(二)邊遠之地也(三)末也胄也猶言遠代子孫也 褹 長被貌(二)衣長貌(三)袖也

袘 裳下緣也(二)袖也 肄 習也如肄業(二)餘也 異 不相同也(二)奇也(三)怪也(四)他也如他日曰異日 泄 散也又與洩同漏也 栧 同枻

枻 楫也楚辭鼓枻而去亦作栧 曳 牽引之也 懿 美也 勩 勞苦也

· 出 市 買賣所聚之處(二)城鎮曰市如都市鎮市(三)買也

基部下去聲

· 柳 例 此也據彼事以為比事之標準也 吏 理也治也凡使之理事治人者曰吏 哩 餘語聲(二)音里英里也英哩一哩等於華里二里七九三九五 痢 疾疫也

迣 超過也又同迾

迾 遮過也車駕出時清道禁止行人也

·邊 弊 惡也壞也如利弊(二)作為奸偽曰弊如言營私舞弊

避 違也謂遠之而不與相值也如引避迴避

·求 彐 彙頭也

·地 埅 古地字

地 世界萬物之所載也

·入 寺 僧所居處曰寺

字 文字也(二)表字也(三)愛也(四)女子許嫁曰字人

牸 牝牛曰牸牝馬亦曰牸

衈 釁也殺牲取血以塗器具門戶之上也

貳 副也(二)與二字同(三)疑也

餌 食物之總名如果餌(二)釣者誘魚之食曰餌以利誘人亦曰餌

·時 遰 刀鞘也(二)與逝同又音第去也往也

逝 去而不返曰逝故謂死曰逝如長逝逝世

簭 與筮同(二)噬也

誓 約束也集將士而戒之曰誓(二)盟誓也謂告其事於神明以為信也

豉 豆豉也以豆和鹽等造之

筮 以蓍草占休咎之術也

示 以事告人曰示

澨 水名源出湖北京山縣東流至漢川縣入漢(二)水濱也

噬 齧也

·文 味 滋味也酸苦甘辛鹹曰五味(二)俗謂有興趣曰趣味

鮇 魚名身長細鱗肉白如玉口有兩鬚一名嘉魚

·語 寱 夢中亂言曰寱語或作囈

基部下入聲

·柳 裂 破也分也

• 地 碟 本音蝶俗謂盛食物之小盤曰碟

• 增 舌 動物司味之器官亦以為發音之助 ⿰扌犬 慣習也 揲 數蓍也謂持而數之也

• 入 廿 二十也

• 時 蝕 日月食也凡物侵蠹皆曰蝕如侵(二)蝕剝蝕

• 文 篾 竹皮也

6 ⿰口基部上平聲

• 邊 辮 編髮為條曰辮

• 增 搘 支撐也 支 分也(二)持也(三)付出曰支(四)又地支 祇 敬也 秖 助詞適也 榰 柱也 鳷 鳷鵲鳥名漢武帝時條支國貢鳷鵲鳥高七尺能解人語見拾遺記

⿰乂隹 鳥名亦作鴟 胝 胼胝也謂皮厚也 肢 人之手足獸之足鳥之翼及足皆謂之肢 吱 吱吱聲也(二)嗶吱也參看嗶字 脂 膏之凝者曰脂(二)胭脂紅色之化裝品也

• 杳 會 目合會密曰而

• 出 鮮 物之新者曰鮮如鮮魚鮮菜之類(二)美好也又與少通又音閃朝鮮國名 𩺰 同鮮魚之新鮮者

⿰口基部上上聲

•柳 瀰 水滿也(二)衆也(三)相連漸平貌 瀰 水滿也瀰瀰水流貌 禰 父廟曰禰生稱父死稱考入廟曰禰 苨 薺苨草名花紫淡色根形似人參俗謂之甜桔梗

彌 偏也滿也(二)終也如終月曰彌月(三)益也(四)遠也(五)通作弭止息也

•增 稚 本作稺幼小也 稺 俗作穉幼禾也人物幼小亦曰稺 穉 與稚稺二字同

•英 以 為也論語視其所以(二)用也如言以小易大(三)因也 已 止也(二)太也太甚曰已甚(三)過去辭如已然(四)語終詞(五)發端歎詞 椅 坐具(二)椅柅木弱貌

苡 苿苡草名本作莒(二)苡米薏米之實也

•文 敉 安也時局安寧曰敉平 靡 偃也如披靡委靡(二)侈也如奢靡浮靡(三)無也(四)靡靡遲也(五)敝也 侎 同敉 芈 羊鳴也(二)姓也 瞇 俗眯字眇目也 葞 春草也

弭 弓末也(二)止息也如言弭兵弭亂

•語 議 評論也(二)謀也 薿 茂也詩黍稷薿薿 擬 揣度也(二)比也 孴 眾多貌 儗 與擬同比也

齒 亦音啟口內主齧物者二年齡亦曰齧物之排列如齒者亦曰齒如鋸齒 誃 離別也又音移與誃同

•出 侈 儉之反奢也 哆 張口也 恥 羞慚也 眵 目汁凝也 褫 奪衣也如奪官亦曰褫職為剝奪其章服也(二)解脫也

[口基]部上去聲

•求 暨 及也(二)與也(三)至也 既 已也如既往謂已過之事也(二)事畢曰既

● 增 **箭** 矢也(二)竹之小者 **贄** 執物以相見也俗謂之見面禮 **鷲** 鳥類之猛者(二)凡性之猛者亦曰鷲

● 時 **煽** 以扇鼓動使火熾盛也故亦謂助人為惡曰鼓煽勸人為惡曰煽誘之類 **扇** 扉也(二)箑也用以排暑者如團扇摺扇 **謆** 以言惑人也 **騸** 牡馬去其陽具曰騸

● 英 **燕** 鳥名巢於人家屋樑(二)安也息也(三)飲酒也又音央直隸曰燕 **鷰** 同燕

● 喜 **屭** 贔屭用力壯貌 **戲** 謔也如戲言(二)戲弄也(三)扮演故事曰戲劇

⿰口基部上入聲

● 文 **乜** 何也不知之辭

⿰口基部下平聲

● 柳 **妮** 呼婢曰妮 **年** 歲也一年為十二個月 **尼** 女僧也 **柅** 木名(二)止車水也(三)絡絲趺也(四)簝也(五)柅柅茂盛貌 **泥** 水和土也 **怩** 忸怩面慚色也

臡 有骨醢也 **鈮** 與柅同絡絲附也(二)金屬化學原質之一 **旎** 旖旎旌旗從風之貌 **呢** 毛織物之一種(二)呢喃小聲也燕語聲亦曰呢喃(三)語助問辭

● 地 **纏** 本音廛繞也約也束也如糾纏纏繞 **遞** 更迭也謂此而傳於彼彼更代之也

● 增 **錢** 貨幣之周圓方孔者(二)衡法十分為一錢(三)姓也

● 英 **丸** 物小而圓者如泥丸藥丸 **圓** 自中心至外邊無論何點其距離皆同者謂之圓與丸通 **芄** 芄蘭草名蔓生籬落間夏開紫花子中有絮又名蘿藦

· 文

劘 切也

冞 入也（二）周行也

攡 鐘之受擊處也見周禮

棉 植物名有草本木本（二）種草本者即棉花木本者曰木棉絮可作裀褥

糜 粥也粥爛也

縻 （二）牛轡也擊也

蘼 蘼蕪多年生草生於郊野高尺許花白色有清香亦名蘄茝又名江蘺

迷 誤失道也如迷途（二）神經昏亂亦曰迷（三）感也（四）心醉一事曰迷如迷信

醾 與醿字同

醿 酴醿酒名

麋 獸名似鹿而大牡青黑色牝褐色牡生有枝之角每年脫換與鹿同

麛 鹿子也（二）凡獸初生亦曰麛

穈 黍類植物亦稱糜子即穄也

獼 獼猴猴屬又名沐猴亦稱猢猻

· 語

倪 弱小之稱（二）際也如端倪謂事之分際也（三）雞語五切姓也

儀 容也（二）象也法也式也（三）俗謂餽贈之物曰儀如賀儀

宜 所安也如宜室宜家（二）適也（三）應當也

沂 水名源出山東蒙陰縣北南流經蘭山縣至江蘇邳縣入運河

猊 狻猊獸名即獅子

羿 人名夏時有窮之君

蜺 寒蟬也

裞 衣縷也爾雅衣裗謂之裞謂衣襟也

輗 大車轅端持衡者轅與衡相附而以鍵固之曰輗

郳 春秋時國名後改為小邾國即邾之別封後為楚所滅今山東滕縣之地

霓 日光射空氣內所發光氣也亦謂之虹

鯢 鯨之雌者

鸃 鸃鸃雉之有文采者

麑 鹿子也

齯 老人齒重生者

· 喜

弦 弓弦也以膠絲條或麻為之（二）樂器名同絃三月半圓時狀如弓張弦形曰弦故初七八為上弦廿二三為下弦本音賢

絃 琴瑟等所藉以發聲之線也古以琴瑟喻夫婦故謂婦死曰斷絃

嘥部下上聲

· 文

媚 女子之美好而取悅於人曰媚（二）物之美亦曰媚如春光明媚（三）親順也

袂 袖也

謎 隱語也

鬽 百物之神也通作魅

· 語

藙 木名即食茱萸葉兴鋸齒甚細花淡綠實辛辣可供食

轙 軛之上環所以貫轡者

刈 割草也穀曰穫草曰刈（二）凡剪伐斬殺皆曰刈

劓 割鼻也古五刑之一

垷 埤垷女牆也
毅 果決也決志而不搖奪者謂之毅力
義 正也行事無私意也（二）意義也如文義（三）善也（四）以恩相結曰結義

•喜
呬 息也道家吐納之法有呵呼呬噓吹嘻六字訣
係 與為字是字通（二）亦與繫字通
咥 大笑也又音迭齧也
盻 怒視也
禊 祓禊除惡祭名
稧 同禊

系 繫也如系念謂懸念（二）緒也也相聯續也如世世相曰世承系
繫 縛之使不得脫也（二）聯絡也如彼此相涉曰關繫

嘸部下去聲

•坡
鼻 司嗅並呼吸空氣之器官曰鼻○遠也如始祖謂之鼻祖

•英
硯 磨墨之具
矣 語已辭又決辭也○助詞與哉字通○反問之詞與乎字通○與耳字通
衕 衕衕樂人也
趼 獸蹄平正也

院 宮室有垣牆者曰院○場所也如書院道院○官廨名如大理院參議院

•文
麩 磨麥為粉也○俗亦以麩粉製成細縷者謂之麩
麪 同麩

嘸部下入聲

空音不錄

7公部上平聲

•求
公 無私也（二）俗謂祖父曰阿公
功 事有成效曰功
攻 擊也伐也（二）治也
蚣 蜈蚣也詳蜈字

• 去 悾 悾侗無知也又音孔悾傯事迫促也 崆 崆峒山名在甘肅 悾 誠懇也(二)悾悾無知之貌 空 虛也(二)盡也孔也(三)天空也

箜 箜篌樂器名似琴而小又豎箜篌體曲長二十三絃抱於懷中兩手齊奏

• 地 中 不偏也正也(二)半也如中途又讀去聲著也(三)合也如中意中式等 忠 竭誠也謂盡己之心而無私偽也 盅 器虛也(二)小杯曰盅 鼕 鼓聲也

• 他 恫 痛也 狪 蠻族名廣西貴州有之 痌 痛也本作恫 蓪 木名亦名通草 通 無所阻止曰通(二)傳達也如通告(三)總括也如通計(四)洞曉事物亦曰通

• 增 倧 上古神人 㙡 土菌也出雲南 夂 从後至也古文終字 㚇 鳥飛斂足也 妐 夫之兄也(二)關中呼夫之父曰妐

宗 祖廟也(二)宗族也同姓曰同宗(三)派別也(四)主也如宗旨五一件曰一宗 嵏 九嵏山名在陝西 彸 征彸惶懼也 樅 木名高數丈供建築及器物之用

猣 犬生三子曰猣 瑽 琤瑽佩玉聲 終 始之對極也(二)人死曰終 翪 竦翅上下也 螽 螽斯蟲名一名蜇蟲善能產卵故今祝人多生子者曰螽斯衍慶

豵 豕之小者 踪 與蹤同 蹤 足跡也 鍐 金鍐馬冠也高廣各四寸如玉華形掛於馬鬉前 鏦 矛也(二)撞刺之也(三)鏦鏦金聲 鬷 釜屬

蔠 蔠葵草名一名虆露亦稱落葵葉肥厚可作疏

• 時 娀 古國名 崧 山大而高也(二)亦與嵩通 嵩 山名在河南即中嶽也 菘 蔬類植物其青色者曰青菜白色曰白菜一種經培養而變種曰黃芽菜

鬆 頭髮亂貌俗謂之蓬鬆不緊亦曰鬆又音雙義同(二)

• 英 翁 老人之稱(二)妻謂夫父曰翁又音英姓也 螉 蟲名在牛馬皮中者俗謂之牛螉 嗡 嗡嗡蟲聲也

·出 驄 馬之青白色者 裗 裗襬直裾衣也 衷 善也(二)誠也(三)中也中心曰衷(四)適當也(五)姓也 衝 通行大道也(二)當也猶向也向前直進曰衝(三)突擊也(四)兵車也

蔥 草名通作葱(二)青色曰蔥 聰 耳官感覺敏也今謂人之穎悟曰聰明 翀 直上而飛也 緫 青黑色之繒也 种 通作沖(二)姓也 璁 石之似玉者

沖 虛也(二)和也(三)飛而直上曰沖如沖天(四)以沸水注入曰沖如沖茶 憧 意不定也 悤 悤悤急遽貌 忡 憂也 囪 煙囪竈突通氣之孔也俗謂之煙筒

沖 與沖同 充 滿也足也實也(二)塞也(三)當也 伀 志及眾也(二)與忪通懼也方言征伀遑遽也

·喜 封 古王者以土地爵祿賜人曰封(二)疆界也(三)培也(四)富也(五)緘也(六)閉也 峯 山高而銳也亦作峰 灃 水名出陝西寧陝廳北秦嶺北流經鄠縣至咸陽縣入渭

烽 烽火也戍守備敵之具 漨 漨涌謂水騰上也又與烽同 犎 野牛也狀如橐駝 丰 豐滿也二容態曰丰儀 豐 盛也(二)歲熟曰豐(三)厚也(四)古禮器似豆而卑

葑 疏類植物即蕪菁也(二)菰草叢生其根盤結曰葑見宋史 酆 地名為周文王所都在今陝西酆縣境(二)四川有酆都城

鋒 兵器端之銳利處也(二)凡兴銳者皆曰鋒如筆之鋒(三)兵隊之前列曰先鋒 麷 煑麥也 訇 大聲也 轟 羣車聲也(二)轟轟喧擾之聲(三)盛大貌(四)燃發火柴曰轟

洶 洶湧波浪相激之聲 硡 石聲也通作訇 翃 翃翃飛聲(二)亦作翁 鍧 鏗鍧鐘鼓聲相雜也

公部上上聲

·柳 攏 合也(二)擊也(三)泊船也

·去 孔 穴也(二)通也(三)甚也

·地 懂 明白曰懂(二)懵懂心亂心 湩 乳汁也(二)鼓聲

·坡 搿 俗謂兩手相合曰搿

·他 冡 墓之高大者曰冡今通作塚(二)長也 塚 同冡高墳也 統 絲之緒也(二)相繼不絕曰統(三)始也(四)總理之也(五)合也如統同統一 冡 同蒙

寵 愛也(二)恩也(三)尊榮也(四)俗謂妾曰寵如言內寵納寵

·增 總 合也聚也(二)首領之稱如總理 踵 足後也(二)追也至也追隨前人曰踵如言接踵而至 摠 兼持也(二)結也 傯 倥傯迫促也又作傯

·入 冗 散也如冗兵(二)忙也如煩冗 氄 細毛也

·時 駷 捶馬銜使之走也 聳 懼也(二)高也 竦 與聳同直上也高也(二)敬也(三)懼也動也 㒖 懼也又音雙義同 悚 懼也

·英 塕 塵起貌(二)風聲 滃 雲氣起也(二)大水貌 蓊 盛貌 聬 聬聬耳聲

·喜 菶 菶菶茂也 蚌 軟體動物殼兩片肉紫黑色殼內能產真珠肉可食 俸 祿也官所得之勞值也如俸米俸銀 埲 塵起貌 捧 兩手承物曰捧 棒 杖也木棍之屬

汞 水銀也 澒 汞本字一澒洞相連貌見杜甫詩(二)濛澒元氣未分貌

公部上去聲

·求 戇 愚也(二)剛直也 槓 字書無此字疑即杠字之訛今凡桿類之用以起重者皆曰槓 灨 江名亦作贛江西最巨之川亦音幹 貢 獻上也如進貢(二)薦也薦舉之曰貢如貢士貢生貢

· 去 **鞚** 馬勒也 **控** 引也告也(二)

· 地 **楝** 屋中正樑亦以喻人才者 **湅** 與湅別爾雅暴雨謂之湅 **凍** 冷也(二)冰也謂水因冷而凝結也(三)凡液體之凝結者亦曰湅 **蝀** 螮蝀虹也

· 他 **痛** 身有所苦楚而不能忍也(二)傷也(三)甚極之辭如痛飲痛哭 **慟** 哀過也如慟哭

· 增 **慫** 引導他人行事謂之慫慂或作慫恿亦作慫慂 **猔** 古猔種族名在雲南亦作狜猔 **瘲** 瘛瘲小兒驚風病也 **綜** 以絲交錯之曰綜故謂事物之彼此相雜曰錯綜(二)總聚也如綜理

縱 釋也如縱囚操縱(二)慫也(三)汎也(四)推想之辭如縱使(五)直線曰縱

· 時 **宋** 國名又朝代名

· 英 **盎** 盆也瓦器以盛酒盛水者(二)盛貌 **鞅** 遠相映貌

· 杳 **貿** 市也買也交互之義如謂買賣曰貿易(二)貿貿目不明貌

· 喜 **哄** 眾笑曰哄堂 **唪** 大笑也(二)通作諷 **蕻** 茂也(二)雪裏蕻菜名江逝有之 **諷** 誦書也如諷誦諷詠(二)託辭以惑人曰諷如諷刺 **賵** 贈死之物也

鬨 門聲也(二)聚鬧也

公部上入聲

· 求 **嗀** 嘔吐也 **嘓** 嘓嘓嚥食之聲 **口** 古文國字 **國** 有土地有人民有主權者謂之國 **幗** 婦人首飾故婦人稱巾幗 **摑** 打也掌耳也 **榖** 木名似楮可以製紙

瑴 與玨同謂玉相合也(二)

穀 植物之可供民食者如以稻黍稷麥菽謂五穀(二)善也

膕 膝後曲節處曰膕

蟈 螻蟈蛙之別名

谷 兩山間流水之道也(二)凡深穴亦謂之谷(三)窮也如言進退維谷

·去

哭 哀聲也大聲曰哭小聲有涕曰泣

嚳 急告也(二)古帝名即高辛氏

梏 手械也(二)亂也

牿 牛馬牢也

狢 獸名與貉同參看貉字

鸐 鸐鸐鳥羽肥澤潔白也

㲉 卵孚也猶俗言出殼

酷 虐也慘也如殘酷酷虐(二)甚也如甚似曰酷似極熱曰酷熱

鵠 鳥名似雁而大全體白色頸甚長嘴根有瘤色黃赤飛翔甚高俗名天鵝

·地

欘 斫也一曰斤柄也見周禮考工記又音濯鋤也見爾雅釋器

瘃 手足所生寒瘡監察也責也(二)大也俗呼曰凍瘡將曰察督也(三)姓也

篤 敦厚也疾甚曰篤

裻 衣背縫也

·坡

卜 問龜曰卜謂欲知事之吉凶灼龜以取兆也二凡預兆者皆謂之卜

墣 土塊也

幞 頭巾也

扑 小擊也又同撲

撲 擊也(二)與扑同杖也

攴 小擊也

文 與支同俗借用為文字

樸 同朴質也(二)朴治木謂之樸

朴 木名高四五丈皮可入藥謂之厚朴出四川者良故亦名川朴(二)與樸同

纀 裳削幅謂之纀又與幞同

濮 古水名在今山東濮縣(二)夷族名春秋時有百濮在今湖南

襆 同纀裳減其幅也襆被以巾束被也(二)

蹼 趾間膜也水鳥腳指間有膜相連屬曰蹼

轐 輿下方木伏於轂上軸內兩旁以承輿者亦謂之車展

醭 醋生白花也又凡物腐敗而生白花者皆曰醭

鏷 生鐵也(二)鏷鍏矢名

䪁 絡牛頭之繩也絡髮亦謂之䪁(二)

·增

呢 呢訾謂以言求媚也見楚辭

囑 託也囑咐也

捍 收早熟禾曰捍今江浙鄉農猶有此語但不專指早熟之禾矣

柷 樂器狀如方斗

矚 意有所屬而視也

祝 以言告神也又凡頌禱人皆曰祝如祝壽祝賀(二)斷也凡僧尼削髮皆曰祝髮

粥 米和水煮之使糜曰粥(二)與鬻同賣也

足 人體下支之總名又踝以下曰足動物之肢亦曰足(二)滿也無所欠缺也

•時 俶 始也整也(二) 叔 亦音則幼者之稱(二)稱父之弟曰叔父亦簡稱叔(三)婦稱夫之弟亦曰叔 夙 早也 蓿 苜蓿疏類植物名 家 與寂同 宋 寂同

寂 靜也無人聲曰寂如寂寞寂靜 束 縛也(二)物一札曰一束(三)師之酬金曰束脩又音庶約也約束管教之義 槭 樸槭木名即槲也幹低叢生其心耐溼 橚 長木貌

涑 水名在山西 淑 善也稱美女子之詞多曰淑如賢淑清制官至三品妻封淑人 簌 茂密貌 縮 斂也如縮小(二)退也收也(三)以繩約束之也(四)直也

肅 恭敬也(二)儆也如肅清肅靜(三)俗謂拜低頭亦謂之肅拜 菽 眾豆之總名禮啜菽飲水盡其歡(二)今人言仰事父毋曰菽水承歡本此

蔌 菜謂之蔌見爾雅(二)風聲勁疾之貌蔌蔌(三)陋也 觫 觳觫恐懼貌 諔 詭也 謖 起也(二)謖謖峻挺貌 蹜 蹜蹜舉足促狹也

速 迅疾也(二)召也如不速之客謂不請而自來也今請帖中之恕速亦此義 遬 蹙遬也猶言蹋促(二)亦與速同 餗 鼎實也易鼎折足覆公餗今謂人不能勝任以致僨事曰覆餗

驌 驌驦良馬名 鱐 乾魚也 鷫 鷫鷞水鳥名形似雁頸長羽色綠皮可以為裘

•英 偓 唐堯時有仙人曰偓佺 喔 喔喔雞聲(二)喔喔強笑噱也 屋 舍也 幄 帳幕上下四旁悉周者 握 持也物在手內為握

沃 灌溉也(二)溼潤肥美之意如謂使土地肥美者曰沃土沃壤 渥 霑也雨澤多也(二)渥惠厚恩也(三)漬也以濃厚之汁塗染之 腛 厚脂曰腛 鋈 鍍也

矱 度也楚辭求榘矱之所同本作彠 齷 齷齪器量狹小性情卞急之意(二)俗謂不潔亦曰齷齪

•出 娖 娖娖謹慎貌 促 迫近也如急促短促(二)催也如敦促催促 捉 握也(二)捕也 擉 刺取鼈蜃也莊子冬則擉鼈於江 浞 人名夏時寒國之君後殺羿而代其位

槭 木名似楓高數丈葉霜後亦丹又音色木葉落也

灂 瀺灂水聲又音醮車轅漆也周禮良輈環灂

歜 人名左傳有甘歜國策有顏歜

瘯 皮膚病也癬疥病也

蠹 直也高起也

穛 早取穀也(二)生稑曰穛

簇 叢聚也(二)與鏃同箭頭也

臅 臆中膏也禮小切狼臅膏

蔟 行蠶蓐也蠶將結繭則上蔟(二)亦與簇同

蠋 蟲名似蠶食桑橘等樹之葉害蟲也

觸 以角抵物也(二)撞也物相遇曰接觸(三)動也凡相感而心有所動曰觸

蹙 迫也(二)愁貌又與蹴同

蹴 躡也(二)以足踢物也

蹵 同蹵(二)蹵蹴不安貌

躅 蹢躅行不進也二跡也

鏃 箭頭曰鏃

鐲 手環曰鐲(二)鉦也形小如鐘軍行鳴之以為鼓節

顣 頻顣猶俗言縐眉憂愁不樂之狀也

鷟 鸑鷟水鳥名

齪 齷齪也請看齷字

•喜

福 吉祥之事統稱曰福

葍 蔓生之野菜也莖赤色有臭氣

蝠 蝙蝠翼手之動物

蝮 毒蛇名居濕地俗名土虺蛇

複 衣之有里者曰複又凡物之重疊者亦皆曰複

覆 反也(二)傾也(三)敗也如覆沒(四)詳察曰覆如覆查(五)往而還也如覆命

踾 踾也(二)聲也

輻 車輪中直木上輳於轂下入於輞眾輻皆輳之轂故人民集合亦曰輻輳

輹 輿下縛木亦謂之鉤心木在車軸中央所以使輿與軸相鉤連不離也

鍑 釜之大口者

公部下平聲

•柳

儂 俗謂我曰儂

儱 儱侗謂囫圇也

噥 噥噥多言而細也

憹 懊憹痛悔也又與惱同有所恨也

曨 矇曨日未明也

朧 朦朧月將入也

濃 淡之對厚也

⿰犭農 犬惡毛也(二)蠻族名居於廣西言語與獞同

瓏 玲瓏玉聲也(二)空明貌

癃 年老腰曲而背癃起也

穠 花木穠多貌

窿 穹窿天之形也謂中央高而四周下(二)長曲貌

蘢 草名又名葒草(二)蒙蘢覆蔽之貌

襛 衣厚貌(二)顏色美盛之稱

農 耕種之事業也(二)耕者曰農如農夫農婦

醲（厚酒也又與濃同）隆（豐大也故凸起者亦曰隆起盛也(三)厚也(四)隆隆雷聲也(二)）齈（鼻疾多涕也）

·坡 篷（織竹夾箬為篷）芃（芃芃草盛貌(二)尾長貌）縫（以針線成衣也）蓬（草名葉如柳花白秋枯根拔風捲而飛亦曰飛蓬蓬狀茸散故以喻雜亂）

鵬（古謂鵬為鳥類中之最大者見莊子）

·他 銅（魚名即鱧魚俗謂之烏也）艟（艨艟戰船也）衕（北方謂巷曰衕衕）茼（茼蒿疏類植物其葉可食）朣（同朣）罿（捕鳥網也）筒（竹筒也筩魚鉤曰）

童（十五歲以下曰童(二)牛馬無角山無草木皆曰童(三)年老禿頂亦謂之童）穜（禾先種後熟曰穜）瞳（目珠子也）疼（痛也）

獞（蠻族名本出湖南漸入廣西蔓延本省有生熟二種喜攻擊衝突(二)犬名）潼（梓潼水名在四川）橦（木名花可為布左思賦布有橦華又音衝陷陣車也亦作艟又音貪竿也）

桐（木名有白桐梧桐荏桐海桐等種荏桐實可榨油名曰桐油）朣（月初出也）曈（曈曨日初出光未盛貌）撞（擊也(二)相衝也）彤（赤色也）

幢（旌旗之屬為儀仗所用者）峒（崆峒山名在甘肅）僮（僮僕也）侗（無知識之人也）佟（姓也）

·增 琮（瑞玉也）賨（南蠻賦也）淙（淙淙水聲也）潀（小水入大水也）

·入 戎（兵器也兵士亦曰戎(二)西方各族之總名如言戎狄）毧（細毛也）狨（獸名似猴而大其毛柔長可作鞍褥）絨（機織物之厚而煖者）羢（羊毛之細者）

茙（草名葵屬(二)茙菽大豆也）茸（草發生貌(二)散亂貌(三)鹿茸鹿角之初生者可入藥）髶（亂髮也）

·時 淞（寒氣結水如珠也北方多有之謂之霧淞）松（木名葉狀如針有赤松黑松等種）淞（江名源出江蘇太湖流至上海與黃浦江合東入海曰吳淞口今作松）

•英 融 明也(二)鎔也(三)藥也(四)通也俗亦謂貨幣兌換價格曰金融亦流通之義 彤 祭名祭之明日又祭為彤書高宗彤日

•出 从 從本字 崇 高也如崇山謂高山也(二)終也 從 相隨也(二)就也(三)自也(四)聽受也又音宗下上聲從者也如僕從(五)次也 蓯 肉蓯蓉寄生植物名莖可供藥用 潀 水聲

•喜 夆 牽挽也 吰 噌吰鐘聲也 鈜 鏗鈜鐘鼓聲也(二)或作吰 宏 大也廣也 弘 大也 摓 與縫同以針合衣也 泓 水清貌(二)古水名在今河南柘城縣見左傳

洪 大也如大量曰洪量大水曰洪水又音紅姓也 渢 水聲 烘 燒也(二)以火乾物也 竑 廣也(二)量也 篊 取魚之具 紘 冠擊也結於頷下而垂其餘以為飾也

耾 耳聾也 葓 水草名閩人以為疏謂之葓菜其莖中空者曰空心菜 虹 太陽光線與水氣相映現於天空之彩暈也形如半環雨後時常見之 訌 潰散也(二)亂也

谹 谹谹谷中響也 谾 谷空貌 逄 遇也(二)迎合也 鉷 努牙也所以撥機發矢者 閎 巷門也(二)中寬曰閎謂器之小口大腹者如言度量寬閎 輷 車軾也

鴻 水鳥名較雁為大喜集湖邊食菱芡等物(二)與洪通大也 鋐 器也

公部下上聲

•柳 挵 同弄 弄 玩也戲也侮也

•地 働 日本所製字與自動之動字同 仲 中也位在中也如春有三月二月為仲春(二)兄弟之長幼曰伯仲叔季 動 靜之反(二)行為也(三)助詞與輒字同義 挏 推引也

狆 蠻族名貴州廣西雲南有之 重 輕之對又音亭複疊也(二)更易也如重做重寫又物相隔一層者曰一重

•時 訟 爭也爭辯曲直於官也(二)責也如自責曰自訟 誦 誦讀也讀之而有音節者曰誦(二)述說也 頌 稱美之詞

楙 茂本字

瞀 目不明貌(二)亂也(三)無知識亦曰瞀

茂 草木盛也(二)美也

袤 廣袤也東西曰廣南北曰袤

鄮 漢縣名在今浙江鄞縣境

醟 醟酳榆醬也

愗 愚也與瞀通

公部下上聲

·喜

奉 受也承也如奉命(二)獻上也(三)侍也

鳳 古謂鳳凰為瑞鳥有聖王出則鳳凰見雄者曰鳳雌者謂之凰

·柳

輷 車聲也

·邊

磅 落石聲(二)英美衡名每磅合司馬秤十二兩

公部下入聲

·柳

駱 白馬黑鬣者(二)與落通駱駝獸名

貉 獸名似狸性好睡日伏夜出捕食蟲類毛色斑駁深厚溫滑可以為裘

衄 同衂鼻出血也

麓 山足之處曰麓

鞜 帶之用革做者

騄 騄駬良馬名周穆王八駿之一

雒 馬之黑身白鬣者(二)雒誦謂誦讀也(三)水名與洛同

錴 化學金屬原質之一性堅硬難鎔可製薄片及細絲

鉻 鬄也謂剃髮也又音格鉤也

録 鈔寫也(二)記載也籍也(三)取也四總也

醁 醽醁美酒名

酪 乳漿也(二)果實煑之成漿亦曰酪如杏酪橘酪(三)酪奴茶之別名

逯 無所為而忽然往也

趢 行曲脊貌踽也

詻 論訟也

觻 角也

衄 鼻粘膜出血也(二)挫也敗北曰衄(三)與朒通縮也

菉 草名即藎草也一名王芻(二)與録綠通

絡 維繫之曰絡絡如聯絡(二)馬羈也(三)絮也(四)人體之神經血管皆曰絡如經絡脈絡(五)植物果實內纖維質聯結如網者亦曰絡

籙 圖籙謂天神所與之冊命也

簏 竹器高篋也

祿 福也善也(二)俸也居官所給廩也
碌 碌磚農具用以平場圃亦可以碾禾麥
碌 石貌(二)碌碌隨從之貌(三)事煩也如忙碌
盝 匣之小者曰盝(二)瀝也去水也通作漉

睩 視貌
甪 甪里複姓漢商山四皓有甪里先生或作甪里又後漢有甪里若叔
甋 甋甎三國志注扈累徙洛陽獨居道側以甋甎為障按狹長謂之甋甎
琭 玉貌

珞 瓔珞頸飾綴珠玉等為之
烙 灼也燒也
濼 水名在山東歷城縣西北
漉 濾也水由微孔滲出使混濁者為清水也
淥 水清也同漉
洛 水名一在陝西一在河南

朒 朔而月見東方也(二)縮朒不寬伸之貌三九章算法有盈朒朒謂不足也
摝 振也周禮三鼓摝鐸
戮 殺也(二)并力曰戮力
恧 羞慚也
忸 忸怩面慚色也

咯 訟言也或作詻(二)與咯同咳血也
傪 辱也

• 邊

僕 給事者曰僕(二)御者曰僕(三)謙辭(四)僕僕煩猥貌如言風塵僕僕

• 地

匵 匵也通作櫝
妯 兄弟之妻相呼曰妯娌
嬻 媟嬻也
殰 未及產生而胎敗也
瀆 溝也(二)江河淮濟為四瀆(三)再三請使人煩厭曰瀆(四)漫也如俗言褻瀆

犢 牛之穉者謂小牛也
獨 單也一也
碡 碌碡田器用以碾地使平者
蓫 草名惡菜也
讟 誹謗也痛胎不成獸也怨之言也(二)卵肉敗也

逐 驅之去也一相競爭也如逐利(二)相隨屬也如逐漸逐一逐隊
韇 箭箙也又藏箙之器也
韣 弓衣也
髑 髑髏死人首也

黷 煩數而使人厭惡之意如干求不已曰干黷貪得無厭曰貪黷
櫝 匵也(二)凡緘藏物品者皆曰櫝
牘 丈書也書札亦曰尺牘

• 增

噈 以口作聲使大也凡指使惡人以害人者皆謂之噈
族 親屬也父子孫為三族高祖至玄孫之親為九族(二)類也植物叢生曰族

• 入

鄏 郟鄏周地詳見郟字
辱 恥也謂可恥之事而心受之也(二)屈也(三)謙不敢當之辭如言辱臨之類
褥 藉也人所坐臥之具也
蓐 薦也如茵蓐猶俗言草席

縟 繁采飾也故謂詞藻綺麗者曰繁縟 溽 暑氣挾潮濕之氣曰溽暑

·時

俗 風俗也上所化曰下所習曰俗(二)不雅俗 塾 門側堂也古為子弟就學之處謂之家塾故今謂私立學堂者曰私塾 贖 以財拔罪也(二)凡取還所質皆曰贖

屬 亦作屬續也(二)付託也(三)足也(四)附也(五)有所專注也如屬意屬目又音蜀系也一類也二綴也 蕢 草名可入藥即澤瀉也 孰 誰也(二)何也

續 繼也連也凡後起者皆曰續

·杳

嘆 靜也安定也 坶 與牧同 寞 寂寞靜無聲也 摸 捫也如摸索(二)亦與摹同 沐 濯髮也(二)受其恩曰沐恩(三)沐浴也 瘼 病也苦也如民所苦患曰民瘼

漠 北方流沙也(二)靜也(三)漠然不相關貌(四)漠漠雲霧布列之貌 牧 養牲畜者也(二)郊外謂之牧見爾雅(三)官名州長也 睦 敬而和也(二)信也親也(三)姓也

瞙 目不明也瞙謂目翳曰 穆 和也敦厚也(二)宗廟之序左為昭右為穆(三)姓也 艒 小船也 苜 苜蓿疏類 莫 無也勿也不可也(二)大也(三)姓也

鄚 地名在直隸任丘縣境 鏌 鏌邪劍名亦作鏌鋣 霂 霡霂小雨也 鞪 車軜之飾以皮束之也又音謀與鍪同首鎧也 毣 毣毣敦厚貌

·喜

鵬 鴨之異名不能遠飛夜為惡聲古以為不詳之鳥 鰒 介屬有足吸著岩石間肉食即可鮑魚之小者其大者曰石決明供藥殼用 閾 門限也(二)限隔之也 醟 濁酒也

觳 觳觫恐懼貌 袱 裹衣之巾謂包袱也 虙 與伏同又與宓通 蔛 石斛草藥名 菔 蘆菔蘿蔔也 茯 藥名有茯苓土茯苓等種 罭 魚網也

縠 縐紗也 緎 縫也 箙 盛弓矢器 瀫 水名在浙江 淢 疾流也(二)與洫同 洑 洄流也 槲 木名高二三丈材可為新炭葉尖大亦名大葉櫟

棫 叢生小木葉和莖多細刺花黃實黑一名白桵 服 衣服也著衣亦曰服(二)喪服也(三)從也(四)食也(五)事也如服務(六)習也 斛 量器名五斗為一斛 或 未定之詞

惑 迷也(二)疑怪也 復 還也(二)答也音福反覆也 复 同復 域 疆界曰域 僰 種族名在貴州四川雲南皆有在四川者或稱擺夷 伏 匿藏也(二)服也(三)偃也

8 姑部上平聲

• 邊 埠 通商之處曰商埠 埔 冢也隴也大埔縣名(二)

• 求 鴣 鷓鴣鵓鴣皆鳥名 鮬 小魚也 鏷 鏷鏷矢名 酤 買酒曰酤酒又賣酒也 軱 大骨也 蛄 螻蛄也 菰 疏類植物亦名茭白(二)菌類植物亦作菇

菇 菌類形狀如傘有草菇蘑菇等種 苽 同菰 胍 胍肫大腹也 罛 魚網也 箛 樂器即笳也其始以竹為之後皆用銅製之 泒 泒河水名即沙河在直隸

沽 水名在直隸(二)買酒也(三)賣酒也 枯 槁也植物不榮也(二)乾(三)肢體偏廢曰偏枯事物不平均者亦曰偏枯 孤 無父曰孤(二)子處曰孤如孤立(三)物之特出者亦曰孤(四)負也

姑 父之姊妹曰姑婦稱夫之母亦曰姑稱夫之姊妹亦曰姑(二)助詞且也 刳 剖也刳木而空其心以為舟也

• 去 箍 以篾束物也 笟 與箍同

• 地 都 區域之名小曰邑大曰都(二)美盛也如言衣服麗都(三)總也大概曰大都 闍 闉闍城內重門也

• 坡 鯺 鯺門地名即蘇州城東門也 鋪 陳也如鋪設鋪布(二)臥席也如牀鋪 痡 病也

• 增 騶 顯貴者出行前導與從騎者皆曰騶如稱人之侍從曰前騶騶從 陬 隅也通與鄹(二) 租 田賦也(二)以田授人耕種歲取其值曰田租(三)凡以物賃人而取其值皆曰租

掫 巡更所擊者 緅 帛青色也亦 菆 草叢生也(二)蓐也(三)矢之善者(四)麻稭也 葅 祭祀之席也(二)草名蕺也亦稱魚腥菜一名土茄葉覆地其根似茂可食

郰 春秋魯下邑孔子之鄉里亦作鄹陬在今山東曲阜縣境 鄒 縣名本春秋邾國戰國時改為鄒漢置鄒縣三國後改為鄒縣屬山東濟寧道

•時 嚇 嚕嚇多言也 廖 廋本字 廋 隱匿也論語人馬廋哉(二)與搜通求也 甦 死而復生也 穌 與蘇通死而復生也(二)耶穌猶太人名基督教之祖歐美人多奉之

蘇 紫蘇草名(二)與甦同死而復生也俗亦謂睡醒曰蘇醒(三)取草也(四)地名 酥 酪屬以牛羊乳為之(二)食品之乾鬆而易碎者謂之酥(三)酴酥酒名

•英 烏 鳥名色純黑俗稱烏鴉(二)黑也又音汙同鳴(三)助詞何也安也如烏有

•語 峴 崆峴山高峻之貌 腢 膞前骨也

•出 粗 物不精細也(二)疏也大也略也 觕 物不精也 麤 不精也 麁 與麤同 麄 俗麤字

•喜 呴 喉中聲呵也

姑部上上聲

•柳 蓾 草之可為履者 滷 與鹵同地之斥鹵可煮鹽者(二)鹽汁也(三)烹調之一種汁之濃厚者如鵝滷

•邊 脯 乾肉也又凡物之乾者皆曰脯 補 衣之破者而仍修整者曰補又凡物有欠缺而完成之皆謂之補(二)益也 斧 斫木之器如斧斤(二)兵杖也如斧鉞(三)改削之曰斧

•求 古 今之對謂時代之久遠也 估 論物貨也如言估價 牯 牡牛也 狜 猓猔吐番種族名 笱 捕魚之具以曲竹為之 羖 黑色羊也 耇 老壽也亦作耈

股 脛之上節自胯至膝之處也(二)事物之一部分曰股 苟 草率也(二)聊且也如苟合苟安(三)助詞誠也未定之詞 詁 以今言解釋古言也如注釋曰解詁訓詁

鈷 鈷鉼溫器熨斗也亦作鈷鉧或云鍑也 鼓 革音之樂器也(二)彈也(三)擊也 皷 同鼓

• 去 苦 味也甘之對(二)困瘁也艱也(三)患也(四)不自逸也如刻苦(五)再三也如苦求

• 地 肚 腹也

• 坡 俌 輔也見爾雅釋詁 剖 破開曰剖(二)分析也如辨清事之原委曰剖明 噌 噌嚕西藏所出之毛織物與呢絨相似 普 (三)國名普魯博也徧也(二)普寧縣名士之簡稱

圃 園也種疏菜處曰圃 棓 蹋板也 浦 水濱也 溥 大也偏也 瓿 小甕也 蔀 障蔽也(二)小席也又音簿古曆法以十九年為一章四章為一蔀七十六年也

譜 籍錄也如家譜年譜(二)樂歌之音節皆先製譜以定其符號故編曲亦曰譜 郙 閣名郙閣在陝西洛陽縣西二十里 鐠 金屬化學原質之一

• 他 土 地質表面泥沙等混合化成之物也(二)地也(三)物為本地所生者曰土產 釷 金屬化學原質之一

• 增 祖 父之父曰祖俗曰阿公(二)凡先祖始祖亦通謂之祖(三)送行曰祖餞

• 時 傁 同叟 叟 長老之稱 嵏 嵏崮山名在山東蒙陰縣西南 擻 抖擻奮舉貌 欆 欆櫺木茂盛也 溲 浸沃也(二)小便也 瞍 目無眸子也

藪 大澤也(二)澤無水也(三)物所聚亦曰藪如言文章淵藪

• 文 牡 禽獸類之屬陽性者(二)牡丹花名 畝 量田以六十方丈為一畝 畮 畝本字

• 杳 拇 手足之大指者皆曰拇 某 代名詞不指其人曰某如某人

• 語 偶 雙數也(二)偶像也如土偶木偶(三)儕輩曰偶(四)偶然謂不期然而然也 仵 或作伍仵敵也 午 十二支之第七位二日中也日間十一點至一點為午時

忤 逆也謂不孝其親曰忤逆 耦 兩人並耕也故雙數亦曰耦夫婦稱配耦 藕 蓮之地下莖也肥大有節中空如管可食 迕 遇也(二)逆也言意見違異也

• 喜 否 不也又音鄙易卦名閉塞也與泰字對佳運曰泰厄運曰否(二)惡也 琥 玉器為虎形(二)琥珀礦物名詳珀字 虎 猛獸名形狀似貓性極凶殘能食他獸及傷人(二)喻威猛之詞

姑部上去聲

• 柳 露 近地水氣夜著於草木等易散熱之物體因冷而凝結如珠者曰露(二)發見於外也如顯露(三)在野曰露宿

• 邊 布 織物也(二)陳列也(三)與佈通宣告也(四)施與也 ⿰石布 化學非金屬原質之一結晶極堅硬有金屬光采又一名硼素曰

• 求 狗 多也滿足也或作彀 鷇 雛鳥須母哺而食者曰鷇 雛 雉鳴也 雇 與僱同傭賃也又音户鳥名或作鳸參看鳸字 遘 遇也 購 買物也 訽 辱罵也

轂 車輪中心之圓木也轂動則車行故為人先容曰推轂謂引而進之也 詬 與訽同恥辱也罵也 覯 與遘逅並通遇也又與構同成也 斁 敗壞也又音繹厭也

蠹 蝕害衣書之蟲也(二)侵耗財物亦曰蠹 構 架屋也子承父業曰肯堂肯構(二)成也 穀 楚人謂乳曰 彀 弓滿也(三)物數足用亦曰彀(二)程式也

媾 婚姻之重疊曰媾(二)寵也(三)和好也(四)合也 搆 搆孺不改事也又音鉤牽也 姤 卦名遇也 妒 婦人相忌曰妒 妬 與妒同 垢 塵滓也(二)不潔曰垢

冓 中冓宮中構結深密之處詩中冓之言今以喻家室中隱秘之事 僱 倩人作工曰僱 傋 無知也

• 去 褲 袴之俗字脛衣也 袴 下衣也 蔻 豆蔻草名有紅白二種實可供藥用 簆 織具 滱 水名在山西

庫 藏兵車之處也今統稱藏財物之處曰車庫又官用衡法曰庫平 寇 羣行攻刦曰寇如寇賊

· 地 鬬 以力相爭也又凡競賽皆曰鬬如鬬智 鬥 同鬬 閗 同鬥

· 坡 舖 街市商場之室大曰行小曰舖

· 他 吐 物自口出也(二)言語也(三)發也棄也透露也(四)吐納道家修養法呼吸之謂 堍 橋畔也 兔 小獸名 菟 菟絲寄生蔓草花淡紅色子可入藥

· 時 瘦 瘦本字 瘦 肥之反肌肉不豐也

· 出 膄 皮膚之間曰膄 醋 有酸味之流質以酒發酵釀成之也二俗以嫉妒者曰有醋意 輳 車輪之眾輻會集於轂曰輳故言人民之聚集亦曰輻輳

簉 副倅也副室曰簉室謂妾也見左傳(二)副車亦曰簉 湊 與輳同聚也(二)亦與膄同

· 喜 ⿰氵戽 ⿰氵戽斗潑水之器 戽 與⿰氵戽同

姑部上入聲

空音不錄

姑部下平聲

· 柳 爐 貯火之具用土或銅鐵為之 鑪 火爐也 鱸 魚名

• 地圖 畫也(二)象也地圖也(三)謀也(四)度也(五)藏書處亦音徒也 廚 廚房供膳之所

• 英湖 渟畜水之大澤也(二)地名

• 沓鍪 兜鍪盔帽也戰時以禦兵刃之寇 雺 爾雅天氣下地不應曰雺 鏌 盛器滿貌 麰 大麥也 艨 艨艟戰船也 蠓 蠛蠓蟲名蚋屬頭有絮毛雨後羣飛塞路

蒙 受也如蒙恩(二)幼也如童蒙(三)欺也(四)覆蔽也(五)謙詞(六)草名(七)蒙古地名 謀 計畫也先事籌度曰謀(二)營求曰謀如營業曰謀生 鄸 春秋時曹邑名在今山東荷澤縣境

檬 檸檬也詳檸字 濛 微雨也 牟 取奪也如牟利侵牟(二)牛鳴也 眸 目中瞳人也 瞢 目不明也(二)日月無光也(三)與夢通

曚 盲也有眸子而不能見曰曚 礞 礞石礦物學名詞有青白色二種青色者可入藥謂之青礞石 侔 齊等也 堥 小隴也 幪 帡幪也 懜 無知也不明也

懞 昏昧也(二)不明白曰懞懂 懵 與懞同謂心不明白曰懵懂 曚 曚曨日未明也 朦 朦朧月將入也

• 語吳 古國名又縣名皆在江蘇故今稱江蘇省曰吳 蜈 蜈蚣節足動物全身二十四節每節有腳一對爪甚銳能捕食蟲及螫人

• 出愁 憂慮也

• 喜侯 舊制五等爵之第二等曰侯又封建時代列國之君稱諸侯(二)與惟字通 瘊 疣之小者曰瘊 篌 箜篌樂器名狀似瑟而小 糇 乾糧也 𧝒 𧝒褕小衫也

鄇 春秋溫別邑屬晉國在今河南武涉縣境 銗 受投書之器 鍭 箭名又稱箭鏃曰鍭 餱 乾糧也 鯸 鯸鮔河豚之屬腹部甚膨大亦有毒

• 嫋奴 古罪人之女從坐而沒入官以給使役謂之奴婢(二)女子之卑稱 笯 鳥籠也楚辭鳳凰在笯兮雞鶩翔舞

姑部下上聲

• 柳 陋 使小也(二)鄙劣也三少見也如言孤陋寡聞

• 邊 篰 同簿(二)細篾籠也所以盛簡牘者 部 統率也(二)官署也三分事為若干分亦曰部四書之首尾完全者曰一部

• 求 犒 賞勞軍士曰犒 靠 依附也

• 地 杜 姓也(二)木名(三)塞也如言杜絕私弊(四)凡由意造而無依據者皆曰杜 竇 孔穴也(二)姓也 芏 茳芏草名生於水由夏秋開花綠褐色

• 坡 簿 記數之冊曰數簿凡為冊籍隨時登記事物皆曰簿如日記簿等

• 增 慠 惡言罵也 驟 乍也疾速而猝不及防之意

• 語 五 數名 伍 五人為伍(二)與眾相雜處曰伍史記生乃與噲等伍

• 喜 雨 空氣中之水蒸氣遇冷而凝為細點下降於地曰雨自上而下也如雨雪 鳸 農桑候鳥 鄠 縣名漢置今屬陝西關中道 逅 邂逅不期而會遇也 戶 門也一家曰一戶

后 古天子之妻(二)亦與後通 扈 農桑候鳥與鳸同(二)尾也從後曰扈如扈從扈駕

姑部下去聲

• 柳 路 道也所以通往來者 璐 美玉也 鏴 金屬之一

· 邊
步 徒行也兩足相距曰一步(二)量法五尺為步三百六十步為一里(三)運也
艄 艇之小者
鞴 鞴靫盛箭之室也

· 地
度 量物長短之器如丈尺等(二)圓之分角曰度全圓三百六十度(三)法制(四)度量也(五)儀表曰態度(六)生日曰初度一次曰一度(七)又音鐸謀也也

渡 濟也自此岸達彼岸也(二)凡自此達彼皆曰渡如過渡
鍍 以金箔貼於銀器之表面加熱使之融合謂之鍍金俗讀枓柳七切

· 英
芋 疏類植物植於水田葉似荷下莖多肉可供食

· 文
戊 十干之第五位

· 語
遻 遇也見也又音諤逆也(二)觸也
捂 抵觸也(二)逆也
誤 謬也錯誤
悞 與誤同

姑部下入聲

空音不錄

9 兼部上平聲

· 邊
鯿 魚名古謂之魴
鞭 古刑具所以撻人者(二)笞也三馬箠也(四)軍器也如鐵鞭竹節鞭等是
邊 畔也岸畔也(二)邊境也(三)側也四衣之緣飾者曰花邊亦音辮
梗 大木也

蝙 蝠翼手動物能飛翔空中捕食蚊蠅等物
緶 絲帶之狹者曰緶子
籩 古之食器編竹為用祭祀亦以盛果品之之
箯 竹輿也
猵 獺屬能入水食魚

· 求
鶼 鶼比翼鳥也似鳧青赤色一目一翼相得乃飛見爾雅
鵑 杜鵑鳥名又名子規其鳴聲如雲不如歸去書夜不息聲甚淒厲能動旅客歸思
鰹 魚名即鱧魚也

鰜 比目魚之目在左側者 **騆** 青黑色之馬也 **韁** 與繮同擊馬之紲者 **靬** 乾革也又音笐黎靬漢西域國名 **鏗** 鏗鏘金石之聲 **鋗** 小盆也一曰無足鐺又與涓通

豻 野狗也似狐而黑喙 **豣** 大豕也 **躅** 除去之也(二)明也(三)蟲名多足而行遷末有火光與螢同類俗曰百火脚 **蟯** 蟯蜋蟲名背有堅甲全身色黑如漆喜運糞推轉成丸

蜎 蚊之幼蟲一名孑孓 **蒹** 荻之別名 **羌** 西戎種族也(二)語詞乃名 **繮** 馬紲也 **縑** 絹之細密者古用以書字故今亦用為書籍今稱如言縑緗之類 **畺** 境也

疆 界限也(二)無限曰無疆 **涓** 水之細微者如言涓滴(二)擇也擇日曰涓吉(三)潔也 **殭** 動物死而不腐朽者曰殭 **橿** 鋤柄也(二)木名材可為車 **緊** 厚也又與牽通

捐 以財物助人也(二)棄也謂死曰捐館(三)舊制納貲得官曰捐(四)賦稅之一 **慳** 吝也 **悁** 忿也(二)憂也 **彊** 弓有力也又凡有力皆曰彊(二)與彊通不隨和之意如倔彊

幵 罕幵羌之別種漢滅此(二)族遂以地為罕幵縣又音邃義同 **尷** 尷尬行不正也(二)事之多生枝節而難措理者亦曰尷尬或作尷尬 **娟** 娟娟美好貌狀人之美好皆稱之

姜 姓也 **堅** 物質牢固曰堅 **兼** 併也謂分者而合之於一也 **僵** 僕也偃也(二)不活動曰僵

·去

愆 過惡也(二)過誤也如誤期曰愆期 **搴** 取也 **汧** 水名在陝西源出隴州西北至寶雞縣入渭亦名汧陽河 **虔** 敬也如虔心(二)固也強取也(三)俗謂下賤之婦女曰虔婆

犍 牛之去勢者 **褰** 搴也(二)縮也 **諐** 與愆同 **謙** 卑遜不自滿也如言謙和 **騫** 虧損也(二)掀舉也

·地

鱣 魚名即鱘鰉魚參看鰉字 **顛** 頂也最高之處也(二)跌倒也(三)本也如顛末謂事之始終也 **霑** 濡也漬也亦作沾 **詁** 巧言也 **覘** 窺伺也

癲 狂也神笑不常顛倒錯亂喜經病之一種 **瘨** 病也狂也 **珍** 寶貴之物也(二)惜之也(三)美也謂美饌曰珍饈 **滇** 雲南曰滇(二)盛貌

沾 漬也濡也又謂利澤及人曰沾溉(二)習染也(三)輕佻也如言沾沾自喜 **敁** 敁敠稱量也亦作敁掇 **巔** 山頂也 **傎** 與癲同狂也

•坡

偏 中之兩傍曰偏側重一面亦曰偏(二)助辭出於不意曰偏如言偏不湊巧

楄 方木楄附棺中之具之木也與扁同署門戶

篇 凡文字一章首尾具全者為篇

編 簡冊相次也今書籍亦曰編(二)次序也如編排(三)編纖也如編竹

翩 翩翩鳥飛輕疾之貌(二)亦以喻人物風流文采者

艑 舟也

萹 萹蓄草名高七八寸葉似竹故亦稱萹竹可入藥用

褊 衣小也(二)狹也(三)急業

諞 巧言也詐也又音片義同

蹁 足不正也蹁躚旅行貌(二)

•他

天 諸星羅列之空間也(二)謂日曰天一日曰一天

靝 道書天字

添 益也(二)增加也

祆 胡神也波斯大曰神名火祆故稱其教教祆教

䑙 吐舌也

•增

搧 批也謂以手批面曰搧(二)俗借用為扇涼之扇

⿱扇鼓 鼓聲也

麞 獸名亦名麕又名麞似鹿而小無角毛褐色其革細輭可拭物及作袋用

獐 與麞同

鸇 鷙鳥名鷂屬也

⿱髟奇 女⿱髟奇垂貌

饘 糜也厚曰饘稀曰粥

餦 餦餭飴之乾者

韉 被於者馬以藉馬鞍背也

鄟 春秋時莒邑名在今江蘇省贛榆縣境

邅 迍邅難行不進貌

蹡 行貌

讝 讝語病者熱甚神昏而妄言也

譫 病中妄語也

諓 諂也(二)善言也(三)諓諓小善之意

詹 省也給也(二)多言也(三)姓也

羶 羊臭也

螿 寒螿即寒蟬似蟬而小色青至秋則鳴聲甚幽抑

蛅 蛅蟖害蟲名全體多毛觸之致痛俗呼為毛蟲

膻 與羶同又音誕胸中兩乳間曰膻

粻 食米也禮五十異粻

箋 表識書也(二)文體名奏記之類(三)書劄曰箋亦通作牋

章 文字起訖成一片段者曰章(二)明也如圖章(三)印也如圖章(四)式也如章程

瞻 臨視也(二)仰視也

璋 玉之半圭曰璋(二)謂生子曰弄璋見詩小雅

瑲 玉聲也

牋 同箋

熸 大滅也(二)師敗亦曰熸又音潛義同

煎 烹飪之法如煎魚等

瀸 漬也洽也(二)與殲通滅也

濺 濺濺水疾流貌又讀占水點躍出侵染之也

漿 俗讀作樟飲類之總名如酒漿豆腐漿(二)以面粉調水亦曰漿

漳 水名在山西又福建有漳江漳州漳浦皆因此而得名

湔 古水名在四川成都府境

氈 柔毛成片曰氈謂呢之厚者俗音支

椾 古牋字

栴 栴檀檀香之別稱

斨 方銎斧也謂斧受柄處期孔方者謂斨

戔 戔戔淺小之意
彰 同章明也顯也
張 施弓弦也(二)展也(三)大也(四)設也(五)琴一具也(六)紙一頁也又音帳平聲姓也
幨 車帷也

尖 末銳也如峯尖筆尖(二)物之佳者亦曰尖(三)旅行中途飲食憩息處曰打尖
將 也始也(二)苟且也如將將(三)送也(四)進甫如言日就月將又音占將帥

嫜 婦人為夫之父母曰姑嫜
噡 言語也
慞 與嫜同(二)慞偟驚恐貌
旝 與旃同
旃 旗曲柄也(二)助詞詩尚慎旃哉言也庶幾慎之也

·入

⿰爿龜 龜甲邊也
髯 頰毛也在顯者曰鬚在頰者曰髯(二)俗亦謂多鬚之人曰髯
瓤 瓜內部與瓜子相包如絮而多汁者是也他果植如橘柚之類邊所分各房亦曰瓤

獽 蠻族名四川簡州有之
瀼 露濃貌又音瀼水淤也
蘘 蘘荷草名高二尺餘葉似薑根可為菹

·時

仙 道家以辟穀修養能長生不老者曰仙(二)稱頌死者曰仙遊(三)銅錢曰銅仙
僊 與仙同(二)僊僊舞時軒舉之貌
商 度也商量也(二)行賈也貿易也(三)五音之一(四)星名(五)朝代名

儴 因緣也
孅 銳細也與纖通
愓 疾直貌又音蕩放也愓悍縱恣也
憸 詖也佞也書其勿以憸人
森 木多貌(二)盛也
欀 木名皮中有如白米屑者可作餅

殤 未成人而死也
湘 湖南巨川源發自廣西靈川縣海陽山流至湖南入洞庭湖今湖南亦稱湘
瓖 馬謂之瓖嵌亦鑲加飾俗飾(二)婦女釧
禓 逐強鬼之祭也亦謂之儺

相 共也又讀去聲形貌也二官名百官之長又音像辨人之形貌者也
秈 稻之不黏而早熟者曰秈
緗 帛淺黃色也古多用為書籤類亦以為書籍之稱如縹緗縑緗之故

纖 細也繒帛之細者引伸之故凡細小者皆曰纖
苫 茅草之屬故編茅房曰苫(二)居喪者以苫為席故父母喪未滿百日者曰在苫
褼 褊褼衣揚貌
襄 成也事成其事曰襄助

蓡 亦作參草名葉為掌狀複葉花小色白根供藥用略似人形故亦曰人蓡
襳 小襦也(二)帶也
觴 酒巵之總名三爵曰盛酒曰觴三謂事之本始曰濫觴
躚 同躚

躚 蹁躚旅行貌(二)躚躚舞貌
驤 馬疾行而首昂舉也如狀馬之踴躍先進曰騰驤
苮 草名似莞可以織席
勷 劻勷迫遽貌(二)俗借用為襄助之襄

•英

囦 古淵字

嗎 笑貌

央 中也(二)半也未及半夜曰夜未央(三)求也

姎 我也女人自稱之辭

崦 崦嵫山名在江肅天水縣西相傳日出處故今亦謂垂暮曰日薄崦嵫

弸 弓限也弓末曰簫中央曰弣簫弣之間曰弸見釋名

懕 懕懕安見爾雅也

懨 懨懨病貌

殃 禍也害也

泱 滃也雲氣起貌(二)水深廣也(三)大也

淹 浸漬也(二)久留也(三)深也如言學問淹通又音厭沒也

焉 助詞何也(二)形容詞與然字同(三)語已詞

猒 飽也通作饜

醃 漬肉也(二)凡以鹽漬物使不腐者皆曰醃

蔫 物不鮮也

鄢 春秋鄭地名在今河南鄢陵縣境

閹 男子去勢曰閹古皇宮用以守門故謂守門之官曰閹宦

鞅 馬頸革也所以負軛者駕車用之(二)鞅掌煩勞也

殗 本音浥病重也(二)殁也

鳶 鷹類之一種嘴較短而尾略長亦謂之鷂鷹(二)紙鳶戲具俗曰風琴

嫣 美也(二)巧笑態也

醃 鹽漬物也如醃魚醃肉等

•出

倀 狂行不知所向也(二)舊說虎齧人死魂不他適輒隸事虎名曰倀故言人之助虐曰為虎倀作

僉 皆也也眾籤通言之也眾(二)也眾共

嗆 鳥食也(二)飲食氣逆而咳嗽亦謂之嗆

扡 本作攞關卞查驗貨物之丁役曰扡手

昌 盛也如昌明二美言也俗亦謂直言曰昌言

杴 農器鍬屬所以取穀物者

娼 妓也俗亦作倡惟提倡字不可作娼

猖 狂駭也猖狂謂妄行而不可栓制也

簽 與籤同書文字以為標識者也(二)提署曰簽如簽名

籤 標識也(二)貫也(三)蓍具以柴或竹為之所以占吉凶者也

芊 芊芊草盛貌

菖 菖蒲草剪生於水邊葉有脊如劍狀俗於端午日名懸門上意可辟除邪疫遷

遷 移徙也(二)徙官曰遷(三)更易也

鏘 聲也(二)鈴聲也

閶 閶闔天門也

阡 阡陌田間道路也東西曰阡南北曰陌(二)墓道也

韆 鞦韆繩系植物為架懸繩與橫木下繫以板手握繩立板上令身向空而移動也

鯧 魚名似鯿身圓肉厚止有一脊骨鰊產近海中

•喜

辢 味辛甚曰辢(二)作事猛烈亦曰辢如辢手

辣 同辢

香 氣味芬芳也亦音蜂凡草木芬芳皆曰香如檀香俗屑之為祀神之具讀作鄉

蠉 蟲行貌環節動物之行動也

薟 豨薟草名莖方葉圓而尖花小色黃莖葉可供藥用 **薌** 穀氣也亦與香字通 **膷** 牛羹也見禮內則 **翾** 小飛也又與儇同急也利也

憪 愉也又音罕憪然不安貌又勁忿貌

●**嫋** **黏** 物質凝滯如膠也(二)相著也(三)膠附也 **粘** 同黏 **溓** 同粘相著也 **拈** 以指取物也

兼部上上聲

●**柳** **輛** 車數也車一乘曰一輛 **魎** 魍魎鬼怪也 **裲** 裲襠背心也 **蜽** 蝄蜽山精也 **臉** 目下頰上也俗亦謂顏面曰臉(二) **緉** 履兩枚也

噞 噞喁魚口上見也 **兩** 凡二數皆曰兩 **倆** 伎倆巧也才能也

●**邊** **惼** 與褊同急也性狹也 **扁** 物體之廣而薄者(二)扁額也詳匾字又音篇小也如扁舟謂小舟也 **碥** 見水疾傾謂之碥厓 **藊** 同稨

稨 豆之一種蔓生秋間結實成莢形扁而大可以為蔬

●**求** **鏹** 錢貫也亦沿用為金錢之稱如謂銀曰白鏹 **鹼** 土內所含質料性滑而味鹹可浣衣去垢今肥皂中含有之 **鹻** 同鹼日本人謂肥皂曰石鹻因肥皂中含有鹼故也

襁 織縷為之約小兒於背者如言繈褓 **繈** 同鏹錢貫也 **瞼** 目之上下皮也 **檢** 書函之簽曰檢二約束也三查驗也如檢點檢收 **減** 捐也少也數多而損少也

●**去** **傔** 侍從也 **囝** 閩人呼兒曰囝 **謇** 爾雅徒鼓謦謂之謇 **慊** 恨也(二)意不滿也又音怯足也 **歉** 食不滿也歲部豐收曰歉歉(二)凡不滿足皆曰歉如言抱歉歉仄

犬 狗也飼以守夜 **甽** 與畎同 **畎** 畎畝也一畝之間廣尺深尺曰畎(二)山穀通水之道處亦謂之畎 **繾** 繾綣厚意相著不離散也 **謇** 口吃難於言也(二)正言也(三)發語辭

譴 謫問也有罪被責罰也
謇 與謇同難言也
蹇 跛也(二)難也遲鈍也如蹇澀(三)驕慢也如偃蹇(四)馬之駑者(五)慢人曰蹇修
遣 送也發也謂之使行也如遣去遣散

•地
點 最小之痕跡也又書法以筆著紙即起曰點(二)文字塗改處曰點(三)時辰鐘一鳴為一點(四)檢核也如檢點(五)燃燒也如點火(六)小食也(七)指定也

輾 輾轉車輪循環不已也今謂事之反覆不定亦曰輾轉
蹍 踐也足踏貌
蕇 草名一名葶藶
碾 所以軋物使細碎之器如製藥所用之碾槽等是也

碘 化學非金屬原質之一色紫黑與鈉化合存在海水鹽泉之中可供醫藥等用
皶 皮內上(二)辱也如言有玷斯文之類魄膜也之玷病也又凡有缺點皆曰玷

榫 白理木也可以製器
展 開也(二)放款也如展期(三)省也審視也如省墓曰展墓省
典 法也常也(二)故事曰典(三)司也主也(四)質貸也如典當當押

•他
忝 辱也自謙之詞
餂 鉤取也
靦 慙貌
譋 同諂
諂 以言媚人也
蚕 蟲名蚓屬俗借為蠶字用
腆 厚也無不豐厚曰不腆(二)善也

淟 濁也
捵 以手撥物使之前進曰捵
㥏 慚也

•增
俴 淺也
劗 與剪同
帴 狹也又音箋與韉通
戩 盡也戩穀謂盡善也見詩經
揃 翦也又音箋箋識也
熸 火點餘之灰曰熸

畛 田間阡陌也疆域亦謂之畛域
疹 病名因血熱蒸鬱而皮膚發生小紅點如麻疹是輕者曰風疹有傳染性
眕 目有所限而止也(二)安重貌謂忍耐而不輕舉妄動也

紾 繩轉也(二)戾也翦俗作剪翦刀也(二)斷也(三)削也(四)滅也袗單衣也診視也驗也讇淺也如言讇陋謂見聞淺陋也贐與賮同送行者所贈也

賫 同贐
踐 足所至曰踐(二)實行曰踐如踐約踐言
軫 輿侯橫木也(二)轉戾也如轉輾思念曰軫念(三)欒器捩弦使緊之具曰弦軫
餮 原音鐵貪也(二)饕餮也

颭 凡風之動物與物受風搖曳者皆謂之颭
餞 以酒食送行也又餞晉糖漬果物俗謂之蜜音
鬒 髮美也
黰 同鬒髮美也
剪 俗翦字裁衣之具

入

嚷 人聲喧鬧曰嚷

穰 禾莖也

染 以水和色浸布帛使受曰染猶書畫之染色又漸漬其中曰染如沾染習染

醲 醞也作酒曰醲酒二事之逐漸做成亦曰醲如醲禍

衵 衣緣也又婦人蔽膝也

蠰 蠰谿蟲名似蝗而小

蚒 火蛇名長者三四丈肉可食膽亦可入藥

苒 荏苒猶言展轉也如言光陰荏苒言時間之速也

禳 祭名以除癘殃者也

涊 泱涊垢濁也

攘 擾亂也又音瀼竊也因其自來而取之曰攘(二)排去也

壤 桑土也土無塊曰壤(二)地也如天地亦曰天壤或曰霄壤

冉 冉冉行貌(二)姓也冉有冉佁牛皆孔子弟子

時

哂 微笑貌

想 有所欲而思之也(二)憶也

毨 理也謂毛更生整理也

燹 野火也(二)兵亂縱火焚燒曰兵燹

獮 秋獵為獮

矧 助詞況也

癬 皮膚病之一種與疥相類聚結一處而漸蔓延者也

睒 窺也(二)光也

蘚 隱花植物叢生於溼地及古木嚴石上葉之配列形狀似螺旋與苔異種

跣 不著履以足親地也

銑 今之最有光澤者今亦謂鐵之初經鍊者曰銑鐵

閃 側身避之俗謂之閃(二)暫見也瞥然一見者曰閃(三)電光亦曰閃電

陜 陜西省名又地名在今河南省周初為周召二公分治之所今為縣名俗做陜非

鯗 乾魚也

英

遠 近之反(二)深奧也(三)延長也(四)疏遠也

鼴 鼠名生活於土中眼極小陷入肉中鼻銳尖捕食蚯蚓等物亦名鼢鼠

鼹 同鼴

黶 皮膚黑色小點也

鰋 魚名即鯰魚也腹白俗亦謂之白魚

養 長育也又音恙下奉上也如供養

隁 本作堰築土障水也

郾 縣名隋置屬河南開封道

蝘 蟬屬

蛘 米中害蟲背有甲亦黑色俗謂之蛄羊

薳 本音偉草藥名即薳志

罨 罔魚也網之從上掩下者俗謂之撒網(二)掩覆之亦曰罨

瀁 瀁瀁無涯際也二古漾字

渰 雲南貌一說雲氣溫潤也

檿 木名山桑也其材可以為弓

棪 木名異物志梓棪材貞勁堪作船其實類棗

揜 取也(二)遮蔽也與掩同

扊 扊扅戶扃也所以止扉者

掩 斂也器物小口曰掩口(二)閉門曰掩門(三)遮也(四)乘其不備而覆之曰掩

弇 蓋也謂覆蔽也(二)器之口小中寬者亦曰弇

奄 覆也包羅一切統括而又之曰奄有(二)奄人宦官也

堰 壅水做土壩也

坱 塵埃也

匽 陰溝也又與偃通

偃 僕也(二)臥也(三)休止其事亦曰偃如言偃武修文(四)偃蹇困頓失志貌

• **杳**

偯 哭餘聲也

僶 與黽同

免 不用也(二)黜也又音問喪禮去冠括髮也

冕 古者大夫以上之禮冠也

勉 盡力也(二)勸之使盡力也如勉勵

勔 勉也

憫 哀憐也

敏 疾速也如敏捷(二)聰慧也

暋 強也書暋不畏死

沔 水名即漢口在湖北(二)水流貌

浼 以事託人曰浼(二)汙也

湎 沈湎謂好飲酒沈迷而不返也

泯 又音民盡也(二)消滅也

娩 產子也謂婦人生子曰分娩又音晚媚也柔順也

挽 同娩產子也

閔 憂患也疾病死喪之事皆曰閔(二)與憫通痛惜之也

鰵 魚名背褐色腹白色口大鱗小有細齒如絨毛常棲息於深海之岩礁間

黽 勉也

眄 邪視也

潣 憂也能憐恤也不

• **語**

仰 舉首向上也(二)以尊命卑曰仰今官文書用之(三)敬慕之曰仰

儼 敬也(二)貌莊嚴也

廣 屋之一邊斜下者

玁 玁狁古北狄名

隒 岸也(二)山之形式也

齞 脣不掩齒也

• **出**

闡 闢也(二)也明顯

蒇 備也有了結之意(二)敕也

燀 火起之貌

淺 水不深也又凡內容無深意者皆曰淺

氅 析羽為裘也(二)旌旗之屬

袒 日長也

敞 高顯也露也開也

惝 惝怳失意不悅之貌

廠 無壁之屋也近謂多人聚集作工之處曰工廠

• **喜**

㬎 古顯字

饗 古以飲食待賓客最重之禮曰饗其次謂之宴(二)合祭也(三)與享通享受也

顯 明也(二)有聲望也(三)子孫稱其先人曰顯如父死曰顯考母死謂之顯妣

响 同響

響 聲也又應聲也(二)聲之高者

韅 馬服之革也

險 地勢不平坦而難行者曰險引申之凡事之不安平者皆曰險

蠁 肸蠁蟲名蚊類眾有聲亦謂之肸蠁喻興盛幽冥間髣髴聚多而向暗故亦以 **獫** 長喙犬也 **晌** 晌午將及午或纔過之意(二)半晌猶言片時也

幰 車幰也 **享** 獻也奉上也(二)祭祀亦曰享貴賓客亦曰享(三)消受也如享福用是

• **嫋**

斂 聚也如斂財聚斂(二)收藏也如斂手斂跡(三)凝聚而不發散者亦曰斂 **殮** 亦同殮殯殮也

兼部上去聲

• **邊**

變 更改也如變法(二)災異也凡死喪禍亂之事皆曰變如變故(三)權術也如機變

• **求**

劍 兵器名兩面有刃而銳其端可擊可刺者也(二)或作劒 **見** 視也(二)意識也如見解(三)被也如被害曰見害

• **去**

欠 張口舒氣也如欠伸(二)不足也如欠缺(三)負人財亦曰欠如欠帳

• **地**

癜 皮膚現紫白色之病也 **痁** 多日之瘧曰痁 **掂** 本作敁以手估物之輕重也 **店** 置貨賣物之處曰店旅舍亦曰客店 **墊** 下也(二)圩墊築土捍水也俗讀作念

• **坡**

騙 躍而乘馬也(二)以言欺人也如言詐騙 **片** 物之薄而平者曰片如木片紙片(二)半也(三)俗謂名刺曰名片

• **他**

鬯 祭祀所用酒也以香草為之與暢字同和也茂也 **暢** 達也如通暢(二)充也盡情酣適曰暢如暢飲暢敘(三)與鬯同和也 **韔** 弓衣也弢也

• **增**

顫 因寒而四肢搖動也 **障** 隔也(二)蔽也(三)屏風也(四)建築物藉資以遮蔽捍衛者曰障如堤岸曰堤障 **瘴** 山中溼熱之氣人中之輒病 **奬** 獎同奬稱以助成之也賞

奬 助也(二)嘉美也(三)賞也 **漲** 水高也(二)貨價高亦曰漲物體擴張亦曰漲 **戰** 兵爭也(二)鬥也(三)懼也(四)顫動也如寒戰謂受寒而身顫也 **悵** 失意也如惘悵悵惘

嶂山峯如屏障者曰嶂 占據為己有曰占（二）口述其事今人書之曰口佔又音詹蔔以決疑曰占 佔與占同擅據也如侵佔亦與覘同	•時 掞舒也又音豔義同 滲田微孔緩緩下漏也	•英 饜食飽足也 讌會飲也 映照也光線返射也 怏怏心不滿足也（二）悵恨也 嚥同咽吞也	厭滿足也（二）惡也事物饜經其心而覺其煩皆曰厭亦過於滿足之義	•出 倡始事曰倡如提倡又音昌倡優女樂也與娼通亦與猖同 僭假也儗也謂在下者之假借比儗其上也如言僭竊僭越 唱發歌也（二）導也 塹坑也（二）繞城之水也	幝車弊貌	•喜 向對也謂所對之方位也（二）趨也（三）昔也如昔日曰向日四有近字意 鄉與向同（二）引導也又與嚮嚮同 憲法令也（二）俗稱上官曰憲 曏曩時也 晛小視也	獻進也下奉上曰獻 絢文飾也（二）絢爛光彩炫耀也 舋同釁隙罅也（二）動也 釁同舋（二）禍也（三）相爭也 釁以牲血塗器也以香塗身亦曰釁（二）瑕隙也同釁	餉商貨所征之賦也（二）饋也（三）俗謂軍用之銀米曰軍餉 饟同餉以食食也（二）糧食也 献同獻	•嫋 捻俗謂以兩指相搓曰撚又音業捏也	兼部上入聲	•柳 喦多言也與山喦之喦異

· 邊

瘪 飽滿之反如言乾瘪

鱉 跛也（二）鱉鱉旅行貌（三）用心力之貌

· 求

祮 持衣襟使向上也

袚 衣後裾也

砌 石似節足動物長寸許肉砌蝦可供食用

絜 同潔清也又音纈絜也度也

硈 硬也

潔 清也淨也（二）修治也

揳 與絜同揣度也

劫 奪也強取也（二）勢脅也（三）災阨曰劫

刧 俗劫字

刦 同劫強取也

· 去

佶 壯健貌

劂 曲刀也用以雕刻者

劼 慎也

郤 同卻

卻 不受也（二）退後也（三）助詞了也（四）還也小說每回開首曰卻說承上文而言也

厥 其也（二）同瘚逆氣也

臾 漢書臾詬亡節言無志操也

孑 單也獨也（二）特出貌（三）孑孑蚊之幼蟲也

嶡 古祭器即俎之異名也

帢 帽名

彏 弓急張也

怯 懦也多畏曰怯（二）弱也

恪 敬也指處事而言

恰 適當之詞如言恰當

戄 遽視也（二）敬貌

拮 拮據手口共作也亦謂境況之窘迫者

撅 掘也又音劇揭衣也

掐 爪按曰掐如言掐指計算

擷 將取也（二）同襭

攫 撲取也奪取也

橛 杙也（二）門梱也（三）馬銜也（四）斷木亦曰橛

㶁 水聲

犵 犵狫蠻族名廣西湖南貴州皆有之

獗 猖獗盜賊勢盛也

玃 大猴也

瘚 氣逆閉而驟失其知覺運動也

矍 左右驚顧貌（二）遽視也三矍鑠老人康健之貌

秸 禾槀去皮也

纈 結也結繒綵為文也

蕨 草名葉似拳嫩時可食其莖中多澱粉可做粔籹

虢 周時國名見左傳

蟨 獸名見爾雅

蠼 蠼螋蟲名多在壁間板陰下溼之地長不及寸人觸之輒放毒液以自護

襭 以衣衽扱物也

詰 問也（二）詰朝明日也

貜 貜父獸名猴屬

蹶 蹋也（二）失足顛僕也（三）竭蹶顛倒也又勉力支持也（四）遽也

蹷 同蹶氣逆上而眩僕也（二）蹷蹷驚動貌

躩 足盤辟而為敬也論語足躩如也（二）疾行也

鍥 鐮也（二）古與刻字通

钁 大鉏也

頡 頡頏飛鳥飛上曰頡下曰頏

鱖 魚名巨口細鱗背鰭有刺甚硬色青微黃有黑斑腹淡白色味美可供食

挈 懸持也（二）提也

·地

鮿 婢鮿魚即鰟魮鯽詳鰟字(二)魚乾也 銍 穫禾短鎌也 郅 鬱郅漢縣名今甘肅慶陽縣治二至也三姓也 迭 更迭也猶言輪流謂彼此互相遞代也

輒 獨也專擅之則(二)每也(三)猶即也詞也 輊 車前高曰軒車後低曰輊故言遇事以意為輕重曰軒輊 輊 軋也凡由圓軸壓逼而過皆曰軋勢相傾也以勢力傾壓之曰傾軋

跮 跮踱乍前乍卻也 跌 蹎蹶也而言跌倒(二)文字故同頓挫亦曰跌又讀下入聲義作 袠 同秩十年為一袠又與帙同書函也 袟 劍衣也(二)裎也(三)與秩字通

螲 螲蟷蟲名蜘蛛之類 蜇 海蜇一名水母生江河中浮遊水面形如鐘質柔輭網取之可供食 蛭 螞形動物一名水蛭狀似蚯蚓其大者曰馬蛭亦名曰馬蝗

膣 女子陰道上通子宮一名生殖口 耋 或作耊老也八十歲曰耋 绖 喪服所用麻也在首在腰皆謂之绖 紩 縫也索也 窒 塞也(二)梗阻也

秩 自然之序也如秩序(二)官職也(三)祿也(四)常也(五)敬也六十年為秩 瓞 瓜之小者詩緜緜瓜瓞喻子孫之世世相繼也 桎 桎梏足械也所以拘罪人者 柣 門限也

晢 與哲通也也又音制星光明見詩經 昳 日過午也 揠 拔也亦音斡 挃 挃挃穫未之聲 抶 擊也撻也左傳抶其僕以徇 庢 礙也(二)亦與厔同

帙 書衣也盛書之套也(二)書一函亦曰一帙 峌 峌峴山高貌 墆 貯也(二)止也高也 垤 蟻封也謂蟻穴之口積土成堆者 圠 土密凝也

喆 與哲同喆嗣與哲嗣同稱人之子也 哲 人也謂賢智之智曰哲同喆 厔 水曲也(二)盩厔縣名今屬陝西關中道

·他

轍 車輪所輾之跡也 貼 補其不足曰點(二)黏置也(三)切合也(四)妥適也如妥貼 ⿰角枼 帶鉤岐頭也 硩 挑摘也 澈 水澄清也(二)明白事物曰洞澈

撤 除去也如撤退 掣 亦音制牽制之也如掣肘(二)抽取也如掣籤 怗 同帖服也妥帖也(二)懘也 帖 紙片摺疊者曰帖如習字帖請帖等類(二)定也如妥帖又服從之曰帖服

徹 通也如貫徹透徹(二)除去也今作撤(三)取也(四)周時田賦之名 屮 草木初生也 呫 呫嚅呫囁附耳小語也

● 增

酌 飲酒曰酌(二)商量而行也如參酌斟酌

芍 芍藥花名高一二尺葉為複葉初夏開花有紅白等種根可供藥用

睫 目旁毛也故喻言至近之地曰眉睫閉目安睡曰交睫

眨 目動也

皭 白色也淨也潔白也

癤 外症之小者都因血熱所致

爵 酒器也俗謂之爵杯(二)爵位古分公侯伯子男五等

爝 火炬也

焯 與灼同明也

灼 燒也炙也(二)明也

浹 濡染深透之意如浹洽(二)周匝也自子至亥周匝十二日曰浹辰

汋 激水聲

椄 續木也(二)果名實似麥

斫 以刃擊之也如斫木

接 合也(二)會也(三)承受也(四)連續也(五)待也如迎接又音折義同

彴 橫木渡水也蘇軾詩略彴橫秋水

妁 媒人也

墍 疾也(二)火之餘燼也(三)治土為甎曰墍

嚼 以齒碎之也(二)辨其味亦曰嚼

即 近也(二)急速也如即刻(三)彼此是一非二之謂如言某即某之類

勺 挹取也通作酌(二)量名升之百分之一為勺十勺為合(三)器名即湯匙也

喞 小聲也

倢 倢仔漢女官名

彴 與彴同橫木渡水也又音雹彴約奔星也見爾雅

● 時

偰 姓也

儵 倏本字

媟 與褻通狎也慢也言因相愛而脫略形迹終至相慢而無禮也

屑 碎末也(二)細也(三)事物輕視不加意曰不屑

屧 屐也

暬 與媟同

楔 振也用物支撐之亦曰楔(二)助力器上平厚而下扁銳(三)小說之引端曰楔子

歰 與澀澁同不滑也

澀 不滑也

澁 同澀

濇 同澀

倏 倏忽急速之貌

燮 和也

紲 牽引牲畜之繩也

翜 捷也謂飛之捷也

翣 棺飾也其形如扇置於棺之兩旁者(二)大扇也

萐 萐蒲水草名亦作萐莆

褻 同媟褻瀆也(二)私服也(三)穢也

設 布列也如陳設(二)籌畫也如設法設計(三)創置也(四)假借之詞如言設使

譅 言難也

躞 躞蹀行貌

鈒 兵器名鋋也或作鏾

霎 小雨也(二)霎時謂時間之迅速者

● 英

呹 小聲也

噦 氣逆而口發聲也詳嘔字又音穢馬鈴聲也

嚈 嚈噠古國名

壓 自上抑下謂以力加其上也

擪 下指按也

爍 灼爍光也亦與鑠通

瀹 責也(二)疏瀹治河之事謂開濬而去其壅塞也 礿 時祭名春曰礿夏曰禘秋曰嘗冬曰烝 禴 與礿同 籥 樂器名三孔似笛(二)與鑰同 螉 蠮蠮蟲名蜂之小者

龠 同籥(二)量名容千二百黍十龠為合十合為升見漢書律曆志 躍 跳也 鑠 以火銷金也(二)美也(三)光明也(四)矍鑠精神強健之貌 鑰 開鎖之具俗謂之鎖匙

靨 笑時口輔之微渦曰靨 魘 夢中遇可懼之情形因而驚醒者謂之魘 爚 火飛也爇也或作鑠(二)電光也

·語 陧 危也 齧 噬也謂齒相切以斷絕之也 槷 枘鑿相入其鏬縫更以撥固之也亦作楔(二)柱也(三)射之正中曰槷 嚙 與齧同

·出 竊 盜也盜物之人也(二)謙詞私也(三)亦用為發端詞 妾 男子謂正室曰妻副事曰妾(二)女子之謙稱書牘中多用之 婼 人名魯夫人叔孫婼見左傳又音兒婼羌漢西域國名

戳 槍刺也(二)圖記曰戳記 切 以刀斷之也一刻也治骨曰切今謂互相勉勵曰切磋(二)不泛也如情切(三)貼近也如親切(四)密合也(五)斷定也(六)按脈也(七)兩音相合疾呼曰切(八)概也

散 皮裂也 綽 緩也又綽約柔弱貌(一)寬裕也 趠 與逴同遠也(二)行也 逴 遠也(二)逴躁超絕也 雀 小鳥名俗呼為麻雀(二)雀善跳躍故言人之欣喜踴躍曰雀躍

辵 乍行乍止也 鵲 鳥名形似烏俗以其鳴為吉祥亦呼曰喜鵲 踆 踆蹀行貌

·喜 割 破聲也 洫 溝洫田間水道也(二)虛也又音逸深貌 蠍 蟲名體有環節八足末有鉤刺螫入有毒

·嫋 躡 蹈也步之輕而疾者曰躡(二)追隨也 鑷 所以鋏除毛髮之器也 韘 射決也 顳 顳顬耳門骨也 囁 口動也(二)囁嚅欲言又止也狀人懦怯之詞

聶 附耳私語也(二)薄切肉也(三)合也(三)姓也 籋 鉗也(二)與躡字同 灄 水名又二源一出湖北一出河南 涅 染黑色之物也(二)水名在山西 欇 木名

攝 引持也如攝衣(二)取也(三)收斂也如照相曰攝影(四)養也如調攝(五)整飭也如統攝(六)兼也代也 捏 摶土使黏合也本作捻(二)相牽合附會亦曰捏如捏造捏稱俗作捏

茶 疲貌莊子茶然疲役而不知其所歸 **踂** 兩足不相過也見穀梁傳

兼部下平聲

•**柳** **漣** 風行水上成文曰漣(二)水名在湖南湘水之支流也(三)漣漣垂涕貌 **嗹** 國即丹麥見海國圖志嗹嘍多言也 **梁** 同樑橋也(二)物體隆起之部也如鼻梁等(三)古國名朝代名亦音娘

憐 哀矜也(二)愛也愛惜也 **椋** 木名葉似柿子細圓如牛李其木堅重煑為汁色赤 **槤** 木名似橘果曰槤子多產廣州皮供藥用 **粱** 穀類植物即粟也

涼 溫之反輕寒也(二)薄也(三)東晉時國名即今甘肅之地是 **良** 善也(二)物美也(三)深也如言頗久曰良久(四)助詞信也如言良有以也 **謰** 謰謱小兒語也即絮語不清之意

輬 轀輬也參看轀字 **連** 相接也相續也(二)陸軍以(一)排為一連 **鏈** 鉛之未鍊者又音鍊金類為環而相連續者曰鏈

•**求** **鹹** 鹽味也

•**去** **槭** 篋也(二)信封曰槭 **強** 壯盛也(二)堅硬也(三)勝也(四)暴也又音檢勉也勸也亦作强 **箝** 鎖項也(二)脅持也如箝制箝口 **鈐** 鎖也(二)鈐記印信之一種(三)用印亦曰鈐印

緘 封也如緘口不言今緘器物封口曰緘故書函亦曰謂 **鉆** 與鉗同 **鉗** 鍛者挾鐵之具束頸也夾鉗(二)古刑法之一以鐵俗謂之亦作鉆箝 **岒** 岒峨不齊貌岒嶙石聲也

乾 八卦之首天也(二)乾卦三陽故以喻男子如言乾宅乾造(三)又音干燥也(四)枯竭也五不有其事而居其名曰乾如乾爺乾娘等 **拑** 與鉗箝同 **黬** 釜底黑也

•**地** **甜** 味之含有糖質者(二)味甘亦曰甜(三)熟睡已曰甜 **菾** 疏類一名莙蓬菜園圃多種之葉為長卵形色青白形狀似菘

•**他** **瑱** 俗填字 **嗔** 亦音瞋怒也 **填** 塞也(二)凡補其空闕皆曰填如填寫之類 **廛** 一夫所居曰廛(二)商賈所居之屋亦曰廛 **恬** 安也靜也 **湉** 安流貌

濹 水名在河南 畂 治田也(二)田獵也並見書經 眴 目貌大戴禮人生三月而徹眴然後能有見注眴精也轉視貌 碩 石落聲(二)柱下石也

躔 踐也(二)次也星次為躔 鈿 婦人首飾 銛 利也兵刃鋒利者曰銛 闐 盛也滿也

·入 然 同燃(二)允許也(三)如此也(四)應言也猶是也(五)承上啟下詞(五)語助詞 燃 燒也 𤏸 古然字 撚 以指拈物也 肰 俗然字

·時 儃 儃佪猶低徊儃謂留戀不進也又音亶儃儃舒閒貌 嫦 嫦娥也詳姮娥字 嬋 嬋娟也態也狀人物美好之辭 庠 學校也 徜 徜徉徘徊也(二)逸蕩也

檐 亦作簷屋檐也 澶 古水名在今直隸開州西南也金(二)又音憚澶漫縱也(二)遠也烊鎔 祥 福也吉也(二)喪祭名三年之喪期而小祥又期而大祥見禮記

禪 代也(二)靜也釋教曰禪又音膳去聲掃地而祭謂之禪 簷 與檐同凡物之下覆其冒出之邊皆曰簷如帽簷傘簷等 蟾 蟾蜍蛙之大者(二)舊謂月中有蟾蜍故謂月曰銀蟾

翔 回飛也敖遊也 蟬 蟲之善鳴者夏秋常見於樹上種也類甚多有蚱蟬茅蜩蟪蛄等種(二)續(三) 詳 審也(二)語備也(三)官文書之一種下級官對於上級官之報告曰詳

裳 上衣曰衣下衣曰裳 瑺 玉名 襜 衣蔽前曰襜車帷也(三)整貌(二)

·英 易 古陽字 鹽 食品中鹹味之原料以海水曬乾或煎熬而成又有池鹽井鹽等種 鷊 鷊鶂海鳥也 颺 風所飛揚也(二)鳥飛去也亦以喻人逃逸曰遠颺(三)亦與揚同

陽 陰之反日也(二)山南水北曰陽(三)陽世陰世也 阽 危也亦讀如店義同 鐊 與鍚同 鍚 馬額飾也刻金屬為之有鳴聲亦曰當盧 鋋 鐵把短矛也(二)刺也

郔 春秋鄭地名在今河南鄭縣境又楚地名在今河南項城縣境 蜒 蜓蚰軟體動物名與蝸牛同類異種(二)蜒蜒蠕行貌 紈 縉之細澤有光者(二)紈袴貴族子弟所服也

綖 冕上覆也 筵 竹席也 瘍 癰疽及皮膚病之統稱 痒 病也與瘍通創也 㺊 蠻族名在廣西貴州之界 爓 沈肉於湯也又音尋義同又與燄同火光也

次 涎本字小兒之外衣可以受次者
氙 與氦同空中氣也
楊 木名似柳惟柳枝下垂楊枝上挺俗多以楊柳合稱
梃 木長也
駚 與揚同駚歷言仕宦所經歷也

暘 日出也又晴也
揚 舉也如水之楊波風之揚塵(二)稱也如揄揚(三)顯也如揚名
徉 彷徉徜徉猶徘徊也
佯 詐也
埏 地際也如八埏謂地之八際也

• 杳
宀 交覆深屋也
綿 同緜
緜 新絮也通不絕也如
緜 延長作綿
緬 藐遠貌又思貌

• 語
儼 威儀整肅也
妍 媚也麗也美好也
揅 摩也與研通
閻 里中門也

• 出
嬙 婦官名(二)嬙嬡妃嬪也
廧 廧咎如春秋狄之一種與牆同又與嗇通
檣 船帆柱也俗謂之桅竿
潛 藏也不使人知也(二)涉水也
灊 水名即今渠江

燂 火熱也煖也(二)炙爛也
萇 萇楚即羊桃也(二)姓也
薔 薔薇落葉灌木花甚香可製香水(二)又音色即水蓼草也
蕁 草名即蕁麻

長 短之對(二)水久也(三)遠也(四)常也(五)善也(六)又音蔦幼之反(六)首列曰長

• 喜
儇 彗利也便捷也
嫌 一疑也(二)不滿意亦謂之嫌
嫺 (一)雅也(二)習也
泫 困泫水深廣貌又音玄上聲流涕貌
璜 玉之半璧行者為璜
痃 橫痃病名多由梅毒而起

玄 黑色無光澤者(二)幽遠也深奧曰玄妙(三)曾孫之子曰玄孫
癎 神經之病卒然倒仆吐涎沫為羊豕之聲手足搐搦者是也亦曰羊癲風
瞯 視也覘也
舷 船邊也

蚿 馬蚿蟲名俗稱香油蟲
衒 自矜也自媒也
賢 德行才能過人者曰賢如聖賢高賢(二)善之也(三)勝也
鉉 鼎扛也謂所以貫鼎而舉之者

閑 闌也限制出入範圍也(二)習也與間通(二)限制亦曰防閑
鞙 縛大車軛之皮繩也
鷳 亦作鷳(二)白鷳(三)鳥名似山雞而色白長江以南產生最多

• 嫋
帘 酒旗又蔽门之幕曰門帘
廉 贪之反清廉也(二)側隅也
濂 濂溪水名在今湖南道縣
磏 厲石也(二)一曰赤色
簾 編竹作幃箔用以障蔽也
鬑 鬑也一曰長貌

籢 盛鏡之器與匳同盛香器

蘞 烏蘞莓蘞草名根經課入藥又音斂蔓草名有赤白蘞(二)種皆可入藥

鐮 與鐮同農具用以收割即刈草者古謂之鐮鉤俗謂之曰鐮刀

鮎 魚名體圓長頭大尾扁無鱗多黏質亦稱鯰魚

奩 本作匳鏡匣也

匳 鏡匣也盛香器也今稱嫁女之物曰粧匳俗作奩

兼部下上聲

·**柳**

亮 明也韓愈詩輝煥朝日亮

倞 (一)遠也(二)與競同僵也

吝 惜也鄙吝也書吹過不吝

喨 嘹也清聲遠喨

藺 (一)多年生草莖可編席又名燈心草(二)姓也

甐 (一)動也(二)敝也

諒 (一)實也小信也(二)原情揣意之詞如諒能諒可(二)俗謂恕人曰諒如原諒

躪 蹂躪猶踐踏謂傷害之也

量 (一)分限也又事物之大小多少皆謂之分量(二)凡能容受謂之量如度量局量(三)又讀如娘商酌也如言商量(四)凡稱輕重度長短及多少皆曰量

悋 與吝同

·**邊**

便 順也(二)利也(三)宜也(四)如言便宜便利(五)人所便利以事託之亦曰便

卞 (一)躁急也(二)法也(三)卞急言性情躁急也

弁 官冠名武古名曰弁

忭 喜樂也

抃 兩手相擊也如鼓掌

汴 古水名(二)今稱河南曰汴

辨 (一)判別也(二)明察也(三)較量事物之是非也(四)如辨駁(五)明辨(六)亦作辯

辯 同上爭論曲直也

采 辨本字與采字各別

閞 門欂櫨也謂即柱上方之木也

·**求**

鍵 鑰牡也俗曰鎖簧

鞬 馬上盛弓矢之器也

揵 以肩舉物也(二)閉塞也(二)立封界也或曰接也

健 強而有力也(二)精力強壯曰健如健示康健(三)才力強幹曰健如云健武類

楗 限門木也又音蹇馬行不利也

踺 足也之戲具蹴

腱 筋頭也

建 立也置也如云建設(二)斗柄所指曰建陰曆正月曰建寅二月曰建卯謂斗柄旋轉所指十二辰也故謂月大曰大建小月曰小建(三)福建省名也

•去

儉 約也有節制而不妄費者也

芡 果類植物生止水中花莖及葉皆有刺夏日莖端開花如栗毬可供食

•地

墊 溺也下也凡襯托之使厚而高者皆曰墊

奠 (一)定也(二)薦也頓爵神前也今喪皆曰奠謂致祭品於神前也

居 戶牡也

淘 舉淀同順天七里海有鯽魚淘亦作甸

淀 淺水也同湖泊之屬

澱 (一)滓也(二)波之漾曰澱(三)水之粉末曰澱(四)與靛通

甸 畿內區域五百里之地曰甸

簟 竹席也

電 萬物所具一種感應力吸力甚大而遠可利用以代人力天然者為雷電

•他

掭 火杖也

殄 俗讀如診盒也絕滅之意

•增

仗 兵器總名如儀仗即鹵簿謂貴顯出門侍從兩軍相交曰開仗

暫 不久也須臾也

杖 老人所執以扶行者

漸 物徐也不速之意

蹔 與暫同

•入

讓 以辭相責也(二)謙退也凡先人後己皆曰讓(三)如冲讓(四)己所有物讓與

•時

上 上等者曰上如高壽曰上壽又卑對尊者之稱如上官上司

善 (一)惡之反心正二行修曰善(二)美也利也愈者也

墠 掃除其地以祭也

嬗 與禪同更相替也

墻 白埴土也和油塗飾門屏俗謂之白墻

尚 庶幾也猶也(二)加也(三)崇也主也(四)配也

擅 專業謂以己意處置其事也(二)如擅權(三)據也據而有之曰擅(四)如擅也

裖 同脤祭社生肉也

脤 社肉也祭肉生者曰脤

腎 (一)生理學名詞(二)有腎臟(三)外腎之別(四)腎臟俗稱腰子為分析血中廢料成尿液之器官(二)外腎為構造精子之器官亦名睾丸

繕 補也(二)勁也(三)治也備也(四)繕寫也

膳 具食也

蟺 曲蟺蚯蚓之別名

襐 飾也

橡 (一)果名即櫟實俗稱橡子(二)木名產於熱帶取樹幹中白汁熬膠可製皮毬

鄯 鄯喜漢西域國名在新疆道布淖爾北又有鄯善縣屬迪化羅

鱓 同鱔

鱔 魚名似鰻細長體赤褐腹黃故亦稱黃鱔亦作鱓

·英 兗 (一)濟水之源也(二)兗州地名(二)姓也 恙 (一)憂也見爾雅(二)病也風俗通噬蟲能食人心古者草居多被此毒故相問勞曰無恙 漾 (一)水名在陝西寧羌縣(二)搖動貌(二)長也

沇 古濟水之源 涎 口液也又音羨迤涎邐迤相連也 煬 蔽於火前也又音陽(二)鎔金也(二)或作烊 延 引長也如延年 琰 (一)璧上起美色也(二)圭之銳上者

瑗 玉也大孔璧名 癢 膚欲搔也膚受至微之刺激則發生此感覺 羨 貪欲也(二)心所愛慕亦曰羨(三)餘也(三)溢也 胤 子孫相承續也(二)繼也(二)嗣也

衍 流也(二)溢也(三)延也如曼衍蕃衍(三)美也五澤也 褑 佩衿也為繫物之佩帶也

·出 囅 囅然笑貌

·嫋 念 (一)思念也(二)諷頌也(三)俗借為二十曰念 䇼 竹索也

兼部下去聲

·柳 健 雞雛曰健 楝 木名實如小鈴俗名金鈴子 湅 與練通煮絲絹熟也 練 同湅(一)熟絹而柔軟潔白也(二)習也(三)如訓練(四)教練

鍊 冶金也(一)鎔金類使精曰鍊(二)凡精到者皆曰鍊(三)文字之鍊句(四)鍊字 煉 以大燃冶物也與鍊通

·去 蝹 蝹臺山名

·時 暹 本音纖日光升也(二)暹羅國名

·英 灩 水動也水溢也 炎 火光上也(二)焚也(三)熱也 焰 光也 燄 火行貌(二)俗之火苗(二)氣燄謂 艷 同豔

豔 容貌豐美好也(二)文詞之美亦曰豔(三)羨慕也(四)俗作豔

焱 火華也

• 語

醲 酢酒也液醴之醲(二)酒醋味厚也凡厚者皆曰醲

驗 證也考視野如試驗驗看效也如言成驗

• 喜

炫 光耀也明也

• 嫋

唸 與念通諷誦也

兼部下入聲

• 柳

冽 寒氣也

列 行列也直者曰行橫者曰列

㓹 利也

慄 因懼而肢體戰動也

捩 手接物而轉之曰捩

撂 撩取也俗亦謂撩開曰撂開

擽 擊也

晾 就通風處吹乾之曰晾

栵 木名即栗之原種

㮚 古栗字㮚氏攻金之工鑄量器者也

洌 (一)水清也(二)酒清亦曰洌

溧 溧水水名在今江蘇溧陽縣

烈 (一)火猛也(二)功業也(三)剛正也(四)如烈士(五)暴也(六)如酷烈

略 (一)簡也(二)粗也(三)詳之對(四)謀略也(五)要也(六)取也

篥 觱篥吹器也九孔者軍中吹之以為號也

粒 米粒也凡物之細者曰粒

茢 苕也以為之帚所以掃除者(二)草名石芸也

栗 木名實有穀斗甚大刺如蝟毛外硬穀仁淡黃色可食(二)堅也(三)威嚴也

鬣 長鬣也(二)獸頸之毛曰鬣豕曰剛上

鴷 鳥名即啄木鳥也

• 邊

別 分也(二)離別也如言作別送別(三)不在範內曰別如言別情別故之類也

• 求

偈 (一)武貌(二)佛家所唱之詞句謂之偈也

傑 (一)才智過人者謂之傑(二)特異者亦曰傑

桀 (一)夏之末王名(二)凶暴也

楬 椓小木椿表識事物曰楬櫫

櫟 杙也爾雅雞棲於杙為櫟 **碣** 特立之石也方者為碑圓者為碣 **竭** (一)盡也(二)負載也 **噱** 大笑也 **杰** (一)盛也(二)俗借為傑字

• **地** **喋** (一)喋喋多言也(二)囁喋私語也 **堞** 城上女牆也 **姪** (一)從子也(二)俗謂尊長曰伯叔自稱姪如世姪 **惵** 懼貌 **氎** 細毛布也

牒 (一)札也二官文書也(二)訟詞亦曰牒四譜也 **蝶** 蝴蝶也詳蝴字 **褶** (一)袷衣也又音習(二)袴褶騎服也(三)音摺衣之褶襉 **諜** (一)軍中間諜也俗稱細作(二)與喋通多言也私語也

蹀 (一)蹈也蹀蹀行貌(二)躡蹀小步貌 **鰈** 比目魚之目在其右側者亦謂王餘魚 **鍱** 銅鐵鎚成片者曰鍱即鋏鍱也

• **增** **噎** 噎喋鴨食也 **婕** 婕妤一作倢伃宮中女官名 **寁** (一)遠也(二)遽也 **捷** 戰勝也凡事成皆曰捷如言捷足先得 **洽** 和合也如同意曰浹洽 **箑** 扇也

• **入** **廿** 二十井也今讀若念 **弱** 強之反年少曰弱 **熱** (一)冷之反(二)心中躁急亦曰熱 **箬** (一)竹皮也(二)草名似竹葉可製笠又可裹粽子

若 (一)順也(二)汝也(三)如也(四)乃也(五)語辭有及字意(六)海神也(七)杜若草名 **蒻** (一)草名香蒲之嫩處香(二)蒲席也(三)荷莖下部入泥之白者亦曰蒻

鄀 春秋楚邑名楚昭王自鄀遷此見史記在今湖北宜城縣 **鰨** 魚名體似梭長六七寸鱗疏而大背蒼黑色腹白如銀常鱗之食料也 **鰛** 同鰨

• **時** **拽** 與曳同牽引也 **涉** (一)渡水也(二)相關曰涉如交涉是 **渫** (一)除去也(二)散也(三)歇也(四)汙也又音牒波連貌 **紲** (一)系也(二)馬韁也 **絏** 同紲繫罪人之縲索也

滐 (一)與洩渫同(二)漏也(三)歇也 **洩** (一)歇也(二)漏也(三)減也又音曳舒散也

• **英** **偞** 與僷同輕也 **剡** (一)銳也易剡木為矢(二)削也斬也

• **語** **孽** (一)孽子庶子也(二)妖孽也(三)惡因者也 **摯** 危不安也 **枿** (一)槎枿伐木餘也(二)斜曰槎斬而復生曰枿 **業** (一)為其事曰業如業農業儒之類(二)既已也(三)危也(四)強壯貌

檗(一)伐木餘也(二)姓也 瘧寒熱往來按時而發之病也 蘖麴也所以釀酒者 臬(一)門檿也(二)法也 觤觤卼不安貌 讞平議罪獄曰讞如獄成曰定讞

孽與孼字同 虐(一)苛酷殘暴也(二)災也 鄹(一)漢縣名在河南臨潭縣境(二)鄹架書架也 鎳金屬之一色如銀不易生鏽可製各種合金以鍍鋼鐵異常美觀

钀馬勒旁鐵也 闑門中央豎木所以限止門者 齾缺齒也(二)獸食餘曰齾器缺亦曰齾

•喜

俠以權力輔人也凡能仗義而扶弱抑強者曰俠 勰和也 協(一)和也合也書協和萬邦協約彼此協商訂定之約 叶古文協字和也合也 峽山峭夾水曰峽

嚙合也莊子張口而不能嚙 夾把也如劍夾亦作鋏原音甲左右持也 峴(一)小山而險也(二)山名在湖北 愜滿意也 挾挾持之也 梜箸也

爗光盛貌一作爗 狹隘也 硤地名在河南孟津縣西(二)又山名在安徽 袷大合祭先祖也 篋箱篋也大曰箱小曰篋皆所以藏物也 頰面旁也俗謂之嘴巴

脅(一)胸之兩旁有根骨處也(二)以威力迫人亦曰脅(三)責也 袷(一)複衣也謂衣之有裏者(二)曲領也 郟郟鄏周地名春秋時謂之王城在今河南洛陽縣山名即北邙郟邑名也

蛺一蝶蝶之蛺種 跲顛蹶也 鋏鉗也劍也 陜與陿狹並同隘也與陜異 陿與陜同隘也又兩山之間曰陿 饁餉田食也 鵊鶇鵊鳥名即催明鳥

•嫋

歙塞也 癌癌腫惡性腫毒生於身體內外部 錜小釵以承鬢者

10皆部上平聲

•求

偕(一)俱也(二)偕偕強壯貌 剴(一)鐮也一曰摩也(二)切也剴切謂切中事理也 喈疾貌又聲和也 垓(一)數名萬萬為垓(二)九州外荒野遙遠之地也

晐(一)兼垓也謂日光兼覆也(二)咸也備也通作該賅 湝水流之貌 痎痎瘧病名俗稱二日一發之瘧為痎瘧 皆(一)俱也同也統括之詞(二)偏也與偕通

裓 裓夏古樂章名　稭 禾稾去皮也　藒 麻莖也禾稾去皮亦曰藒或作稭　該 (一)備也包括一切也(二)宜也(二)今用為指定之詞如該處　賅 備也兼也亦作該

陔 (一)階也(二)九陔九天之上也(三)至遠之地謂之陔埏

·去 開 (一)閉之反啓門也(二)發也如花發曰花開(三)發掘也如開礦(四)分離也如闢開(五)豁達也如開朗(六)寬縱也如開釋(七)列敘也如開單(八)除去也

·他 咍 (一)蔑笑也(二)樂也(二)咍臺鼾睡也　摛 舒也布也摛藻發舒詞采也　斄 與邰同　篩 竹器有孔以別物質之粗細者

苔 (一)隱花植物之一類叢生於古水及濕地石上(二)舌苔生於舌上可驗病　邰 古國名周先祖棄封此在今陝西武功縣　駘 (一)駑馬也(二)喻言人之疲鈍曰駑駘

·增 哉 一語助詞(二)始也書哉生魄　栽 移植也今謂作育人才曰栽培　災 (一)火焚屋宇也如火災(二)天災水災旱災　烖 災本字危也　灾 與災同

知 (一)知識也(二)識別也(三)喻也覺也(四)相交曰知(五)記憶也(六)與智同　渽 古水名即大渡河也　峻 一赤子陰也見老子亦作臍

·時 氥 非金屬原質之一無色無臭氣體　犀 (一)獸名角生鼻端較象略小(二)兵器堅利也　獅 獸名產非洲及南美之巴西國吼聲達數里羣獸聞之皆懾服故稱獸王

硒 化學非金屬原質之一　西 (一)方位名(二)俗稱佛地曰西方故人死曰歸西　顋 面頰也俗作腮　鰓 魚類之呼吸器在頭部頰中　腮 同顋

䚡 (一)角中骨也(二)凡角兴中有堅骨者皆曰䚡見本草

·英 哀 悲傷也悼也　唉 (一)歎也(二)可惡之詞　埃 塵也凡風起而揚沙皆曰埃　欸 歎聲楚詞秋冬之緒風

·出 猜 疑也俗亦謂揣測曰猜

皆部上上聲

•邊
捭 開也捭闔謂一開一闔戰國時游說之術
擺 開也撥也俗謂陳列曰擺又擺動也

•去
凱 (一)和也樂也南風謂之凱風(二)軍行而得勝而遠曰凱旋
塏 高燥地方也
愷 悅樂也
覬 本音冀冀望也凡希望非分之事曰覬覦
揩 摩拭也

楷 (一)法式也稱正書曰楷書(二)音皆木名孔林有之
鎧 甲也用革為之甲用金謂之鎧
鍇 鐵好也一曰鐵精而白也
闓 開也關也(二)與凱通如言闓懌謂悅樂也

顗 靜也
齮 齧也

•地
歹 殘骨也本作占支俗沿用為好之對

•增
宰 (一)官名如大宰小宰之類(二)邑長曰宰(三)制也治也主也(四)屠也切肉也
崽 (一)子也方言江湘間謂子為崽(二)今俗謂歐美人之僕役曰細崽
滓 (一)澱也(二)濁也
胏 脯有骨也

•時
使 今也役也
屎 糞也

•英
壒 塵合也
毐 嫪毐秦人名
藹 (一)樹繁盛貌(二)和氣曰藹如言藹然可觀
醢 (一)肉醬也(二)凡人物經臠割者皆曰醢
靄 雲氣也如煙靄暮靄

•出
寀 官地為寀同官為寮寮寀又今言同寅亦作采
彩 五色相間也亦光榮之意如奪彩喝彩
採 (一)摘取也如採蓮(二)擇也
睬 偢睬俗語如不過問謂之不睬

綵 絲也俗亦謂五色綢曰綵
茝 香草也此字亦作芷故白芷亦曰茝
趡 一春秋時魯地名在今山東兗州府泗水鄒縣之間(二)又音唯走也

采 (一)摘取也(二)擇也(三)作彩也五色相間曰風采通文飾

·喜 海 百川之所會歸也近陸曰海之邊陸曰洋

·嫋 奶 婦人之統稱俗呼乳母亦曰奶 嬭 一本音乃乳母也(二)婦人之尊稱俗作奶(三)唐人書睡曰黃嬭 鼐 鼎之絕大者

皆部上去聲

·柳 勑 勞也答其勤曰勞拖其至也曰勑今通作徠 睞 (一)視也(二)目童子不正也 賚 賜與也

·邊 扒 俗讀若罷平聲發掘也又稱竊賊曰扒手 拜 行禮之總名 𢷎 古拜字

·求 丐 乞也請求曰丐凡乞食之人曰丐 介 (一)際也居於二者之間曰介(二)堅人說合曰介紹(三)甲也(四)為確也 价 善也大也(二)與介同佀价猶紹介也 屆 至也到也一次亦曰一屆

匄 求也與也後漢書載肴糧於道匄施貧民 尬 尷尬行不正也俗謂事之多生枝節而難措理者曰尷尬 岕 兩山之間曰岕 恝 無愁貌言淡忘而不以為意也

悈 飭也又音亟急也 戒 (一)警戒也(二)防備也如戒嚴 玠 大圭也 界 (一)境界也(二)離間也(三)隔也今社會之職業分界政界軍界商界學界之類

芥 蔬類植物亦味極辛烈可以調味物可為藥之用 蓋 本作蓋苫也(一)掩也(二)尚也(三)加也雨傘也(四)覆於上曰蓋如器皿之蓋 蚧 蛤蚧也詳蛤字 誡 警也命也告也箴言也

鈣 金屬化學原質之一大理石石灰石等皆其化學物 鑉 金類之一 𩬊 簪結也與髻通一說假髻也

·去 喞 歎聲也 愾 怒也又音欷太息也又音愒滿也又與迄同至也 慨 慷慨也悲歎也 摡 通作溉滌也

概 (一)平斗斛木也故為齊同意如一概(二)量也謂人度量曰節概(三)大略也 溉 (一)灌注也(二)滌也

• **地**
岱 岱崇泰山山之別名
戴 （一）首戴物也（二）尊奉也
玳 玳瑁似龜而大甲如魚鱗有墨斑可作飾品
瑇 玳瑁亦作瑇瑁詳上字
襶 褦襶也詳褦字

貸 （一）以財物借人曰貸本專勉借出而言今謂借人亦曰貸（二）寬指也
靆 （一）靉靆雲盛貌（二）眼鏡之別名
黛 （一）古婦人畫眉之黑色也（二）青黛藥名即藍靛之細而上浮者其色深青

• **坡**
旆 旗之以雜色帛綴邊也
沛 （一）水生草曰沛（二）沛然盛大流行之貌（三）顛沛境遇潦倒也
派 （一）水分流也（二）事之流別曰派（三）分配曰分派
湃 湃湃波濤之聲

浿 古水名即今大同江
霈 雨多也

• **他**
太 （一）大之極也（二）甚也
忲 侈也亦作忕
態 情狀也
汰 （一）太過也如奢汰（二）去其無用曰汰如淘汰
泰 （一）大也通也（二）寬舒也（三）泰山五嶽之一也

• **增**
再 重也仍也
綷 事也
載 （一）乘也以車乘物曰載承也（二）亢也（三）紀事曰載又音宰年也

• **時**
壻 女子之夫曰婿如夫婿
曬 曝物也
簺 行棋相塞謂之簺古圍棋之法也
晒 同曬
聟 同壻
賽 （一）報也報祭曰賽神（二）比較優劣以為勝負曰賽

• **英**
僾 仿佛貌
愛 相親也恩惠也
曖 暗貌曖昧不明之狀
璦 美玉也
靉 靉靆雲盛貌銀鏡之別名
欲 貪也情欲也愛也期願之詞如膽欲大心欲小將然之之

• **語**
戳 商賈影冒取利曰影戳

• **杳**
勿 毋也莫也禁止之詞

• **出**
埰 采地也亦作菜古音卿大夫有埰地死葬之因名
綵 綷綵衣聲也
菜 草之可食者為蔬類之統稱

皆部上入聲

全部空音不錄

皆部下平聲

•柳 來 至也 孻 菽園雜記廣東謂老人所生幼子曰孻 崍 崍山即邛水所出東流入青衣水為江南 庲 舍也 徠 (一)古文來字(二)徂徠山名在今山東(三)又去聲勞也

梨 (一)果木名其木可雕刻故書版曰梨棗(二)劇場曰梨園也 淶 (一)水名即拒馬河源出直隸(二)又縣名 猍 蠻族名能作獞語廣西西隆有之 騋 馬高七尺以上者曰騋

筣 織竹為障曰筣笓筣笓為取蝦之用 萊 (一)草名藜(二)田休不耕謂之萊(二)草穢也(四)飾治也(五)姓也 郲 地名在河南滎澤縣 鯠 (一)魚名即鰻鱺(二)俗謂鯆魚為(三)鯠魚

徘 徘徊不進貌又流連往返也

•邊 俳 雜戲也與徘通 排 (一)推也如推門曰排闥(二)斥去也如排擠袪除也如排泄(三)一列曰一排 牌 (一)片木書字用為揭示者(二)紙牌賭具之一 簰 編竹木為渡水之具者也

•求 个 (一)一枚曰一个(二)一人曰一个(三)偏室也禮孟春天子居青陽左个 個 與个同俗個字亦作箇

•他 儓 輿儓也 台 三台名古以比三公故尊人詞多用如台端台甫台銜台安兄台弟台 抬 兩人以上共舉物曰抬又與舁同擊也 擡 高舉也俗作抬

枱 耒端木也俗稱几案之案曰枱 檯 桌也與枱同 炱 (一)灰炱煤也俗謂之煙塵(二)黑肉也 籉 笠也 臺 (一)建集物之居高臨下了眺望者(二)尊稱之辭如憲臺兄臺

薹 草名葉可製笠也 跆 (一)蹋也(二)跆籍跆踐也

•增 臍 (一)在腹面中央子初生時繫於胞衣者為之臍帶帶所脫處即臍也哺乳動物皆有之(二)蟹腹之臍曰臍

• 英

嫒 本音愛俗稱人之母曰嫒又稱人之女曰令嫒

• 文

堳 堳埒壇周圍繞之低垣

嵋 峨眉山名通作峨眉

楣 兩楹間所架橫木又門上橫梁故稱人家世曰門楣

湄 水草交為湄謂水岸也

眉 目上之毛也

郿 縣名漢置今屬陝西關中道

黴 腐敗也能使物腐敗之菌曰黴菌

• 杳

埋 瘞埋也瘞不如禮曰埋

匁 如本重量名即錢字之略稱

薶 與埋同藏也

霾 大風揚塵土從上下也

• 語

厓 與崖涯並通邊也

呆 俗以為癡獃凡不活潑者曰呆

啀 犬將門時所發之聲也亦作嘊

嘊 嘊嘊犬欲齧時所發之聲

崖 山邊曰崖

捱 拒也俗謂延緩曰捱又與挨通

涯 水際也

睚 目際也

• 出

才 技能才質也

材 木料也又通稱物料曰材料與才通質性也

纔 僅也如言方纔

裁 (一)製衣也(二)節也如裁制裁減(三)鑒別也(四)量度也(五)斷決也

豺 狼屬毛黃褐形狀如犬喙長口大性甚凶猛

財 錢幣器物之統稱如房屋田地統稱財產商店器具統稱生財

• 喜

佪 俳佪即徘徊也惛也

荄 草諧(一)合也調也(二)戲謔也根也通稱笑話曰詼諧

頦 頰下曰頦

骸 (一)骨也(二)人之放曠曰放浪形骸

孩 小兒笑也如孩提謂知孩笑可持抱也今統稱幼童曰孩

豥 豕四蹢皆白者

皆部下上聲

• 柳

內 外之反裏也中也

氝 非金屬原質之一空中含有此氣不過十萬分之一二

• 地大 (一)小之對(二)尊人之稱如稱人之著作曰大作大著(三)過也如無大國王 怠 懈也不經意也 殆 (一)危也(二)疲也助詞難也必之義(三) 汏 (一)濤也(二)洗也 紿 (一)欺也(二)詐也

軑 車輨也 迨 與逮同及也 逮 (一)與迨同及也追也又音弟逮逮安和貌(二) 鈦 (一)鉗也古刑法之一在頸曰鉗在足曰鈦(二)金屬化學原質之一 隶 與逮同及也

• 他待 俟也如招待

• 增蟗 蟲名蝎屬又水蟗水中小蟲形如蝎者即蜻蜓之幼蟲也 慸 高野困劣也與帶同 囆 人名鄭公孫囆見公羊傳左傳作蠆

• 時柿 俗誤作柿果木名葉卵形而兴花略帶黃色實圓而紅莖二寸許八九月熟未熟時味澁熟則味甘去其皮壓扁曝乾之謂之柿餅其汁可製柿漆

• 沓邁 (一)遠行也(二)老也如年老曰老邁

• 語乂 本作⿱乂心通作艾創也 岸 (一)水邊高地也(二)雄傑也如魁岸(二)道岸謂道路之 犴 (一)獸名犬屬黑喙善守(二)獄也 獃 (一)癡也(二)失志貌或讀如艾平聲

皚 潔白也 艾 (一)多年生草可以灸少艾病(二)老也謂鬢蒼白色如艾也(三)治百美好也 豛 牡豕也通作艾 哎 俗語多用之聲曰哎呦驚訝

• 喜亥 十二支之末位夜九點至十一點為亥時 佁 (一)癡貌固滯貌(二) 侅 非常也 㠊 (一)山澗間㠊小山別大山也(二) 咳 咳嗽呼吸不順之病 廨 社俗廨官也作

懈 怠也 械 (一)刑具又兵器總名(二)術之巧者曰機械 氦 空中無色無臭之氣也 瀣 沆瀣露氣也 獬 獬豸獸名 薢 薢茩芰也決明子亦曰薢茩

蕹 蔬類似韭可食又可入藥 邂 邂逅不期而會也 閡 閉也止也阻礙也謂情不相通也 ⿳亠⿰貝隹 (一)菜名似韭亦作蕹(二)狹也 駭 驚起也如言驚駭

駴 (一)擊鼓也(二)與駭同驚異也 骱 骨節間相接處也今亦謂挫折而骨節脫曰脫骱 齘 齒相切也 欬 (一)氣逆也俗言咳嗽(二)謦欬言笑也

• 嫋
乃 承上之辭
奈 奈何猶言如之何也本作柰
柰 (一)果名即蘋果(二)柰何也今作奈
蘋 (一)蘋蒿草名艾屬(二)蔭也
迺 與乃同語辭也(二)汝也
耐 忍也

褦 褦襶暑月所戴之涼笠今俗亦謂人不曉事曰褦也
襶 一恃也藉也(二)利也無賴謂無利於家也今以稱下流之人賴
懶 (一)憎懶嫌惡也二入讀江柳(二)怠也與嬾懶通

瀨 (一)瀨水災廣西(二)水流沙上湍急處
癩 (一)惡疾也即麻瘋(二)毛髮脫落者亦曰癩
籟 (一)簫也(二)凡空虛所發之聲皆曰籟如天籟地籟

皆部下去聲

• 邊
唄 楚聲西域謂頌曰唄
憊 困也疲極曰憊又音敝義同
敗 負也勝之對毀壞之也如敗壁
稗 (一)粟類有水稗旱稗兩種(二)小也
粺 精米也

韛 韋囊可以吹火今熾者亦作韛

• 增
儎 與詩不輪爾載之載同貨物之載於舟車者也今皆作儎

• 語
磑 (一)碎物之器(二)又讀該堅也
礙 妨礙謂有所抵拒牽掣而不得前也

• 喜
妎 妬也亦音械義同
害 (一)傷也(二)殘也(三)禍也(四)忌也(五)妨也

皆部下入聲

• 嫋
捺 (一)手重按也(二)書法以筆向右斜下曰捺

11 高部上平聲

• **邊**

勹 裹也亦音苞

包 (一)裹也(二)包裹物皆曰包(三)容也之

胞 (一)胎衣也(二)同父所生曰同胞如胞兄胞弟

鞄 一柔革工也今以革製篋可持攜者為提鞄

• **求**

交 (一)彼此相合也(二)通好往來也(三)牝牡媾合也(四)此與而彼受之也

勾 曲也與鈎通

槔 桔槔汲水之機

皋 (一)禮祝曰皋又告之也(二)岸也(三)緩也(四)姓也又作皋

囊 所以斂藏兵器者如甲衣弓衣皆是

溝 (一)田間水道也(二)凡通水處皆曰溝(三)城塹也

篝 (一)籠也以籠覆火曰篝火(二)負物竹器

緱 刀劍之柄以繩纏之曰緱

籊 籠也史記以籊燭此地謂燃火而以籠罩其上也

羔 小羊也

睾 (一)同皋澤也(二)睾丸生理學名詞雄性動物所有之器官以營精子作用

⿰舟句 ⿰舟句⿰舟龐大舟也

艽 (一)秦艽草名(二)獸蓐也(三)又音求遠荒也

茭 (一)蔬類植物即菰也其葉可飼牛馬乾芻也(二)飼畜之芻曰茭

蛟 古以蛟為龍類能發生大水

袧 襞也古喪服裳辟兩側曰袧

褠 (一)禪衣也(二)臂衣也

轇 轇轕雜亂貌亦作轇轕

郊 (一)城外曰郊(二)祭名祀天也

鉤 (一)用具曲而末銳內向或以懸物或以挽物也(二)鉤鐮釣鉤也或作鉤

高 地位在上必攀之而使可及也(二)貴也如價貴曰價高(三)超乎流俗者曰高如言高人逸士(四)聲響發越也如高歌高唱(五)姓也

鮫 沙魚也

韝 與鞲同

鞲 (一)臂衣也以韋為之(二)鞲鞴以革為囊所以鼓氣鎔鑄銅鐵者

鵁 鵁鶄水鳥名大如鳧高腳長喙頭有紅毛冠翠鬣青脛甚文彩俗稱茭雞

鼛 大鼓也

• **去**

尻 脊骨盡處曰尻骨

彄 (一)弓弩端弦所居也(二)環屬

鬮 鬮取也凡事借他物以卜定可拈否謂之探鬮俗亦謂暗書捲以卜可否曰者鬮

• **地**

忉 憂心貌

篼 竹輿也

舠 小船形如刀者

逗 漸留也止而不進也如言逗遛

兜 兜鍪首鎧也

• **坡**

刨 削也

拋 棄也擲也

脬 膀胱也俗稱尿脬

褒 同褒字

裦 (一)衣博裾也大也(二)揚美也通作褒

⿵几包 刮也

• **他**

偷 盜也謂盜人財物而不使人知之也

叨 (一)與饕同貪也(二)忝也濫也如言叨在知己

媮 巧黠也薄也苟且僥倖也又與愉通樂也

弢 弓衣也

慆 疑也慆慆久也

洮 (一)水名(二)又音陶盥也
滔 (一)滔滔水流盛大貌(二)瀰漫之意如言罪惡滔天
絛 編絲繩也
縚 同絛
鍮 自然銅之精也色如黃金燒之色赤而不黑

謟 疑也
韜 (一)弓箭衣也(二)藏也如言韜晦韜光(三)兵法也太公兵法名六韜亦作弢

• 增
啁 啁哳啁噍皆鳥聲之形容字
糟 (一)酒滓也(二)俗謂事機敗壞曰糟
遭 (一)遇也(二)巡也(三)次也如事經幾次曰幾遭

• 時
弰 (一)弓衣也(二)通作簫
慅 (一)動也起也(二)慅勞也(三)愁也
慅 搔刮也爬也與騷通
梢 (一)末也如樹梢(二)舟子曰梢公
筲 (一)竹器也容斗二升(二)俗亦謂淘米器曰筲箕

艄 (一)船舵尾也(二)動也
臊 獸肉腥臭之氣也
艘 計船數曰艘
蛸 蟏蛸蜘蛛之一種
鞘 (一)刀室也亦作韒(二)剞木貯银以便轉運亦曰鞘
韒 同鞘

騷 (一)擾動也(二)憂也
髾 (一)髮尾也又髾後垂也(二)婦人衣上之飾(三)旌旗所垂之羽毛亦曰髾
鮹 魚名其形類馬鞭尾有兩歧如鞭鞘產於淡水中

• 英
凹 凸之反低下也凡物低下者皆曰凹
坳 窊下也坳堂堂下之窊下處
厠 上廁也
藲 木名榆之有刺者葉小於榆其木甚堅韌可作車材
爊 煨也

歐 (一)吐也與嘔通(二)洲名即歐羅巴洲也
甌 (一)小盆也(二)孟也如酒甌茶甌(三)浙江舊溫州府之略稱
⿰衤區 小兒涎衣也
謳 歌也齊聲而歌曰謳

鏖 本作鏕苦戰多殺曰鏖如言鏖戰
鏂 (一)鏂銗門鋪也(二)又頸鎧也
鏕 溫器也一多殺也通作鏖
⿰金歐 金類之一

鷗 水鳥名嘴曲而强羽白色翼灰白色長過其尾常集於海上捕食魚介

• 語
囂 與嚻同喧譁也又囂囂自得而欲之貌又眾多貌
嚻 與囂同讙譁也

• 出
勦 與勦同說文有勦無剿正韻分為勦勞苦也詩字今勦撫勦滅多作剿俗亦作剿兩莫知我勦
抄 強取也謄寫也
搊 撥弄器樂也彈箏與琵琶皆曰搊抽也束緊之意

操 把持也軍時演習曰操
橾 食器也
訬 健也疾也

·喜
嗃 (一)叫呼之聲(二)嗃嗃嚴酷之貌
嗃 叫呼也
烋 炰烋自矜氣健之貌
猇 (一)虎欲嚙人聲也漢縣名即今山東章邱
痚 病名痰喘作聲也
薅 拔去田草也

蒿 (一)草名艾類(二)氣蒸出貌
薧 (一)死人之里也謂虛墓之所(二)又音考乾魚也又凡物之乾者曰薧
虓 虎鳴也與敲通
鄗 春秋晉邑名今直隸柏鄉縣治

號 (一)大呼也(二)哭也(三)又讀若賀名號也(四)號令也(五)標識也
鎒 除草之器
鎬 (一)周地名武王所都在今陝西長安縣西南(二)鎬鎬光明貌

饕 饕餮惡獸名古以為凶人之號今謂貪食之人曰饕餮
齁 齁鼻息聲
嚎 與饕同號咷俗作號咷

·嫋
獿 獸名或作猱(二)古之善塗堲者之名故又謂塗者為獿人
碙 礦物之一

高部上上聲

·柳
佬 大貌
𠛎 與腦同周禮夫角之本蹙于𠛎而休於氣
栳 栲栳盛物之器屈竹或編柳為之
橑 又音聊椽也檐前木也
潦 雨水多也又音勞潦倒不合時宜也

老 (一)年長之統稱(二)久也如言老於其事(三)堅也
咾 聲也俗多用為語尾助詞
荖 草名閩廣人食檳榔每切作片蘸蠣灰以荖葉裹嚼之
藔 乾梅之屬也凡果之乾者皆曰藔

轑 (一)車輻也(二)與橑通椽也(三)又音勞轢也
銠 金屬化學原質之一

·邊
保 安也佑也如言保證保險也
緥 小兒衣被也亦作褓
褓 襁褓小兒衣被也

·求
九 數名
姣 美好也
杲 (一)明也(二)高也
枸 (一)木名其子可食(二)枸杞木名(三)又音鉤曲也
槁 木枯也
槀 (一)與槁同乾魚謂之槀(二)亦作薧

澙　澙水即鎬水又作鄗水關中八川之一也
狗　(一)犬之小者(二)俗多謂犬曰狗
狡　(一)猾也獪也(二)狂也戾也(三)好也
皎　白也明也
縞　白色生絹也
藁　與槁通

· 去

口　(一)人及動物所以進飲食發聲音之器官也(二)戶口也(三)一人亦曰一口
拷　打也如刑訊曰拷問
攷　古文考字周禮多作攷

考　(一)老壽也(二)父死曰考(三)與攷通稽核也(四)校士曰考如月考期考也
釦　(一)以金飾器口也(二)俗謂衣鈕曰釦
栲　栲栳盛物之器俗稱笸斗

· 地

韗　垂下貌
壔　堡也一曰高土
島　海中小陸地也
找　補不足也又尋覓也
抖　抖擻奮舉貌俗謂招徠商務曰抖攬
擣　手椎也敲也舂也

搗　與擣同搗亂猶攪亂也凡紊亂秩序遇事生風者皆稱之
斗　量器名也十升為斗
裯　與禱通
禱　告事求福於神也
蚪　蝌蚪也詳蝌字

陡　(一)頓也突然而起之意(二)山勢險峻亦曰陡

· 坡

跑　(一)以足爬地也(二)俗謂疾走曰跑

· 他

黈　(一)黃色也(二)演也(三)增也

· 增

走　(一)趨也(二)逃也奔也(三)物體之移動亦曰走如運筆曰走筆

· 英

嘔　有物無聲曰吐有聲無物曰噦有物有聲曰嘔
毆　以杖擊也
媼　(一)老婦也(二)地神曰媼
嫗　老婦之通稱漢嚴延年兄弟五人皆大官母號萬石嫗

靿　鞾靿也謂鞾面曲處

· 文

卯　十二支之第四位也
昴　星名
泖　(一)水名在江蘇松江府(二)水渟滀不湍急者曰泖
茆　(一)蓴菜也(二)姓也

●出　吵聲之繁雜者俗曰吵鬧　懆懆懆愁不安也　璪雜采絲貫玉為冕飾也　艸草本字　草(一)草本植物之統稱(二)粗也如草率草創(三)起稿也(四)草書(五)草草勞心也

●喜　吼牛鳴也猛獸如獅虎之類其鳴皆曰吼　昊(一)爾雅夏為昊天(二)凡稱天曰昊天言元氣博大也　皓(一)日出貌(二)光明也亦作皓　浩又讀上平聲義同大也多也如浩繁浩博

灝水勢遠也　皓本作皓光也白也　暠暠暠潔白之貌　皞(一)明也白也(二)皞皞廣大自得之貌　顥顥顥光白貌　藃青莎草也　詬恥辱也或作詢詬

●嬲　惱怨恨也　瑙瑪瑙玉類珍品　腦頭髓也主知覺運動　碯與瑙同

高部上去聲

●柳　憦懊憦悔也

●求　到(一)至也(二)達也以至其地曰到也　告語也報也語上曰告　誥(一)告也上告下曰誥(二)命官之詞如誥命誥封又誥謂皇帝制書也

部　郜(一)古國名在今山東武城縣境(二)春秋時晉地名在今山西祁縣境　鋯金屬化學原質之一

●去　叩(一)擊也(二)問也發動也稽顙曰叩首省文作叩如百拜曰百叩　烤以火乾物也

●坡　奅以大言冒人曰奅　皰(一)面瘡也(二)凡臂肘手足間暴其如水泡者皆曰皰　礮俗作砲以機發石也古人攻戰之具今借用為火礮字

萢(一)草名莖堅韌可以織履即今席草(二)草木叢生也　砲與礮同

●他　套(一)凡物重沓者為套如衣一襲曰一套(二)物之外函為套如封套　透(一)通過也如透明透光今亦謂通曉事理曰透徹(二)洩露也如透漏消息

·增

奏 (一)進也(二)人臣言事疏章曰奏如奏議奏摺(三)作樂曰奏

竈 炊物之所也

灶 與竈同

·時

嗽 咳嗽也

嘯 蹙口出聲也激於舌端而清謂之嘯

埽 通作掃棄也以埽却土也

掃 以帚除去塵土也

歗 與嘯同

·英

奧 (一)室西南隅曰奧(二)凡義深蘊祕不易窺見者皆曰奧如奧旨奧義

漚 久漬曰漚

隩 水限崖也又音郁四方土可居者也

懊 有所恨也

·杳

毳 八十九十曰毳

·出

噪 喧嘩也通作譟

慥 慥慥篤實貌

毷 毷毷煩悶也

澡 (一)洗也(二)借作修潔之意

燥 乾燥也

趮 (一)與躁同疾也(二)矢傍掉也

躁 動也擾也性急曰躁

·喜

孝 善事父母曰孝居喪曰孝故喪服曰孝服

鄭 鄭地名在今河南新鄭至魯山之間

藻 小草之總稱凡海菜之屬皆名海藻大別為紅褐綠三種又文也玉藉也

薻 與藻同

譟 擾也羣呼聲也又詆毀也眾咻之義

高部下平聲

·柳

劉 殺也又姓也敷陳也亦作榴

勞 (一)劇也謂用力甚也(二)事功曰勞

呶 喧嘩聲也

嘮 俗謂多言曰嘮叨

峱 峱山在山東臨淄縣

慺 慺慺恭謹貌又勤謹也

撈 沒入水中取物也

樓 憑高建築以便瞭望者皆曰樓

漊 水名源出湖北

癆 臟腑結核之慢性傳染病也

簍 編竹之器俗稱簏簍或亦以荊條為之

耬 農具下種之器

貗 牝豕也

嫪 嫪毒秦時人名趙姬之奸夫也

醪 濁酒也如醇醪謂酒之濃厚者

廔 與樓同(二)窗戶通明之貌

蟧 蛸蟧之小者名蟧

·求

猴 獸名猿屬

· 地

投 擲下也如投入其中(二)贈也(三)趨赴之意如投宿 綸 綸帨布名又音須與繻同 骰 賭具

· 坡

匏 蔬類植物即瓠也 咆 咆哮獸怒嗥也故謂妄人之怒亦曰咆哮 庖 治膳之所廚役曰庖丁 炮 (一)裹物而燒也(二)炮製藥品燒存性者(三)又讀去聲與礟同

炰 烹飪之法 缹 蒸煮之名也如缹粥 狍 狍鴞獸名羊身人面聲如嬰兒 袍 長襦也衣之下及跗者曰袍 鉋 平衣之器 颮 義與飈同暴風也又音僕颮颮眾多貌

麃 (一)獸名麋屬(二)又音鑣麃麃武貌農工耘田也 麅 麋屬毛易脫皮供車帷之用肉味美可供食 皰 面瘡也 袌 與袍同

· 他

咷 哭聲也 掏 摘也俗亦謂探取物曰掏 檮 (一)斷木也(二)檮杌惡獸名(三)檮昧無知貌 淘 (一)淘米也(二)去其無用曰淘汰(三)濬井曰淘井 濤 大波也 綯 絞繩索也

鋀 金屬之一 陶 (一)瓦器也製為瓦器者曰陶(二)造就也如甄陶陶鎔 鞀 與鼗鞉同 頭 (一)首也全體最上之一部也事物之端亦曰頭(二)首領也如頭人頭目

鞉 同鼗鞉小鼓也 駣 馬四歲也或曰三歲 騊 騊駼良馬名 鼗 如鼓而小旁有兩耳持其柄搖之而兩耳還自擊者 啕 與咷同

· 英

喉 喉頭也形如短管上通咽頭下接氣管為空氣出入之通路

· 杳

媌 美好貌 旄 旗之注旄牛尾於竿者與氂通 牦 牛名產於西北數省狀如水牛 犛 與牦通亦作旄又音氂牛之黑色者 矛 兵器名長柄有刃用以刺敵者

茅 (一)草名可履屋(二)國名(三)姓也 酕 酕陶醉極貌 髦 髮至眉也于事父母之飾也故少俊之士曰時髦 髳 古國名西夷之一種在今雲南姚安縣以南又音蒙草木蒙茸也

· 語

謷 謷謷眾聲嘈雜也 噳 噳噳麌鹿羣口相住貌 崤 山名在河南洛寧縣北 廒 倉也 摮 擊也 敖 謂逸遊也亦作遨又與傲同慢也

殽 雜也亂也與淆同 洨 洨河一名童水源出直隸 淆 亂也雜也 滶 水名今曰石河在河南寶豐北 熬 (一)乾煎也(二)俗謂強忍曰熬如熬刑熬審 翱 翱翱敖遊也

爻 卦爻也易卦有六爻爻交也
獒 猛犬也爾雅狗四尺為獒
璈 樂器名
聱 (一)聱牙不入人語也辭不平易亦曰聱牙(二)
肴 或作餚魚肉之類熟而食之曰肴

螯 蟹之第一對足也
謷 一詆毀也謷謷眾口毀人之貌又眾口愁聲
遨 行時優游無拘束也如遨翔遨遊
鏊 燒器如今之烙餅者曰鏊盤亦作鏊
餚 與肴同饌也

⿰金敖 同鏊
驁 (一)馬驕不馴也(二)凡驕蹇不馴者皆曰驁如言桀驁之類
鰲 俗鼇字
鼇 海中大鼈也

•出
嘈 喧也嘈嘈聲急也
巢 鳥居木上也
曹 (一)獄兩曹也今通作兩造(二)偶也(三)羣也四輩也
槽 (一)馬之食器(二)凡狹長而陷下者皆曰槽
漅 漅湖在安徽漅縣

糟 由水道轉運糧米也
繅 (一)本音騷抽繭出絲也(二)與藻通五色絲繩也
螬 蠐螬金龜子之幼蟲常蠹食樹木及果實
轈 兵車之高而可以望敵人者也

鄛 鄛鄉地名在河南新野縣

•喜
嘷 俗作嘷野獸聲也
壕 城下池也
⿰扌豪 較多小曰⿰扌豪今江浙又有此語
毫 (一)長銳毛也(二)衡法及度法之小數十絲為一毫
濠 城下池也俗謂之護城河

豪 (一)智過百人謂之豪(二)豕類俗稱豪豬

•嫋
怓 亂也
撓 擾也
獿 (一)犬驚貌(二)獼猴也
猱 獸名猿屬
臑 上臂也在牲畜曰臑

高部下上聲

•柳
狫 犵狫滿足名廣西湖南貴州有之

•邊
暴 (一)酷也凶惡之義如貪暴暴虐(二)疾也如言疾風暴雨謂猝然而至也
虣 虐也急也通作暴
鮑 (一)醃魚也其氣腥臭(二)介殼類之鰒魚亦稱鮑魚

·求 **厚** 優待之也 **郈** 春秋時魯邑名在今山東東平縣境 **垕** 古厚字

·地 **導** 引之也啟迪亦曰導如言開導訓導 **燾** 與幬同覆也普覆照也 **盜** 竊人財物曰盜凡物非其所有而取之曰盜 **稻** 穀類之植於水田者 **纛** 羽毛幢也以犛牛尾為之

翿 纛也亦謂之葆幢古樂舞用羽 **蹈** 踐也頓足也如言手舞足蹈 **道** (一)通行大路也(二)理也(三)術也如言左道市道(四)言也五引也六道教也 **衜** 古道字

·坡 **抱** 本作褱懷也如胸懷也曰懷抱持也挾也用臂以挾持之曰抱

·他 **毻** 鳥獸解毛羽也

·增 **悼** 正音導傷也憐惜也又幼者稱 **棹** 行舟之具 **櫂** 舟旁撥水之具所以進船者也短曰楫長曰櫂 **皁** (一)俗作皂賤役也(二)鳥巢也(三)穀實未堅曰皁(四)肥皁瀞濯之用物

罩 (一)捕魚之籠也編竹為之(二)以籠覆物曰罩衣服之襲於外亦曰罩 **造** 作為也製造也 **皂** 與皁同 **唕** 囉唕語多聲喧雜也

·英 **後** (一)前之反(二)先之反三後嗣後代也 **逡** 與後同

·杳 **冒** (一)以物自蔽而前也(二)謂勇往無所顧忌如言冒險(三)假稱曰冒如冒名 **媢** 忌嫉也 **楣** 門框之橫樑也 **毷** (一)毛布也(二)毷氉煩悶也 **眊** (一)目不明貌(二)與耄同

瑁 (一)天子所執之玉以合諸侯之圭者也(二)玳瑁也 **芼** (一)搴也擇也(二)菜也(三)又讀如茅草也 **貌** (一)容儀也(二)外觀也(三)圖畫人物之形狀也 **[豸頁]** 與貌同

·語 **傲** (一)慢也(二)倨也 **奡** (一)矯健貌(二)慢也與傲通

·喜 **[亻効]** 法也仿也通作傚 **効** 俗效字如効力投効報効 **效** (一)學之也(二)致也致力曰效力通作効效驗也 **斅** (一)覺悟也(二)教也 **校** (一)考試也檢點也(二)教士之所曰學校

高部下去聲

·柳

淖 泥也雨後道路沾濡難行之處曰泥淖

漏 (一)滲泄也(二)遺失也

澇 (一)淹也(二)又音老大波也(三)又音勞水名

閙 與鬧字同

鬧 (一)不靜也人聲眾多貌(二)擾也

瘻 頸腫疾也又久瘡曰瘻俗亦謂之漏管

·地

浢 浢水在山西省

痘 病名俗謂之天花能傳染甚且蔓延全身

脰 頸項也

荳 穀類植物種類甚多有黃荳綠荳赤荳等種

豆 (一)與荳同(二)又讀如杜古祭器豆俎也

鋀 金屬之一

餖 黏果累積以為陳設之具而不食曰餖飣猶俗言供果古謂之飣座

·喜

候 (一)伺望也如問候偵候測候(二)時也謂適當其時若有所候伺而來氣候

堠 土堡如斥堠烽堠皆謂設堡以探敵也

矦 與候同

高部下入聲

鱟 介屬形似蟹青黑色殼圓扁如兜有足十二尾細長末端尤尖

·語

樂 五聲八音之總名也(二)又音洛喜樂也好之也

12 庚部上平聲

·求

埂 (一)坑也(二)俗亦謂田塍曰田埂

埄 (一)塵起貌(二)如山灘蕩埄

庚 (一)道也(二)償也(三)天干之一(四)年齒曰庚

浭 古水名即今薊運河

秔 稻之不黏而晚熟者曰秔俗作粳

粳 同秔

羹 湯之和味而雜以菜蔬肉臛者也

耕 (一)犁田也(二)假他事以求食若力田然亦曰耕如舌耕筆耕也

賡 續也償也

鶊 鶬鶊鳥名即黃鶯也詳鶯字

畊 同耕

• 去坑 與阬同地之深陷處 牼 牛膝下骨也 硜 石聲也 阬 (一)阬坎也掘土為之小者曰坎大者曰阬(二)陷之也

• 他撐 斜柱也俗謂勉強支持曰撐 瞠 亦讀湯直視也 趟 俗以走一次曰一趟又讀如儻 牚 (一)拒也(二)與掌撐通(三)正也

• 增崢 崢嶸高峻貌 崝 與崢同 爭 (一)讓之反競也(二)辯論也(三)語詞與怎字同猶言如何也

• 時生 (一)死之對活也(二)產也(三)養也四不熟也如生疏生澀五士也如儒生

• 出惺 慧也慧者假愚曰假惺惺 星 天空列星也日月地球亦星之一又南方宿名物數微細曰零星 腥 生肉曰腥魚臭亦曰腥

青 (一)五色之一(二)竹皮青色青故有殺青青史之稱(三)青年青春(四)青眼

庚部上上聲

• 柳冷 熱之反寒也

• 求哽 咽塞也食物下咽哽塞曰哽 梗 (一)草木枝莖(二)草木刺人為梗故道路不通曰梗塞桀驁不馴曰頑梗 痙 痙攣筋脊強急之病 綆 汲井所用之繩也

鄍 春秋時莒邑在今山東沂水縣境 骾 (一)骨留咽中也與鯁通(二)謂遇事敢刺骾不從俗也如云骨骾強骾 鯁 義同上忠直不阿附者曰骨鯁

• 增井 穴地出水曰井或曰黃帝所作或曰伯益所作 穽 陷也穿地為深坑以陷獸 阱 與穽同

• 時省 (一)視也察也(二)問安曰省(三)覺悟也(四)地方大者曰省

庚部上去聲

• 出 醒 (一)醉解也夢覺也(二)凡一切事理之由迷入覺者曰醒如醒悟提醒

• 邊 柄 把也又政權曰柄政

• 求 徑 小路也直徑也圓徑也 踁 同脛亦作踁 逕 同徑水路也(二)直捷也如逕交逕寄(三)至也過也 脛 自膝至踵曰脛俗謂之小腿 頸 頭莖也前曰頸后曰項

• 他 撐 邪柱也支柱之義

• 時 姓 生也古者因生以賜姓所以表明其所生為婚姻之別也 性 人之所以為人之本原也如言性善性惡物質之習慣及功用如水性藥性之類是也

庚部下平聲

• 邊 棚 (一)架木以資覆蔽者(二)陸軍以兵十四人為一棚

• 坡 彭 (一)姓也(二)彭彭強盛貌 澎 澎澎水聲也 砰 石聲也 硼 (一)聲也硼砂化學之一 蟛 (一)蟛蜞似蟹而小(二)蟛蜎蟹屬 膨 膨脝漲大貌事物擴大曰膨脹

輣 (一)輣車兵車也(二)輣軋波浪相激之聲

• 增 晴 雨止雲散也凡不陰雨皆曰晴

• 英 楹 本音盈堂室間之四柱其前兩柱旁無所依者謂之楹

•沓夜地球自轉一週成一晝夜向日為晝背日為夜故東西兩半球晝夜適相反	庚部下上聲	•增睁同靜靜不動也又寂寞無聲也如寂靜肅靜	•語硬監牢也軟之反(二)強也不和柔者謂之硬如強硬生硬是也勁本讀頸去聲強也健也堅也力猛亦曰勁	庚部下去聲	•邊痭爾雅三月為痭病(一)疾甚也(二)憂也(三)恨也(四)困也五辱也六短也	•地鄭(一)國名(二)鄭重殷勤之意(三)姓也	•坡掽搕掽撞也髱通用之瓦器也碰同掽	•文罵詈也謂以惡語加於人也	庚部下入聲	•文眽目略視也脈(一)血管也發血者曰動脈迴血者曰靜脈(二)物之相聯續而有條理者曰脈如山脈泉脈葉脈网脈也衇血行之管亦作脈脉覛視也亦讀如覓	霢霢霂小雨也亦作霡咩羊鳴也脉與脈同

13柯部上平聲

·求 **柯** (一)姓也(二)本音歌斧柄也作媒曰執柯 **絓** 一紬之粗者又音卦止也有所礙也

·去 **倚** 與夸同 **夸** (一)華言無實曰夸(二)自大也(三)美好也 **姱** 好也潔身自愛曰姱修 **胯** 兩股間曰胯 **誇** 大言也凡事之足以自矜其異者皆曰誇

跨 (一)越也越過曰跨(二)兩股間曰跨乘也如騎馬曰跨馬架其上亦曰跨 **銙** 帶具以金或犀為之猶今之帶釦版也 **髈** 股間也腰骨也

·他 **拕** 曳也通作拖 **拖** 與拕同曳也又牽帶也如俗言拖欠

·時 **沙** (一)石之細碎者(二)淘汰亦曰沙汰 **猀** 蠻族名廣西有之緣江遷流居無定所 **痧** 病名由飲食不潔而起患者吐瀉兼作四肢厥冷而有傳染性 **砂** 石之極細碎者也如砂礫

鯊 沙魚也亦名鮫 **髿** 髿髿髮垂貌 **魦** 同鯊

·英 **哇** (一)吐也(二)小兒啼也(三)哇哇辯佞貌又小兒初學語也 **娃** (一)美女也(二)俗謂小孩子曰娃娃 **洼** 水名(二)洿也(三)又音圭娃也 **溛** (一)與窊窳同汙窶下也(二)溛溛不平貌

窪 (一)清水也(二)牛蹄跡之水也(三)窊也 **蛙** 水陸兩棲之動物類也種類甚多有金線蛙蟾蜍蝦蟆等其子即蝌蚪 **蝸** (一)蝸牛一名蛞蝓軟體動物蝕害綠葉(二)蝸盧喻屋之小者

鼃 古文蛙字 **窊** 污下也凹也

·喜 **划** 以竿進舟謂之划俗以用槳者為划呼小船為划子 **譁** 人多聲嚚也如喧譁 **嘩** 與譁同

柯部上上聲

·增紙 人工製造品所以供書畫印刷包裹等用者相傳為漢蔡倫始發明製造 帋 與紙同

·時徙 遷居曰徙 葸 畏懼也 蓰 數也五倍曰蓰 諰 (一)男也(二)諰諰懼貌

·英我 自謂也

·出歪 不正也以形取義

柯部上去聲

·邊播 種也布揚也 簸 揚米去糠之具也

·求褂 衣之加於袍外者謂之外褂短者曰馬褂

·去挂 懸也通作掛又音主別也亦讀如卦 掛 (一)懸也(二)牽絲曰掛如掛念(三)登記也如掛號 觟 牝牂羊生角者也 髁 髀骨也

·地帶 (一)衣帶也(二)佩也(三)隨行曰帶如隨帶帶領(四)概指其地俗曰一帶 㿃 繞也又與滯通留滯亦作留蹛 㿃 赤㿃白㿃婦人下部病也

·坡破 (一)壞也(二)剖也(三)凡行師而敗其軍奪其地者曰破三費也

·出蔡 (一)大龜也(二)法也(三)周時國名(四)姓也 縩 (一)綷縩紈素聲(二)又音察絹縠也

·喜摦 (一)橫大也(二)寬也 樺 木名皮可卷蠟代燭

柯部上入聲

・邊 癶兩足張而有所撥除也 砵與鉢同 鉢僧之飯器也世相付受故凡相傳世及者皆曰衣鉢 鉢與砵鉢同鉢倫地名

・求 割以刀裂之也 噶噶隆西藏官名總理藏務者也即噶布倫也 葛(一)草名根製葛粉莖皮織布(二)葛蔓糾纏故謂錯雜曰糾纏親戚曰瓜葛

渴(一)欲飲也(二)有急不可待之意如渴慕 輵(一)鋒戟形也(二)馳驅貌 轕轇轕也亦作轇輵詳轇字 鎘金屬之一

・去 蛞蛞蝓蝸牛也(二)蛞螻螻蛄之別名 闊(一)廣也疏遠也如言闊別(二)粗略也如言疏闊(三)勤苦也如言契闊

・地 叱大訶曰叱

・坡 潑(一)棄水曰潑(二)悍橫曰潑 襏襏襫勞力者所服之雨衣也 蹳足跋物也 醱酒再釀也如醱醅醱酵謂發酵也 鏺(一)兩刃刀名木柄可以刈草(二)斬伐之意

・他 獺獸名居水中捕魚為食

・時 宿夜止也住也安也守也素也留也又音秀星也如二十八宿原音夙也 殺戮也又置之死也 煞俗殺字凶神曰煞(二)有極字之意 鎩(一)兵器也或曰即長矛(二)殘也

繺與殺同

・文 抹塗抹也 撥(一)除也捩開也(二)轉移也發也

柯部下平聲

•柳籭 竹器底方上圓可盛米粟之用

•增蛇 爬蟲類體長圓形修尾無足以肋肉自由伸縮而行其表皮年年更脫 蚰 俗蛇字

•文磨 (一)治也兩物相摩而使之光細也(二)又音毛去聲用具用以旋轉碎物也 蘑 蘑菇菌類植物生於枯樹幹上種類甚多

•喜和 (一)順也(二)諧也(三)不剛不柔(四)調也溫也如言溫和調和 盉 調味之器 禾 嘉穀也穀米去稾謂之禾 華 (一)美觀也(二)文飾曰華如言悃愊無華又奢靡曰奢華榮顯曰榮華也

釫 (一)兩刃臿也(二)又音于泥鏝也塗工之具本作鋘 鏵 農具與鍫鑱同類體闊而薄所以起土者 驊 驊騮良馬名周穆王八駿之一 龢 相調諧也與和同

柯部下上聲

•地舵 正船之具施於船尾可以使船旋轉也 柁 同舵

•喜禍 福之對也災害殃咎皆曰禍 旤 古禍字

柯部下去聲

•語外 (一)內之對(二)疏斥之也(三)對於本國稱他國為外如外交(四)妻稱夫為外亦曰外子

柯部下入聲

•入爇 燒也 焫 本作爇燒也

• 英 **活** (一)生也養生之事曰生活(二)不固定曰活又生動曰活潑

14 官部上平聲

• 邊 **搬** 除也遷也 **般** (一)有同等之意如相同曰一般(二)讀如盤旋也(三)般運也移也俗作搬字

• 求 **倌** 主駕小臣也今店肆傭保俗呼為堂倌今滬俗稱妓女曰倌人 **官** (一)職也為國治事者曰官(二)體也耳目口鼻為五官 **棺** 斂屍之具 **肝** 人體內分泌膽汁之大腺部也

• 地 **單** 無偶也如單位單數薄也弱也 **禪** 衣之無裏者曰禪

• 坡 **潘** (一)淅米汁也(二)姓也 **鄱** 鄱陽湖名在江西北部其東有鄱陽縣屬潯陽道舊為饒州府治

• 他 **嘽** (一)嘽喘息也(二)舒嘽緩也 **攤** 以手佈開之也又謂路旁陳列求售曰攤平均分派曰攤如攤派 **灘** 灘江水名源出廣西與安縣 **癱** 筋脈急拘麻痺不仁也俗謂之風癱

• 時 **山** 地面土石隆起者

• 喜 **嚾** (一)嚾呼叫囂也(二)嚾嚾喧囂也 **懽** (一)與歡同喜也(二)又音貫憂無告也 **歡** 喜樂也與歡同 **獾** 作貛也野豕也 **讙** 諠譁也喜悅也 **貛** 與貛獾並通

官部上上聲

貛 獸名亦作貛體小而肥尖喙短足穴土而居常害堤岸 **驩** 馬名亦與歡同

• 求 **剮** 剔肉去骨也 **寡** (一)少也為多之反(二)婦人喪夫者曰寡(三)謙詞如言寡人寡君 **赶** 本音程舉尾走也謂獸畜急走故謂追逐曰赶亦作趕 **趕** 與赶同

· 坡 頗 助詞略也兩相比較略甚於彼之意如頗多頗少之類

· 增 琖 玉爵也 盞 本作琖小杯曰盞 醆 (一)爵也或作琖(二)又酒濁而澈清也

· 時 潺 水名關中八川之一源出陝西藍田縣 產 (一)生也婦人生子曰產(二)物生亦曰產如土產產業

· 英 椀 與盌碗同小盂也 盌 小盂也俗作椀或作碗 碗 同上

· 文 滿 (一)盈益也(二)驕盈也(二)滿洲之簡稱也 鏋 金精也

官部上去聲

· 邊 柈 盛物之器也 半 物中分也 姅 婦人有月事者

· 他 炭 燒木餘也可復燃者

· 時 汕 (一)編竹取魚之具(二)汕頭地名 傘 禦雨蔽日之具曰傘 綫 縷也所以縫紉也亦作線 線 以絲麻等為縷所以縫紉也(二)面之界也如曲線直線(三)路也如線路航線

腺 動物肉體中能分泌汁液之處也 散 (一)放出也聚之反(二)不自檢束曰散(三)酒尊名(四)閒逸也 鏾 (一)弩也一說謂弩牙緩也(二)雄雞去勢謂之鏾

饊 以糯粉和麵牽索紐捻成環釧之形油煎食之也今謂之饊子古曰寒具

· 英 案 (一)几屬今稱桌案(二)考察也著書自發意見曰案(三)公事一起曰一案

・出 門 門橫關也俗謂之門門

官部下平聲

・邊 盤 (一)盛物器也(二)又蒲完切盤桓不進之貌

・地 壇 祭場也擇平坦之地以土築之也

・增 泉 (一)水源也(二)古謂錢曰泉

・文 嘛 蒙古西藏等處僧曰喇嘛 痲 (一)病名(二)俗謂痘瘡愈後顏面有瘢痕者曰痲 鏝 泥鏝也塗工之具亦作墁 鞔 (一)履空也(二)以皮張急之使四周與框相附著者曰鞔

顢 顢頇大面貌今謂人不明事理亦曰顢頇 饅 屑麵發酵蒸熟隆起成圓形者謂之饅頭 鰻 魚名體長為圓筒狀尾稍扁多黏液口闊脊部蒼黑色腹部白黃色

瞞 (一)目不明也(二)匿情相欺曰瞞(三)又慚也 麻 (一)大麻穀類植物(二)亦曰火麻其皮可織布(三)又姓也

官部下上聲

・地 嶞 山狹而長也 惰 懈怠也

・坡 伴 侶也如言同伴陪也

・英 旱 天久不雨也

官部下去声

柳 爛 (一)熟過度也(二)物腐敗曰爛(三)明也如燦爛 糷 飯相著也

增 聻 同魙 賤 (一)貴之反卑也(二)輕之曰賤(三)自謙之詞如自道其姓曰賤姓又賤軀也 魙 古書無此字俗稱鬼死曰魙或書此字貼於門以辟邪崇謂之辟邪符

15 糾部上平声

邊 彪 (一)小虎也(二)虎文也 滮 水流貌 驫 眾馬走貌

求 摎 絞也 糾 木下曲也

去 丘 (一)土阜也四方高而中央下曰丘(二)聚也(三)大也四空也五姓也通作邱 樛 木下勾曰樛又絞也結合也 鳩 (一)鳥名狀如野鴿(二)聚也(三)安集(四)其性拙於營巢鳩拙以喻無才幹也

蚯 蚯蚓蠕形動物生於土中穿地為穴能使地中空氣流通植物易於生長為農家間接之益蟲 邱 (一)地名(二)土高為邱亦借作丘 坵 俗丘字又借用為區字

地 丟 一去不還也俗亦謂遺棄物件曰丟

他 丢 點丟畫之一種隨筆點染以成花葉甚不經意自有生趣即沒骨畫也 抽 (一)引也如抽水機器(二)拔擢也如植物之抽芽(三)拔去也如抽換(四)抽頭

增 侜 誑也與譸同 周 (一)偏也如周到(二)市也亦作週猶言一轉也(三)朝代名(四)姓也 州 區域名如古分九州十二州之類後世於府下分設州縣今皆改縣

洲 (一)水渚也水中可居者曰(二)洲大陸曰洲如地球分為五洲大 惆 惆悵失意也本音抽 舟 涉川之具通稱船 盩 盩屋縣名在今陝西 稠 (一)多也(二)密也

譸 譸張言欺誑也
賙 給也贍也周恤之曰賙
輈 車轅也大車謂之轅兵車田車乘車謂之輈
輖 車前重也
週 與周同迴也今亦謂一星期為一週

• 時
梳 理髮也具理髮之又
饈 膳也又與羞同
脩 脯也肉條割而乾之也古執束脩以為贄故謂教者所受之酬報曰束脩
修 (一)整治也(二)長也(三)亦與脩通
收 (一)捕也(二)聚也取入也(三)結束亦曰收如文末曰收筆事畢曰收場之類
羞 (一)進食也(二)食物之有滋味者亦曰羞如珍羞之類(三)恥也如含羞羞辱
蕿 蕿繁即繁縷也

• 英
鄾 春秋鄾地名在今湖北襄陽縣境
優 (一)劣之對勝也如言優勝劣敗(二)饒也(三)有餘力也(四)俳優樂人也
憂 (一)愁也(二)疾也(三)居喪曰憂今亦謂遭父母喪曰丁憂
嚘 聲也又語未定貌
櫌 (一)農田播後又以土覆之曰櫌(二)農具無齒所以平田者

• 出
楸 木名其材可為棋局
秋 (一)四季之一(二)年也如千秋即千年也
篍 吹簫也言其聲啾啾然也
緧 駕車用具以革縷絆牛尾下者
萩 草名蒿類又與楸通木名
鞦 革帶之絡於馬股後者亦作鞧
鞧 與鞦同
鬚 面毛也在頤曰鬚
鰌 魚名一作鰍形鰻而短小體圓尾扁無鱗而有黏質常潛泥中俗謂泥鰌
鶖 水鳥名頭上毛禿故亦稱曰禿鶖
啾 小聲也
揪 俗謂以手相扭結曰揪
揫 斂聚也束也
湫 水池曰湫又音焦湫隘謂低溼之地也
鬒 同鬚
𪚲 秋本字
龝 古秋字
䵶 鼀䵶蟾蜍之異名
鰍 同鰌

• 喜
滺 滺滺水流貌
䌵 衣鮮潔貌
休 (一)美善也慶也(二)休息也(三)終止也如言麗休四致仕曰休五出妻曰休
攸 (一)自得貌(二)所也擇壻曰相攸言擇可嫁之人也(三)語助詞
咻 (一)讙也(二)噢咻痛念之聲
呦 呦呦鹿鳴之聲也
庥 庇廕也俗借為休美字書札多用之
幽 (一)隱也深遠也(二)黑暗曰幽如謂地下曰幽冥(三)又昏愚曰幽昧
悠 (一)憂思也(二)遠也又閒暇貌
貅 貔貅也詳貔字
逌 (一)古文攸字(二)逌爾貌又寬舒顏色之貌笑
髤 同髹以漆漆物也
髹 以漆漆物也

鵃 角鵃也詳鵃字 麀 牝鹿也聚麀為父子共為淫亂之事也

丩部上上声

•柳 杻 （一）木名材可為弓幹（二）獄具如手械曰手杻 柳 木名高三四丈枝細長下垂去其皮可編什器 罶 漁具即笱也 紐 系也結也本也

綹 （一）緯十縷曰綹（二）俗謂物之條為綹如竊人佩飾曰剪綹（三）鬚一支曰一綹 ⿰鼠卯 竹⿰鼠卯鼠名一名竹鼠

•求 玖 （一）石之似玉黑色者（二）俗借為數目九字 糾 （一）繩三合也故結合謂之糾（二）舉也（三）察也矯正也（四）收也 赳 （一）輕勁有才力也（二）赳赳武貌 韭 菜名味辛烈

汣 江蘇省宜興縣城外有東西二汣為匯諸水之流 糺 與糾同 疚 （一）久病曰疚（二）心有所苦曰疚故居喪曰在疚本音救

•地 佇 久立也佇立盼望也 冑 戰時所著之冠以禦兵刃者也 宁 門屏之間謂之宁 竚 （一）企盼也（二）久立也 籀 （一）讀書也（二）抽也與繇同 羜 五月羔也

貯 （一）積也（二）藏也 酎 醇酒也謂重釀之酒今謂之雙套酒 宙 古往今來謂宙如宇宙宇指空間宙指時間而言言無所不包之義也

杼 （一）杼柚織具杼受經柚受緯（二）又音署泄水槽也

•他 丑 （一）地支之第（二）位夜半一點至（三）點為丑時

•增 酒 飲料之有麻醉性者其種類及製法甚多通常以穀類和麴釀之

•時 守 （一）護視也如言看守保守（二）操守也（三）待也如守候坐守 帚 掃地之器 滫 泔也謂淅米汁 箒 同帚 糔 汁也溲也或作滫

首 (一)頭也(二)長也如首事首領(三)始也先也(四)篇什也詩文一篇謂之一首

鯞 鱖鯞魚名即鰟魮鯽

• 英

卣 禮器以盛鬱鬯之酒注於灌樽以灌地降神者也

友 朋友也同志為友交締之謂也

庮 朽木臭也

懮 舒遲貌

槱 積薪為祭祀燔燎之用也

泑 窰器色光滑者曰泑

牖 (一)穿壁為窗也(二)開導也

肘 臂中部彎曲處其外側曰肘

莠 (一)草名俗曰狗尾草(二)醜也凡習於惡者莠如民俗之善惡曰良莠也

羐 (一)進善也導也(二)羑里古地名商紂囚周文王於此

羑 同羐

誘 (一)引進也教也勸也也(二)以言惑人相

酉 十二支之第十位下午五點鐘至七點為酉時

丣 同酉

⿰魚幼 鮍魚之別稱

黝 黑也

• 出

醜 (一)惡也(二)羞也(三)貌惡也如醜陋醜相(四)相類也

魗 與醜通棄也惡也

手 (一)人體上肢之總名(二)凡表示動作曰手如入手(三)專長一藝曰手如畫手書手(四)親手自為者亦曰手如手書手植是也

• 喜

朽 (一)木腐也又凡物腐敗皆曰朽(二)衰老無用之稱如言老朽衰朽

• 嫋

扭 手轉也又緊握之意

狃 狎也習也言習慣而不為意者也

朻部上去声

• 柳

廇 中庭也

溜 (一)水溜下也或作溜(二)輕脫者曰溜如滑溜

霤 (一)屋水下流其檐下所以承之器也(二)中霤神名五祀之一俗謂檐頭神

餾 (一)飯氣蒸也(二)飯半蒸為餾餾熟為餾

• 求 究 竟也謂盡頭之處也(二)窮也推而極之於至盡之地也如研究窮究嚴究 救 (一)止也(二)助也保護也

• 增 呪 詛也梵書中奇秘神言也俗作咒 甃 (一)井壁也(二)治井曰甃(三)飾之也

• 時 岫 山穴也峯巒亦謂之岫 狩 冬獵為狩火田為狩 獸 凡四足全體被毛統稱曰獸 琇 石之似玉者 秀 (一)禾吐華也凡草華者皆曰秀(二)特異者曰秀

繡 五采備也以絲刺成五采曰繡 袖 (一)袂也謂衣之容手處(二)藏物於袖亦曰袖 鏽 金類表面所生養化物曰鏽鐵為褐色銅為綠色俗缺一畫作鏽亦作銹 銹 同鏽

• 英 幼 少也 狖 獸名猴屬

• 喜 嗅 鼻審氣也本作齅 溴 非(一)水氣也(二)化學金屬原質之一 糗 乾糧也 臭 氣之通於鼻者今謂惡氣曰臭謂腐敗之氣也 齅 與嗅同以鼻就臭也

朻部上入声

• 增 闃 靜無人也

朻部下平声

• 柳 嘍 嘍淚鳥聲盜賊部下亦曰嘍囉 窶 甌窶高地狹小之區也 懰 懰慄哀愴之意 旒 冕旒以絲繩貫玉垂冕前後也 瀏 (一)水清貌(二)涼風也 珋 石之有光者

榴 (一)名安石榴即石榴也植之庭中實為毬狀熟則可裂而食 琉 (一)與珋同(二)琉璃似玻璃透明而有光澤者 瑠 (一)與硫同(二)與琉通請看琉字 畱 同留

留 (一)阻也止也存在也謂久也(二)伺使也 ⿰田翏 燒種也謂焚其草木而下種蓋治山田之法為然 瘤 肉起為瘤血聚為瘤 遛 逗瘤止而不進也亦作逗留

硫 硫黄化學之一性烈易燃製火藥及藥品多用之　鎏 金之美者　鏐 (一)黄金之美者(二)弩眉也　鎦 (一)古文劉字殺也(二)釜也(三)姓亦作鎦

飀 風聲也　騮 赤馬黑鬣也亦作驑　驑 驊騮良馬也　鶹 鵂鶹角鴟也詳鴟字

流 (一)水行也動乎自然故亦謂自然推行者曰流行(二)水之出處曰源其下曰流(二)別為一派自成統系曰流如學術之分九流(四)如周流輪流流年

• 求 毬 (一)蹴踘戲具即今皮毬(二)凡圓形團結者皆為之毬　球 (一)玉磬也(二)美玉也(三)今借用為毬字圓之立體也如星球地球

• 去 梂 櫟實也　俅 俅俅恭順貌　厹 厹矛三隅矛也　叴 與厹同三棱矛也　朹 木名子可食謂之朹子即仙樝見本草　求 覓也索也乞也如求人

犰 獸名產墨西哥等國　狨 狨夷蠻族名雲南西邊有之　璆 (一)玉之美者可為磬(二)玉聲　絿 急也　虯 龍子有角也　蟉 蟉虯曲貌

裘 (一)皮衣也(二)姓也　觩 (一)角上曲貌(二)弓健貌　訄 迫也　賕 以財枉法也受贓曰賕　逑 匹配也詩君子好逑　銶 鑿屬一說謂獨頭斧

鼽 病寒鼻塞也　𧮫 [illegible]𧮫亭名在今山西平定州　虬 與虯同

• 地 綢 (一)絲織物之統稱(二)本音儔綢繆猶纏綿之謂也　紬 抽引粗絲紡而織之曰紬又音抽引緒也綴集之也

• 坡 抔 以手掬物也　捊 引取也又音敷擊也又與掊同　掊 亦音培掬也引取也又音剖擊也　柸 楚人謂恨不過曰坯治見淮南子注亦音柸　罘 (一)兔罟也(二)罘罳也

莍 莍苣草名即車前子也　裒 (一)聚也多也(二)減也

• 他 儔 眾也同輩之人也如云儔匹儔類　幬 (一)襌帳也(二)車帷也　疇 (一)穀田蔴田皆謂之疇(二)界埒也類也(三)曩也(四)誰也(五)匹也　籌 (一)計數物也如算籌(二)計畫也如籌辦

裯 單被曰裯
躊 躊躇猶豫不進也

·入

鞣 熟皮也
蹂 踐踏也如言蹂躪
柔 (一)剛之反弱也和婉也如柔軟柔順(二)服也又安之也
揉 (一)順也(二)曲直之也木之能屈伸者曰揉木又讀下上聲義同
騥 馬之多鬣者

·時

汆 人在水上游也本讀呑上聲水推物也
泅 浮行水上也

·英

斿 亦作游旒之直幅附於竿者謂之縿旁綴橫幅附於縿而飛揚者謂之斿
楢 柔木可以為車之輭輪又可以鑽火
猶 (一)似也若也(二)有同一之意尚也庶幾也(三)獸名猴屬
油 脂肪之液可供烹飪燃火之用
游 (一)浮行也水之上流下流曰上游下游(二)閒散也如游民三優游自適貌
猷 (一)謀也(二)道也(三)圖也(四)已也(五)歎詞也
⿸疒酉 朽木臭也
由 (一)自也(二)從也(三)因也事之原因曰事由
繇 (一)同由又音遙茂也(二)姓也
蕕 草名生於郊野臭氣甚烈
蚰 蚰蜒節足動物與蜈蚣同類能食害蟲有益於農家
蝣 蜉蝣蟲名詳蜉字
蝤 與蝣通又音道蝤蠐又音啾蝤蛑皆蟲名
輶 (一)輕車也(二)輕也
遊 (一)遨遊也玩也如遊園(二)凡遠出者皆曰遊如遊學(三)友也交遊也
遒 (一)迫也(二)垂盡也(三)健也
郵 驛也馬傳曰置步傳曰郵今國家所設通信之機關謂之郵政局是也
酋 (一)酒官之長也故一團體之頭目皆稱酋如酋長羣酋(二)終也
鈾 金屬化學原質之一
又 更也復也
蚘 蚩蚘古諸侯號通作尤
訧 過也
鯈 魚名白鯈即鯈魚也
疣 結肉也皮膚上之贅生物亦曰贅疣
肬 贅也俗謂之肉瘤
尤 (一)異也最也如女色絕美曰尤物(二)過也猶俗言格外(三)怨尤也如效尤
冘 冘豫也謂狐疑不定也

·杳

蛑 蝤蛑蟹屬
蝥 食稻根之蟲也又音謀義同又音茅斑蝥蟲名也
蟊 同蝥

• 語 吽 梵語多用吽字回教之常教曰阿吽

• 出 仇 (一)仇敵也又恨也與讎同(二)本音求合也猶言對合也(三)姓也 售 賣物出手也詩買用不售 囚 禁錮也謂有罪而被拘禁 犨 (一)牛息聲(二)出也(三)又姓也

讎 亦作讐對合也償價曰讎值仇敵也校對對文字亦曰讎校 酬 (一)同醻勸酒也主答客曰酬客報主曰酢(二)報也如酬答酬謝 醻 亦作酬主復酌賓曰醻又報也

湭 水名在陝西西安府入渭河 酧 同酬 詶 同酬

• 喜 睺 深目也

• 嫋 繆 綢繆猶纏綿也

丩部下上聲

• 柳 塿 培塿小土阜也通作婁

• 求 柩 棺也有尸謂之柩 咎 (一)休之對如吉凶亦謂之休咎(二)過也如言咎無可亂 匶 與柩同

• 地 紂 (一)馬緧也(二)殷末王 芧 同苧又音序木名即櫟也 苧 苧麻多年生草其皮之纖維堅韌可製線及布之用其根可入藥 咮 (一)鳥口也(二)星名

晝 日間也地球向日為晝背日為夜

• 增 鷲 猛禽名即鵰也 僦 賃也如租賃房屋曰僦屋 就 (一)成也如事成曰事就(二)即也從也如去就俯就(三)推測之詞如言就令

• 入 煣 以火屈木使曲也 内 獸足趾蹂地也 輮 (一)車輞也(二)與矯通矯輮曲直之也使曲者直為揉直者曲為輮也

• 時 受 (一)承也如奉命曰受命(二)容納也(三)收取也 授 (一)付也與也(二)教也如傳授授課 綬 組也即絲條所以承受印環者

• 英 佑 助也 侑 (一)佐也相助也(二)酬也 右 左之對凡在右手之一方者皆曰右 宥 (一)寬也(二)宏深也(三)又與侑同 祐 神助也 褎 (一)同褎(二)褎褎盛貌

褎 (一)服飾盛貌(二)木盛貌(三)笑貌人音秀袂也 賄 以財贈人也如賄賂 囿 苑之有垣者所以域養禽獸也

• 嫋 謬 妄言也又差誤也

朻部下去聲

• 時 壽 (一)久也凡年齒皆曰壽(二)生日亦曰壽如壽辰壽誕(三)今皆作壽義同 壽 同壽 𠷎 壽之古字亦音儔雉名

• 英 柚 (一)果木名葉長卵形花白實圓大皮粗厚色黃味甘(二)杍柚也 櫾 同柚 釉 塗於磁器之白泥坏土使之有光者亦謂之釉藥

鼬 獸名一名鼪鼠俗謂之黃鼠狼其毛可製筆謂之狼毫

• 出 樹 (一)木類之有枝柯而生長植立者曰樹(二)又音豎種植也(三)立也如建樹

16 弓部上平聲

• 柳 鈴 (一)以金屬為之形如小鐘中懸小粒振之相觸發聲(二)又以銅製為圓殼而微裂其函置鉄丸於內搖則發聲

• **邊**

嗙 喝也嗙喻歌聲也

搠 箭篣也

栟 栟櫚木名即椶櫚

祊 祭名廟門內祭也

絣 (一)綿也(二)續也

• **求**

供 (一)設也如言供帳(二)奉也如言供奉猶奉職也

宮 (一)室之高大者後世專以稱天子之居(二)五音之一(三)五刑之一

弓 (一)射器又五尺為一弓

緪 (一)大索也(二)急也

更 (一)更改也易也(二)又音庚更鼓也(三)又讀去聲再也

涇 水名源出甘肅化平縣西南

矜 (一)矛柄也(二)憐也苦也(三)危也(四)惜也尚也五自賢曰矜

絙 同緪

經 (一)織布帛之線直曰經(二)常也(三)過也如經歷(四)婦人月水也五經書也

莖 (一)植物體之中軸也(二)物之柄幹曰莖

荊 (一)灌木名牡荊紫荊皆稱荊(二)自稱其妻曰荊(三)州名

• **去**

兢 小心戒慎也

卿 稱謂也秦漢以來君稱臣為卿隋唐以來對於爵位較卑者謂之卿夫稱妻亦曰卿

筐 盛物竹器也

• **地**

丁 (一)十干之第四位(二)當也猶相值也(三)男子成年曰丁(四)姓也(五)僕役也

仃 伶仃獨行貌亦作伶仃

叮 叮嚀再三言之也亦作丁寧

㲪 毾㲪一名毛席亦名多羅羢

徵 (一)召也(二)證也(三)斂賦稅也(四)與征通

燈 燃火之器焚膏油以取光明也

玎 玉聲也

疔 疔瘡也

登 (一)上也進也(二)書於冊籍曰登如登載登錄(三)歲熟曰登

癥 腹中堅塊也

簦 笠之有柄可手執以行者如今之傘然

登 禮器也瓦豆謂之登

酊 酩酊醉也

鐙 (一)古薦熟食之器與登同(二)去聲騎馬用具在鞍韉之旁以踏腳者

釘 (一)所以貫物使堅者(二)又讀去聲以釘釘物也

靪 補履下也今亦謂衣履破補處為補靪

䞓 赤色也

赬 赤色也

頳 同䞓赬赤也

• **坡**

俜 伶俜行不正也亦作竛竮

怦 心動貌

烹 煮也

甹 曳也謂相掣曳而入於惡也

淜 淜滂水聲

漰 漰渤水擊聲

• **他**

摐 撞也

檉 又音稱河柳也即觀音柳俗稱西湖柳

窗 與牕同亦作窓窻室中藉以通氣透光者也

蟶 介屬與文蛤同類

• **增**

偵 候也探伺也如探聽消息曰偵探

僧 皈依佛教之人曰僧

噌 噌吰鐘聲也

增 益也如言增加增廣之類

嶒 崚嶒嶒嶸皆高山貌

惷 愚也

憎 惡也

怔 (一)恐懼貌(二)怔忡病名心神不安也
揨 撞也擣也
貞 (一)正也如中貞堅貞(二)今亦謂婦女之不失節者曰貞(三)卜問也如貞吉
楨 楨幹築牆所立之木也

鉦 藥器形如盤中有圓心凸起軍中用之以節止軍行者也
棖 斜柱也讀若倉
橧 聚薪以居也
湞 湞水廣東北江之支流也
烝 (一)火氣上行也(二)眾也(三)冬祭曰烝

猙 猙獰狀貌之凶惡
琤 玉聲也
睛 目內部晶狀之球體也
睜 張目為睜
矰 以生絲繫矢以射鳥雀也
禎 祥也休也
箏 樂器古十二弦後改為十三弦

精 (一)鑿米使潔白也(二)細也(三)物經提煉者曰精如酒精(四)美也(五)神怪也
繒 絲織物之總名今謂帛之厚者
胥 升也謂以牲實鼎也
舂 擣粟也
菁 (一)韭華也(二)華也

蒸 細薪也(二)炬也(三)眾也(四)火氣上達也(五)蒸蒸向上之意
鄫 (一)國名姒姓春秋時為莒滅今山東嶧縣境內(二)鄭地名今河南瞧州境
錚 (一)錚錚金聲也(二)鉦也

鍾 (一)酒器也(二)聚也(三)古量名六斛四斗也故謂厚祿曰千鍾萬鍾(四)姓也
鐘 樂器又時計之能報時者曰時鐘
鬙 鬅鬙髮亂也
鯖 烹調法也魚與肉合而為之猶今之雜燴

鶄 鵁鶄也詳鵁字
鼱 鼩鼱也詳鼩字
驓 馬膝白也

• 時

升 量名千合為升
昇 日上也凡上進皆曰昇
牲 犧牲也養之曰畜用之於祭祀賓客曰牲
猩 猩猩猿類形狀似人產於蘇門答臘非洲等處

甥 妹亦謂之甥甥姊壻之子曰
笙 樂器古以瓠為共十三管列管瓠中施簧端吹之以發聲
旍 與旌同旗之有鈴者

旌 (一)旗之一種析羽注旄首所以進士卒也(二)表也章也明也建坊表曰旌
陞 與升同登也
鼪 鼬鼠也

• 英

嚶 鳥鳴也
嬰 人始生曰嬰兒一說女曰嬰男曰孩
應 當也如言應為不應為之類又讀去聲答也
攖 觸也迫近也
柍 說文梅也又音央中央也

櫻 櫻桃果名古曰含桃
玃 玃如獸名狀如鹿而白尾馬足人手有四角
瑛 玉光也謂玉之透明如水晶之屬
瓔 瓔珞頸飾綴珠玉等為之
甖 瓦器以盛酒者

纓 冠系也所以結冠之組者 罃 長頸瓶也 罌 瓶之大腹小口者 膺 (一)胷也(二)親也(三)當也受也(四)擊也(五)馬帶也 蘡 蘡薁俗稱野葡萄花淡黃色實紫黑色味酸

英 (一)華也美也(二)物之精萃者曰英(三)國名也即英吉利也 霙 雨雪雜下也一說雪華也 韺 五韺帝嚳樂名 鶯 鳥名亦名黃鸝又名鶬鶊俗稱之曰黃鶯

鷹 猛禽嘴曲而強眼甚銳敏盤旋空中無微不矚獵者多畜之以逐禽兔 鸎 同鶯 鸚 鸚鵡鳥名又名鸚哥 譍 語言對答也

• 出

偁 稱本字 清 (一)濁之對潔也(二)整理也如清理(三)空虛也四了結也如帳目清楚清算 稱 (一)揚言也舉也(二)名號亦曰稱如專稱(三)又讀去聲正斤兩之器俗作秤

圕 圕溷廁所也 竀 淺赤色也

• 喜

亨 通達也易亨者喜之會也 匈 匈奴北狄之一族 哼 痛苦呻吟聲拂意聲皆俗語 胸 (一)人之前面頸下腹上之部分也(二)人之懷抱曰胸如胸襟胸次

脝 膨脝脹大貌 興 (一)起也舉也盛也發也作也(二)又讀去聲悅也如興致興心 馨 香氣遠聞也事之流芳久遠者亦謂之馨 胷 與胸同

弓部上上聲

• 柳

壟 (一)冢也(二)田之斷而高者(三)壟斷岡壟之斷而高者 ⿰虫寧 本音濘⿰虫寧蝦產於鹹水大者五六寸去其殼謂之大金鉤味甚甘美 隴 同壟

• 邊

炳 著明也易其文炳也 秉 (一)禾盈把也(二)執也操持也(三)古量名十斛曰秉 邴 (一)春秋時鄭地名在今山東費縣(二)邴邴光明貌 昞 同炳日光也

• 求

剄 以刀割頸也 境 (一)疆也通作竟(二)境遇也如順境逆境(三)地也如佳境勝境 幜 帛也通作景 景 (一)光色也如風景(二)境也(三)慕也仰也(四)與影同

璟 玉之光彩也 警 戒備也凡報告危急之消息曰警如邊警烽警也

弓部上去声

· 去 肯 (一)可也有認許之意(二)又音愷筋骨相結之處曰肯綮 謦 欬聲凡聲之輕者曰謦重者曰欬 揹 揹勒壓迫之意

· 地 戥 戥子稱量小物之器 等 (一)階級也(二)輩也同也(三)比較也 耵 耵聹理學名詞即耳竅中所生之垢味苦蟲入耳即為所殺天然保護之物

頂 頭之最上部也凡最高之處皆曰頂(二)事物之最優者如頂上(三)冠一具亦曰一頂(四)代替也如言冒名頂替

· 他 挺 (一)拔也如拔劍曰挺劍(二)正直也俗謂直立曰挺然 梃 一枝也一說梃者獨也如梃然直立之貌 穎 (一)禾末也(二)鐶也(三)筆頭也(四)出眾曰穎異 町 田區畔埒也即田界

脡 脯也伸者曰脡猶今之肋條肉也 珽 玉笏也 艇 船之狹小而長者 逞 (一)快也滿意也(二)極也盡也(三)解也放也 郢 春秋時楚之都邑在今湖北江陵縣境

鋌 (一)銅鐵樸也與錠通(二)疾走貌(三)盡也 頲 直也 潁 水名在河南又縣名

· 增 尰 脛氣腫也 拯 助也援也謂救之也 瘇 脛氣足瘇也 腫 (一)癰也肉也(二)浮滿也脹也

· 時 眚 (一)目病生翳也災也(三)過誤也(二) 箵 笭箵篝籠也又漁具之總稱本音省亦讀平聲

· 英 癭 亦音穎頸瘤也木上之隆起者亦曰癭

· 杳 猛 (一)健犬也(二)惡也害也(二)勢之急者皆曰猛 皿 器也盤盂之屬 艋 小舟曰舴艋 茗 茶芽也 蜢 蚱蜢食稻之害蟲也

· 喜 擤 手捻鼻膿曰擤 涬 (一)引也(二)涬溟自然氣也

摒 除也摒擋迸(一)走散也(二)涌也言收拾也猶(三)與屏同斥逐也

• 求

敬 恭也在貌為恭在心為敬

獍 獸名舊為獍食母故以喻不孝

• 去

慶 (一)賀也祝壽曰慶(二)賞也

磬 樂器也以玉或石為之形如矩

罄 器中空也(二)盡也

• 地

凳 用具人所坐也俗作櫈

墱 墱道閣道也墱流小坎水分派者也

嶝 亦作隥小阪也山上登陟之道

椗 碇之俗字如寄碇下碇亦作椗

碇 鎮舟石也今亦謂鐵錨曰碇俗作椗

矴 海舟所用之木矴也

磴 山巖有石平坦可登者

隥 與磴同險阪也

• 坡

娉 與娉同(二)聘婷美貌

聘 (一)訪也請也(二)通問也三婚禮過定也

騁 直馳也凡狀文思之奔放亦曰騁

• 他

侹 長貌

聽 (一)耳之感覺曰聽(二)受也(三)從也(四)任也五候也又同聽

• 增

政 正也下所取正也如法制禁令之屬辦事之規則曰政如家政之類也

甑 瓦器所以炊者

症 病之徵驗也

種 藝植也布也(二)又讀上聲穀種也(三)人種也四種類也

眾 寡之對多也

訂 (一)平議也(二)有定字意如正定書籍校訂曰訂與人定交曰訂約

証 諫也亦借為證據之證

艷 艷艷青黑色也亦與靚同

頲 額也

證 (一)驗也告發驗其實事也如證據見證(二)引證也(三)疾病證候也俗作症

飣 黏果絫積以為陳設之具而不食曰飣

• 時

勝 敗之對如言百戰百勝

• 出

清 寒也禮冬溫而夏清

疢 病也

銃 俗借用為火器之名如獵鳥者曰鳥銃本讀充去聲斧穿也謂受柄之處

弓部上入聲

•邊

偪 與逼同侵偪也
愊 誠志也如樸實不事外飾曰悃愊無華
楅 持牛之具
湢 (一)浴室謂之湢(二)整肅貌
疈 礫牲也
皕 二百也
腷 腷臆屏氣不泄也

迫 (一)近也(二)逼也(三)急也四催促也五窄狹也六怱遽也
逼 (一)迫近也(二)迫脅也如强逼威逼(三)猶險狹也
煏 用火乾物也
憊 以火乾五穀也

•求

墼 土墼未燒墼坯也
戟 兵器名也
撽 搗持也
棘 (一)多刺灌木故路難行曰荊棘事難理曰棘手(二)急也居喪稱棘人
槅 大車軛也
檄 徵召曉諭之文書也

殛 誅戮也
毄 擊也謂兵器用以打人者
激 (一)遏迫之使奮躍也(二)疾急也(三)感動奮發也如感激等
緙 織緯曰緙
菊 花名古作蘜種類甚多
襋 衣領也

覡 為人禱祝鬼神者也男曰覡女曰巫
跼 (一)曲也(二)跼脊蹐跼不伸也(三)跼躅行不進也
轚 車轄相擊也
鋦 以鐵縛物也俗亦謂屈鐵釘兩端以釘物曰鋦
薂 蓮實也

革 (一)獸皮之去毛者曰革(二)改也除去之也如革職
侷 侷促也與局跼通
亟 急也猶讀若器頻數也
蕀 顛蕀草名即天虋冬
翮 羽莖也
蘜 與菊同

•去

刻 (一)鏤也木謂之刻(二)時辰鐘以十五分為一刻
劾 論人罪狀也如糾劾是也
擊 打也攻殺也

•地

劚 (一)鋤屬(二)斫也
啇 本也與滴通謂漏滴也
嫡 正室曰嫡
德 (一)道德也(二)善也如德政(三)感恩曰德(四)又國名
的 (一)明也表見也(二)實也意向也如目的也(三)助詞

甋 瓴甋甎也
竹 (一)多年生植物(二)古人簡策用竹(三)八音之一
竺 (一)天竺古國名即今印度(二)姓也
筑 樂器狀如琴
菂 蓮實也
鏑 矢鋒也即箭鏃

靮 馬繮也
玓 玓瓅明珠色

•坡

劈 裂破也分也
匐 匐枝植物學名詞植物由莖幹生長枝條匐匐地上隨處生根枝曰匐枝
擗 拊心也
擘 (一)分開也(二)大指也
檗 木名黃檗也
澼 漂也

珀 琥珀礦物也紅者曰血珀黃者曰金珀可製飾物

甓 甋也也

瞥 過目也暫見也

碧 (一)石之青美者(二)凡色之青者亦曰碧

蔔 蘿蔔也詳蘿字註

萆 (一)雨衣也即襏襫(二)又音卑草名根可入藥

踣 (一)仆也(二)僵也(三)斃也

躃 足不能行也兩足俱廢曰躃

躄 同躃

辟 (一)明也(二)除也(三)徵召也(四)法也

釽 (一)斲也(二)破也(三)劍上之飾

闢 (一)開也(二)開墾曰闢如闢地礦

霹 雷之急擊者謂之霹靂

鷿 鷿鷈鳥名體大如鴿俗稱潛水鳥

魄 魂之對凡精氣消竭而徒存形質者曰魄(二)無光處也又謂失業曰落魄

•他

倜 (一)倜然高舉也(二)倜儻不羈也猶言不拘束也

剔 (一)解也謂分解其骨肉也剔(二)挑選物品去其腐者曰剔如剔除

勑 道家有勑勑之術謂畫符禁咒也

忑 忐忑心虛也

忒 差誤也過甚之詞

惕 憂懼也怵惕驚也

慝 惡之匿於心者(二)邪也(三)讒人四訛言也

敕 詔命曰敕

禿 (一)頭無發也(二)物落盡亦曰禿

裼 (一)去上衣也(二)緣袂口也又音替褓也

貣 承作貸從人求物也

趯 (一)躍也(二)書法之筆鋒上出者曰趯

踢 以足蹴物也

鉽 一屬之金

陟 登也

飭 (一)謹貌(二)命令也如託人攜帶信件信面書飭呈飭送之類

•增

則 (一)法也(二)助詞即也乃也

崱 崱屴高峻貌

溭 (一)波也(二)溭減言動灩也一云參差也

燭 (一)以膏製之燃以取光者(二)照也

爥 與燭同照也

畟 (一)嚴利也(二)博具今作骰

稷 高粱也江淮以北農田多種之古稱為百穀之長故農官穀神皆名曰稷

•時

嗇 慳吝也有餘而不盡用也

夕 夜也暮也

奭 赤貌詩路車有奭

媳 俗稱子婦曰媳通作息

式 法也樣也度也

息 休息也鼻息也又大聲而歎曰太息

悉 知也詳也如盡也如凡物曰悉數

摵 摵摵落葉聲亦作瑟瑟

晰 明也亦作晳

晳 明辨也

析 (一)破木也(二)分也如析產

淅 (一)水名源出河南(二)漬米水也

栻 (一)木名(二)古時用以占卜之具以楓子棗心木為之 **汐** 海濤朝曰潮夕曰汐 **潟** 鹵地也謂土之含鹽質者 **瑟** (一)樂器名古五十弦後改二十五弦(二)眾多貌(三)嚴密貌(四)潔鮮貌

熄 (一)火滅也(二)銷亡也 **晳** (一)人色白也(二)棗樹之一種 **矽** 非金屬原質之一為製造玻璃之原料 **碩** (一)大也(二)賢也 **碭** 柱下石也 **穡** 穀可收曰穡

穸 窀穸墓穴也 **窸** 窸窣聲不安也 **舃** (一)俗作舄履也(二)大貌 **色** (一)光線射於物體所顯之現象也(二)顏色也(三)愛其美曰色四景色也 **蜥** 蜥蜴爬蟲也又名石龍

螫 蛇類及昆蟲類之含有毒腺者用毒牙或尾針刺人曰螫 **蟋** 蟋蟀蟲名一名促織性喜鬥而善鳴 **襫** 襏襫雨衣也為勞力者所服 **郋** 地名在今河南汝寧縣境

識 (一)知也見而能辨別之曰識(二)見解也如知識見識常識 **軾** 與前橫木也 **轖** 車箱也亦謂之軨以木構成方格縱橫交結以為固曰軨結轖亦曰結軨

適 (一)往也至也(二)從也女子出嫁從人曰適人(三)安便也(四)相當也(五)僅也 **釋** (一)解也如釋放(二)解說其義亦曰釋(三)消散也(四)捨也(五)釋迦佛號也 **鎴** 金屬之一

鏭 金屬之一色白如銀 **飾** (一)物既成而加以文采也(二)服裝曰飾(三)假託也如飾詞也

• **英**

億 (一)數目名(二)料度也 **憶** (一)念也(二)記也(三)料度也 **檍** 木名可為弓材 **澺** 水名亦稱洪河出河南方城縣 **繶** 絛也 **艗** 艗舟舟頭作為艗首也

醷 梅漿也 **饐** 噎也

• **出**

側 (一)旁也(二)傾也又橫也如言側目側身(三)卑隘也側陋謂卑賤之者也 **慼** 憂也 **惻** (一)悽愴也(二)惻隱謂心有所不忍也 **堿** 階齒也 **鼜** 守夜鼓也

鏚 斧也 **粟** 穀類植物即粱也俗呼小米 **磩** (一)者磩石之次玉碶(二)礎也 **慼** 種族名雲南有之 **測** 度深曰測引伸之凡度量之皆曰測又事不可料曰不測

斥 (一)屏拒也如斥逐(二)非議也如訶斥(三)充斥謂完滿也(四)候視也(五)開也 **戚** (一)哀也(二)憂也(三)親也如謂外親曰外戚

• **喜**

核 果實中堅硬之質保護內部之種子者曰核

滆 滆湖在江蘇武進縣西南

礉 (一)實也(二)刻也

衋 傷痛也

覈 (一)驗也考事得實曰覈(二)深刻也

赫 (一)赤也(二)怒意也(三)盛也四顯也

赩 大赤也又山無草木貌

黑 五色之一色深暗者

弓部下平聲

• **柳**

伶 (一)伶倫古樂師今亦稱戲劇曰伶(二)獨也如言伶仃孤苦(三)伶俐黠慧也

儜 (一)困弱也(二)儜奴罵人之詞猶言孌奴也

凌 積冰曰凌

嚀 叮嚀再三囑咐也

嚨 喉也

囹 囹圄牢獄也

寧 (一)安也(二)省視也女子既嫁而歸家省其父母曰歸寧(三)願詞如言寧可

岭 岭嶒深邃之貌

崚 崚嶒山高貌

怜 (一)心了也(二)亦與憐同

(一)憐也(二)驚也

拎 手捻物而提之曰拎亦作擰

擰 執而捩之俗謂之擰

棱 (一)通作稜觚也四方木也(二)物之有棱角者曰棱故持兩端而不決者曰模棱

楞 (一)與稜同俗謂蚶子曰瓦楞子以形似瓦稜也(二)楞嚴釋經名

欞 窗欞闌干等之雕有孔隙者曰欞

獰 猙獰狀貌之凶惡者

瓴 (一)屋瓦之仰蓋者亦曰瓦溝(二)瓶之有耳者

玲 (一)玉聲也(二)玲玎玉石聲

甯 (一)與寧同安也又讀下上聲所願也如言甯可如此(二)姓也

笭 (一)笭箵漁具(二)小籠也

綾 絲織物之似緞而薄者謂者文望之如冰凌者

羚 羚羊狀似山羊產於歐洲及亞洲之西其根可入藥

翎 (一)羽羽也(二)箭鳥亦曰翎

聆 亦讀如鈴聽也

能 (一)才能也(二)勝任曰能

舲 小船之有窗牖者

菱 本作蔆果類植物種陂塘中實有四角三角二角名曰菱角生熟皆可食

蔆 (一)與菱同(二)菠蔆也詳菠字註

蘦 甘草之別名與零通落也

蛉 (一)蜻蛉蟲名(二)螟蛉蝶之幼蟲

軨 車闌也車廂內三面一橫直為方格如窗欞也

輘 車轢也謂壓軋之也又車聲也

酃 縣名宋置屬湖南衡陽道

醽 (一)酒綠者曰醽(二)醽醁美酒名

陵 (一)大阜曰陵(二)塚也(三)侵侮也(四)躐也陵節猶躐等也(五)廢壞也如陵夷陵遲也

零 (一)徐雨也(二)草木枯曰零(三)不成整數曰零星(四)零丁孤苦之謂也

[illegible] 古靈字

靈 (一)神靈也陽之精田神陰之精氣曰靈(二)應驗也(三)不呆滯也
䰱 靈鑺鬼求食也
鯪 (一)魚名與鯽同類(二)鯪鯉魚名即穿山甲也好食蟻
鴒 鶺鴒鳥名詳鶺字

鸋 鸋鴂即鴟鴞也見爾雅亦以喻貪惡之人也
鸗 (一)小鳥也(二)又鴨也
麢 麢羊也俗省作羚
泠 泠泠水聲也
淩 歷也
狑 (一)良犬也(二)蠻族名廣西有之

齡 年也
龍 (一)舊說謂鱗之長能與雲雨利萬物故為四靈之一(二)山脈曰龍如龍脈
灵 同靈
薴 薺薴草名
蠪 蠪蜂蟲名相傳蓄之能知蟲毒
⿰帝己 古龍字

龔 古龍字
竜 古龍字
蔆 同菱

·邊
帲 覆也蔽也帲幪猶覆庇之意在旁曰帲在上曰幪
胼 胼胝皮上久受壓迫而生之硬塊也勞動者手足多生之
跰 散走也
軿 衣車也車有帷以為屏蔽為婦人所乘者

郱 春秋時地名在今山東臨朐縣境
騈 (一)二馬相比也(二)凡物二者相併皆曰騈如騈脅又騈文
骿 與騈同

·去
剠 與黥同墨刑在面也
勍 (一)彊也(二)勍勍武勇貌
坰 郊野曰坰
扃 門外閉之關木也故閉門亦曰扃門
擏 與檠通輔正弓弩之器也亦與儆同
絅 襌衣也

擎 舉也持高也
檠 本作敬正弓之器也又燈架也
⿵冂鼎 與扃同以橫木貫鼎耳而舉之者
鯨 世界動物之最大者外形似魚實獸類也長至八九十尺肉皮可食

駉 駉馬壯盛貌
黥 古墨刑亦謂之黥猶清時之刺字
苘 苘麻白麻也
葝 蓷屬葉大於蓷

·地
亭 (一)道路或團圃之旁設舍以為休息之所俗謂之涼亭(二)至也如日之至午曰亭午(三)亭亭獨立貌
楟 楟花即棠梨花曝乾可以充蔬
婷 娉婷美好貌

葶 一葶藶草名狀如蘇而赤華葶薴草名子可入藥

·坡
凭 依几也
平 (一)如坦也謂無傾側高下也(二)均也齊也平平等平均(三)平治四平亂也
憑 (一)依倚也如憑軾(二)依託也如憑附(三)證據也如文憑憑照是也

弸(一)弓強貌(二)滿也　抨彈劾之也　朋(一)朋友也同們曰朋同志為友(二)比也如言碩大無朋(三)五貝為朋幣也　評平議也平定事物之是非曰評　閛闔扉之聲也

鬅也鬙髮亂鬅　鮃魚名比目魚之目在左側者亦名版魚　枰(一)博局也(二)今謂碁局曰枰棋一局亦曰一枰　苹(一)草名白蒿屬(二)萍也　伻使者也

·他

停(一)中也止如停留停泊(二)居停謂客寓也　庭堂階前也如庭院官署亦謂之府庭　廷朝廷也謂一國政治之所也　懲懲創也謂使之有所恐懼而不敢為也

桯牀前几江沔之間曰桯　渟水止也如渟也　滕(一)與騰通水超涌也(二)春秋國名在今山東滕縣　瀓與澄通水靜而清也　澄(一)水靜而清也(二)澄海縣名

瞪直視也　筳繼絲之具俗作筳　綎系綬也　縢(一)緘也(二)以繩約束之也行縢也如今之纏腿也　莛草莖也　蜓蜻蜓蟲名詳蜻字註　謄傳鈔也

螣(一)螣蛇一名飛蛇能乘霧而飛(二)又音特稻上小青蟲甚害苗　裎(一)倮身也(二)與綎通佩帶也又讀上上聲深衣也　邆邆睒地名唐時六詔之一在今雲南鄧川縣

醒病酒也　霆疾雷也　鞓皮帶綎也亦作裎　鞓同鞓　騰(一)馬奔躍也(二)凡上升皆曰騰如物價驟漲曰騰貴　鼮豹紋鼠也

汀水際平地也又小洲曰汀　惩與懲同

·入

芿陳根草不芟新草又生相因仍也　陾陾陾築牆聲也　仍(一)因也如言仍舊(二)頻也　礽福也　另凡別為一事者皆曰另

·時

丞輔佐也古以為官名如丞相丞尉之類皆取輔佐之義也　塍稻田畦也田埂亦曰田塍　宬(一)屋所容受也(二)藏書之室也　誠(一)真實也(二)助詞信也如言誠然

成(一)就也舉也凡功業就皆謂之成(二)終也(三)平也如求和曰求成　承(一)奉也承命也(二)受也如承恩承教(三)應也自任曰承(四)繼也(五)按續也

郕國名周武王封其母弟叔武於此今山東寧陽縣境　騬揗馬也謂馬之去勢者

•英

塋 墓也即葬地也

嫈 嫈嫇幼婦也

嶸 崢嶸高峻貌

滎 古澤也在今河南

熒 (一)光明也(二)眼眩也

瑩 (一)玉色美石也(二)光潔也(三)心地透徹亦曰瑩也

禜 祭名為壇域而祭以除去凶災也

螢 飛蟲也生於卑溼之地腹后有光每於夏時常見也

縈 旋繞也

謍 小聲也

鎣 磨金器令光澤也

醟 酒失也又音詠義同

籯 本音盈竹器箱屬

•杳

冥 (一)幽也俗謂死者所處曰幽思(二)昧也如冥頑(三)高遠之義(四)心冥深奧

嫇 (一)嫈嫇也即幼婦(二)瑩嫇明淨貌(三)又音茗嫇奵自持也

氓 (一)俗讀民人民也(二)遊民曰流氓

鳴 鳥聲也引申之凡發聲皆曰鳴如鳴鼓為擊鼓也

明 (一)光明也如月明(二)清明也(三)謂目曰明如喪目日失明(四)始旦曰明如平明(五)次日曰明曰(六)顯露也如發明之類(七)朝代名

瞑 晦也又讀去聲夜也

洺 洺河水名源出山西

溟 (一)小雨也(二)海也莊子北溟有魚

甍 屋棟也所以承瓦

榠 榠櫨木名

盲 (一)目無眸子也(二)疾也(三)暗也

甿 田民也

盟 誓約也謂殺牲歃血而告誓於神明也

瞑 閉目也

黤 黤黤青黑色也

莔 藥草名一名貝母根可入藥

蓂 (一)蓂莢瑞草(二)又音覓甘菜也

萌 (一)草芽也凡草木始生皆曰萌(二)始也端也(三)與氓通(四)姓也

蝱 蟲名亦作虻形態與蠅略同

螟 (一)食稻之害蟲也(二)螟蛉養子之稱

鄍 春秋時虞邑名在今山西平陸縣境

鄳 漢縣名今河南信陽羅山縣境

酩 酩酊醉甚也

眳 眉睫之間也

銘 刻文於器可使永遠不忘也俗謂感人恩德曰銘心銘感即本此意也

覭 小見也謂微細難見也

•語

凝 (一)水堅也凡液體變為固體皆曰凝(二)成也定也聚也

迎 逢也接也

娙 女身長好貌又音形娙娥漢女官名

•出

情 (一)性之動也如喜怒哀懼愛惡慾謂之七情(二)人情也(三)私意也四實也

棖 (一)門兩旁長木也(二)觸物曰根有所感觸曰根觸

橙 果名似橘實圓色黃味酸

· **喜**

佷 後漢書董卓多自佷用注劉攽曰曰當作桌佷佷多自用疑與很通

侀 同型鑄物之器也

刑 (一)罰總名也舊刑律以死流徒杖笞為五刑亡常也法也

垣 道也

型 (一)陶鑄器物用為成式者木曰模土曰型(二)引伸為儀式之義

姮 姮娥也亦作嫦娥

形 (一)形體也(二)容色曰形如形貌(二)擬模也如形容(四)現也(五)地勢也

硎 砥石也

珩 佩上玉也古之玉佩上為珩下為璜

鉶 鼎器也亦曰鉶羹受一斗

陘 (一)山形連延中忽斷絕者曰陘(二)脣也竈陘竈邊承器之所

恆 (一)常也(二)九也

桁 (一)屋桁屋橫木也(二)木塞也又音杭械也大械曰桁

弓部下上聲

· **柳**

令 (一)命令也(二)時令也(三)官名舊稱知縣曰縣令(四)善也(五)稱人親屬曰令

佞 一才也如自謙之詞曰不佞猶言不才也(二)巧言也

浧 濘也

憖 (一)且也(二)寧也(三)缺也

檸 (一)檸檬果類植物花葉似橘實橢圓色黃而香皮可製油(二)檸頭榫頭也

濘 泥濘謂泥水淤積道上也

苓 (一)茯苓也(二)豬苓菌類植物生於楓樹塊似豬矢故名表深褐內部黃褐

詅 賣也又音零衒也

· **邊**

並 (一)本作竝併也謂其相齊也並坐凡連類而及之皆曰並(二)如並立皆也

堋 棺下土也又音朋射埒也

并 合也俗作并又讀下平聲義同

竝 同並

· **求**

儆 戒也亦與警通

竟 (一)本音敬窮也(二)終也(三)窮其事曰竟(四)助詞如究竟(五)與境同界也

競 (一)彊也(二)爭也逐也

· **地**

蹬 蹭蹬失勢貌

鄧 (一)古國名曼姓春秋時為楚滅今湖北襄陽縣境(二)縣名屬河南汝陽道

· **增**

掙 俗謂用力脫去曰掙本讀爭去聲

淨 無垢也潔也又空無所有也

諍 本讀爭去聲止也如諍謂以言止人過失

靖 治也不驚擾之謂也如安靖平靖

靚 粉黛粧飾也如言靚粧

·時 嵊 山名在浙江嵊縣東三十四里 乘 (一)駕也謂以車駕馬也引伸之凡物自下而登其上皆曰乘如皆舟之類(二)因也如乘興而來又讀下平聲如算術乘法也

盛 豐滿也多也大也又讀下平聲以器受物也 晟 明也

·英 孕 懷子也 媵 (一)送女也又從嫁之人也(二)妾謂之媵古以姪娣為妾故妾謂之媵

·沓 命 (一)教今也(二)使人為事謂之命二爵賞之詞曰命如諸命(三)又生命也 孟 (一)長也嫡長曰伯庶長曰孟(二)始也如正月曰孟春(三)孟浪魯莽之謂也 錳 金類之一

·出 蹭 蹭蹬失勢貌

·喜 倖 與幸同非分而得也如僥倖倖福 婞 與悻同很也 幸 (一)同倖非分而得也(二)不可免而免曰幸(三)希冀也(四)寵愛曰幸如得幸 悻 悻悻怒也

杏 果木名花葉均似梅實甘美仁扁而兴味又香美可供藥用又銀杏樹名 荇 或作莕水草名莖白葉青平貼水面夏日開黃花莖葉嫩時可食 莕 與荇同

弓部下去聲

·柳 稜 (一)農人指田園遠近多少曰稜(二)又音楞本作稜凡物有廉角者曰觚稜

·英 瀅 水澄也 用 (一)施行也(二)任使也(三)器用也

·喜 絎 縫也

弓部下入聲

•柳

仂 數之餘也

勒 (一)馬絡頭也有嚼口者曰勒無曰羈(二)抑也抑勒猶言壓迫之也(三)刻也

扐 筮者著蓍於指間也

捋 以指歷取之也

泐 (一)石解散也(二)手書曰手泐

竻 竹根也

綠 青黃色也

肋 脅骨也即謂胸旁之骨也

阞 (一)地理也又地之脈理坼也(二)數之餘也

鰳 魚名狀如鰣魚小首細鱗腹下有硬刺乾者曰鰳鮝

陸 (一)平曠之原也(二)早道曰陸(三)星也(四)跳也(五)借為數目之六字

屴 崱屴山高大貌

瓅 玓瓅珠色明

•求

局 (一)部分也如辨事之處統稱局所(二)棋枰曰棋局(三)現象曰局如時局(四)器量曰局量(五)結構曰格局

極 (一)屋脊之棟也(二)南北極也(三)窮盡曰極四至盡而無餘之詞(五)疲倦也

•地

值 (一)當也如言植年值日(二)物價曰值(三)遇也如相遇曰相值也

敵 (一)仇也(二)抵拒也(三)當也謂仇匹相當也

滌 (一)洒也洗濯去垢曰滌(二)掃也(三)養牲之室也

犆 特也獨也

特 (一)一牲曰特(二)單獨曰特(三)獨出於眾曰特(四)專為一事曰特(五)語詞

狄 (一)北方之種族名(二)往來疾貌(三)姓也

笛 樂器之七孔者古謂之橫吹

篴 樂器通作笛

籊 籊籊竹長而銳也

翟 (一)鳥名山雉尾長者(二)雉羽也

舳 舳艫方長之船也

荻 草名與蘆同類惟葉稍闊於蘆

蟄 蟲類伏藏也

覿 見也謂以贄相見也

踧 踧不易也又音蹙踧踖恭敬不安之貌

軸 (一)車之所以持輪者兩端貫於軸轂上以承輿者(二)杼軸也(三)樞要曰輪

𨏥 (一)與轆同(二)𨏥轤汲器也

迪 (一)進也(二)道也(三)至也

轆 轆轤圓轉木也為錨輪類之引重器井上汲水及舟中起軸等多用之

逖 遠也亦作逿

逿 同逖遠也

鸐 鸐雉鳥名似雉雌雄毛色各異尾短棲息山野間亦名山雞

鹿 獸名四肢細長雄者生有枝之角毛茶褐色有白星斑紋俗稱梅花鹿

藡 同荻

苗 草名即羊蹄草

•增

一 (一)數之始也(二)同也如言始終如一(三)統括之詞如一切一概

壹 專一也與一同

澤 (一)水所匯也(二)有恩及人曰澤如恩澤德澤(三)光潤也

襗 袴也

•時

熟(一)烹餁使可食曰熟(二)成熟也(三)素所習曰熟也

•英

奕(一)大也(二)奕葉累世也謂世次相續不絕也亦與弈同 **帟**帳也在上曰帟 **弈**圍棋也 **弋**(一)以繩繫矢而射也(二)取也如弋獲(三)橛也(四)黑色也

掖(一)與腋同臂下也(二)扶也(三)在旁者曰掖如掖庭掖垣 **易**(一)交易也(二)變更也(三)又音驛經易古卜筮之書又不難也 **液**汁也凡流質皆謂之夜 **翊**(一)飛貌(二)輔也

翌翌日明日也 **翼**(一)翅也(二)輔也三覆也 **腋**肩臂內面交接之處也 **臆**胸臆也當胸之處 **蜴**蜥蜴蟲名詳蜥字注 **醳**苦酒也一曰醇酒

譯傳他國之語言文字而達其意也如通譯翻譯 **默**黑也 **睪**伺視也與睾別 **繹**(一)細絲也(二)相續曰繹如言絡繹不絕 **襗**通作繹祭之翌日也又祭名

瀷水名源出河南密縣東南大隗山亦曰滄河東南流經許州 **潩**與瀷同 **懌**悅也

•文

冖與冪同以巾覆物也 **冪**(一)覆食巾也(二)算術形體之外皮曰冪如言冪積謂外皮方積 **塓**塗也左傳圬人以時塓館宮室 **幂**與冪同 **幎**覆也均致貌

幦車覆也 **幭**與幦同 **汨**汨羅江名 **簚**車覆闌也 **羃**同冪 **袹**與帞同邪巾袹頭始喪之服 **覓**俗作覓求也索取也如尋覓

貊(一)北狄曰貊(二)獸名似驢 **貘**獸名白豹也 **陌**阡陌田間道也詳阡字 **驀**驀然猶言忽然驟見而驚異之意 **鼏**(一)鼎蓋也(二)與幎通覆飲食器之物

蛨蛨蚝甬人稱蚱蜢曰蛨蚝 **糸**細絲也俗絲字亦省作糸

•語

獄監牢曰獄 **玉**(一)石之美者(二)以玉喻美如玉貌以喻尊貴曰玉體 **鈺**堅金也寶也 **逆**(一)不順也下而反其上皆曰逆如忤逆叛逆(二)迎也如逆旅(三)預度也

鶂亦作鶃鶂鶂鷁叫聲 **鷁**水鳥名善飛而畏風人因畫其象於船頭故稱舟為鷁首亦作艗似鸕鷀 **鷊**(一)鳥名即吐綬雞也(二)草名本作虉亦名綬草有雜色如綬

• 嫋

匿 藏也

媱 與暱同

惄 (一)飢意也(二)憂思也

搦 (一)持也(二)捉也

昵 與暱通親近也

暱 親也近也詩無自暱馬

溺 (一)沒於水曰溺(二)為嗜欲所遮蔽曰溺(三)過愛曰溺愛四小便

衵 女人近身之衣也

肉 肌肉也附於皮骨間者

17 龜部上平聲

• 邊

峬 峬峭即俌俏好形貌

庯 庯峭造屋曲折者曰庯峭俗又轉語為波峭

晡 申時也午後為晡

逋 (一)有罪亡匿曰逋(二)負欠財物亦曰逋

餔 (一)申時食也(二)食也(三)與哺通以食食人也

• 求

佝 (一)短醜貌(二)與拘同

劬 劬劬勞苦之貌

咕 (一)咕噥多言也(二)咕嚕言語煩絮而不分明者也

岣 岣嶁山名

拘 (一)執之也如捕(二)檢制也(三)限也如不拘多少

捄 (一)盛土梩中也(二)又音求長貌(三)又與救同

朐 車軛也此字是在月部

痀 曲脊也亦曰痀瘻亦作跔瘻

跔 天寒足牽掣不伸之謂也

萬 所以正車輪者

朐 (一)脯之屈者曰朐(二)遠也(三)娃也

軥 車轅前端所以駕馬之具即軛也

辜 罪也

駒 馬之少壯者又駿馬也

騩 馬之淺黑色者

鴝 鴝鴿鳥名身首俱黑兩翼下有白點剪剔其舌能效人言俗名八哥

鸜 鴝同

鼩 鼩鼱鼲鼠類長可二寸尾鼻尖於田圃間作穴而居又地鼠

龜 (一)介屬動物(二)古亦以龜為幣(三)俗用為詈人之詞(四)又背梁也

觚 (一)酒器也(二)棱角也方木之可以書字者故作文曰操觚

• 去

佉 佉盧人名古造書者

區 (一)別也(二)域也地之分為界域者皆曰區

呿 張口貌

嶇 崎嶇路不平也

抾 捧也

姝 女之美者曰姝

敺 古文驅字

樞 (一)戶樞也俗稱門轉軸(二)中央之機關猶言樞紐

胠 (一)發也開也(二)去也

袪 (一)衣袪也(二)舉袖貌

祛 (一)讉也(二)逐也(三)禳也

貙 獸名大如狗文如貓

軀 身體也
阹 (一)依山谷為牛馬圈也(二)遮取禽獸亦曰阹
驅 (一)鞭馬使速行也(二)迫逐也如言驅除驅遣(三)駕策也如言驅御也奔走也(四)為人用力曰驅馳
鮢 比目魚之屬

·地
株 (一)木幹也土下曰根土上曰株(二)樹一本亦曰一株(三)罪相連及曰株連
潴 水所停也
蛛 蜘蛛節足動物詳蜘字亦作鼅
誅 (一)討也(二)殺之也(三)罰也(四)責也(五)治也翦除也

跦 跳行貌
郰 國名曹姓陸終後武王封曹挾於邾後為楚并今山東鄒縣地小邾國名
鼄 鼅鼄也見鼅字

·增
侏 短也
咀 咀噍猶言咀嚼謂嚼而吸其所含之味也
娵 俗讀若鄒娵隅蠻人稱魚也娵訾星次之名
徂 往也至也
殂 (一)死也(二)殂洛言人命盡如草木落葉也

朱 正赤也又朱提銀名
櫧 常綠灌木其實可食其材可為器具
沮 水名即宜君水
洙 水名有二一出山東一出曲阜縣
珠 (一)真珠也(二)又凡顆粒圓者皆曰珠

狙 (一)猿屬狡黠獸也(二)伏伺也
疽 癰疽外症之統稱赤腫為癰不赤腫者曰疽
砠 土山戴石為砠
組 (一)綬屬也猶今言絲條(二)聯合之曰組(三)凡物成套者謂之一組

硃 硃砂為水銀硫黃之天然化合物
苴 (一)履中草藉也(二)子麻也
茱 茱萸喬木名有吳茱萸食茱萸(二)種
菹 (一)酢菜也俗謂之鹽菜(二)醢之也(三)草枯曰菹(四)澤生草曰菹

葅 與菹同又通苴
蛆 蠅類之幼蟲也
諏 謀也問也今亦謂擇日曰諏吉
諸 (一)於也有所專屬之義(二)眾也如諸事諸君(三)語助詞又疑詞
趄 趑趄行不進也

跙 跙跙行不進也
䣜 䣜醭美漿也
銖 (一)古衡名十黍為累十累為銖二十四銖為一兩古之一兩當今半兩(二)鈍也
雎 (一)雎鳩水鳥也(二)趦趄亦作趦雎難行貌

鴡 與雎字通
齟 齟齬齒不正而參差出入也故意見不相合亦曰齟齬

·時
嬃 楚人謂姊曰嬃
渝 (一)變也(二)水名在直隸
湑 又讀胥上聲義同盛貌又與醑同
濡 (一)溼也如沾濡(二)遲緩也如濡滯三水名
糈 (一)糧也(二)精米也祀神用之

紓 (一)緩也(二)解也如紓難紓禍
繻 細密之羅也
胥 (一)蟹醢也(二)皆也(三)待也(四)疏也(五)書辦曰胥吏
舒 (一)伸也開也(二)遲緩也(三)姓也

蠕 (一)蟲行貌(二)微動也亦音儒義同(三)蠕蠕古國名也

輸 (一)委輸也猶言轉運二致也(二)負也俗謂勝曰贏負曰輸

鄃 漢縣名在今山東平原縣境

醑 與湑同美酒也

鑐 鎖牡也即鎖簧又與繻通

需 (一)須也如相待曰相需(二)用也如軍需餉(三)遲疑也

須 (一)待也(二)與需通資用也(三)凡必要之事皆曰須如急須(四)須臾短時刻

·英

于 (一)往也(二)往取也(三)于于行貌(四)廣大貌(五)與於通在也(六)發語詞

冔 殷之冕也

俞 然也謂應答也亦讀作余

吁 (一)疑怪聲(二)憂也(三)歎息也

圬 與杇同泥鏝也

嗚 (一)嗚呼嘆詞(二)嗚咽泣聲

圩 岸也江淮間水高於田築堤以捍水曰圩或讀如圍

旴 日始旦也

昫 日出温暖也

杅 浴器又盛水器也

杇 堊室之具或作圬

汙 (一)濁水也又凡不潔曰汙(二)染也如言以不潔之物染之也

洿 (一)水濁不流也(二)又音戶濊也

玗 石之似玉者

盂 盛飲食之器也

盱 (一)張目上視也(二)憂也(三)大也

竽 笙也樂器名三十六簧長四尺二寸

紆 (一)屈曲縈繞也(二)心之鬱結亦曰紆

訏 (一)誇也(二)大也

迂 (一)僻也遠於事情也(二)曲也三路遠也

邘 (一)古國名(二)姓也

釪 (一)鏄也(二)錞釪樂器也形如鐘以和鼓(三)鉢盂亦作鉢釪僧家飯器也

鴮 (一)鴮鋗小釜也(二)金屬之一

雩 請雨祭也

·出

媰 (一)嫠婦也(二)與犓同妊娠也

芻 (一)刈草也(二)乾草也飼牲曰芻

趨 疾行也

雛 (一)幼小之稱凡禽類之子皆曰雛(二)亦以喻他物如標本之縮小曰雛型

鯫 (一)雜小魚也(二)鯫生小人也今多用為目謙詞

·喜

乎 (一)語助詞(二)疑詞(三)呼聲(四)詠歎詞

俘 獲也凡因戰而獲敵人之人物曰俘

呼 (一)噓呼外出也吸之反出息曰呼入息為吸(二)喚也叫也

垀 (一)與郛同二郭也(三)大也(四)盛也

⌒

嘑 與呼通周禮雞人夜呼旦以嘂百官謂於將旦時鳴呼也

夫 (一)男子通稱(二)成丁受役者曰夫如夫馬夫役(三)男子既配曰夫婿

孚 信也又與孵同

憮 覆也大也

孵 (一)鳥類之伏卵而雛者曰孵(二)蟲魚之由卵而初生亦曰孵

摴 摴蒲賭博之具

敷 (一)布也(二)陳也(三)饒足也如言不足曰不敷

尃 (一)古數字(二)尃與舒展也

枎(一)木名(二)與敷同(三)華蓴也 枹擊鼓杖也 柎(一)花蓴也(二)編木以度也通作桴 樗木名俗稱臭椿質粗鬆者故自謙曰樗櫪無用之材 砆碔砆石之次玉者

滹滹沱河名源出山西繁崎縣 玞(一)美石之次於玉者(二)赤地白文曰武玞 稃米外之硬穀也 筟籆也織緯之具 粰穀皮也 罦捕也網鳥 胕足也

腐(一)朽爛也(二)陳舊也 膚(一)身體之表皮也(二)大也(三)膚公謂大功也 莩蘆中薄膜即用為笛膜者 虍虎文也 虖乎字古作虖又嗚呼亦作嗚虖 袪衣前襟也

蚨與跗同足背也 郛郭也 鄜地名秦文公作鄜時於此民國改縣今屬陝西榆林道 鈇(一)斬草之具猶今之鍘刀(二)鈇鉞古腰斬之刑具也 麩小麥屑皮也

鯆鯆海獸名鯨屬體小於海豚狀似豬俗稱水豬 攄(一)舒也(二)布也(三)騰也 跗(一)足背也(二)與柎通草木之子房也

龜部上上聲

·柳

僂(一)曲背也(二)屈也(三)僂佝短醜也 嚕俗謂多言為嚕囌 屢煩數也頻仍也 嶁南嶽衡山有峋嶁峯 擄強也 縷綫也絲縷也又音摟絲之纖細者

攎掠也獲也通作擄 櫓(一)大盾也(二)樓無屋曰櫓(三)進船之具也在船旁撥水者 艣行舟之具所以撥水而使之前進也通作櫓 虜戰時所捕之敵人也凡生獲者皆曰虜

褸(一)衽也(二)襤褸衣敝也 鑪煎膠器也 魯(一)鈍也資性不敏銳之意(二)國名在今山東省也 鹵(一)土之含鹼性不宜耕種者(二)鹽澤也(三)與魯通鈍也(四)與櫓通(五)姓也

·求

久言所歷之時多也 盬鹽池也 瞽目盲也 窶貧陋也貧不能為禮謂之窶 罟網也

蠱(一)毒害人之物也如以毒藥藥人謂之蠱毒(二)穀皮也(三)事也(四)惑也

·去

傴背也病曲 齲齒蠹也亦讀如矩

• 地

堵 桓也一文為板五板為堵

楮 (一)木名(二)謂紙曰楮

睹 (一)見也視也(二)示也

覩 與睹同見也

賭 (一)遊戲有輸贏者皆曰賭如賭博(二)俗謂自誓曰賭咒又負氣亦曰賭氣

• 增

主 (一)君也(二)家長也又對賓而言(三)意旨所向曰主張主意(四)牌位曰主

枓 勺也斟水之器也

炷 燈中火炷也俗稱燈心

麈 麋屬舊謂似鹿而大行時羣鹿隨之其尾辟麈古常用以拂麈即此意也

• 入

乳 乳房之簡稱即婦人乳汁也

愈 (一)較勝也(二)益甚之義(三)病痊也

擩 染也揾也與㨎同

瘐 賢人失志懷憂病也

瘉 與瘉同病瘳也

窳 (一)器不堅也也(二)惰也緻

醹 厚酒也

• 時

墅 (一)田廬也圃墅也(二)於居宅外別為遊息之地曰別墅

諝 (一)才智也(二)詐也

暑 熱也盛夏也

曙 天曉也

杼 (一)泄水槽也(二)木名(三)又音苧杼柚織具也

稰 (一)禾子落貌(二)熟穫也

渚 小洲曰渚

籔 一十六斗曰籔又音叟漉米竹器也

緒 (一)絲端也(二)統系也(三)殘也(四)餘也

陼 (一)與渚通小洲曰陼(二)濱也又與堵同垣也

署 (一)置也部置猶布置也(二)官衙曰署(三)書檢也題字曰署如署簽榜署

黍 禾屬植於旱田其粒均齊無大小故昔人定分寸皆用為準又古衡法

杵 春杵也又軍器也又擣衣木槌也

• 英

宇 (一)屋邊也簷下也故居處之屋曰宇(二)(四)方上下也(三)有指局部言如器宇

庾 隱匿也

禹 夏王名

羽 (一)鳥毛也(二)蟲翅亦曰羽

鄅 春秋時國名在今山東蘭山縣境

• 文

侮 輕慢也如言欺侮侮弄之類

儛 與舞同

嘸 嘸然不精明也

嫵 (一)媚也(二)嫵媚姿態可愛之意亦作娬

廡 堂下周屋也亦謂之廊又讀平聲蕃廡草木盛貌

憮 憮然失意貌 **撫** (一)摩也慰勉也(二)存撫也如潕育撫養(三)按也如撫劍之類 **潕** 水名即舞水也源出河南泌陽縣西北為汝水之上源 **甒** 酒器可受五斗

武 (一)凡以威力服人皆曰武(二)足跡也 **碔** 碔砆石之似玉者亦作碔砆 **膴** (一)膴膴肥美貌又音呼大臠也(二)大也豐盛之義也 **鵡** 鸚鵡也詳鸚字

舞 (一)樂舞也(二)試演武器亦曰舞如舞劍(三)興起也如言手舞足蹈四弄也 **橆** 豐也今亦借為無字

·**語** **俣** 大也

·**出** **取** (一)收也(二)受也 **處** (一)居也(二)休息也(三)位置也(四)分別決斷曰處如處分又讀去聲場所也 **娶** 娶婦也

·**喜** **俯** 身曲首垂而向下也上對下之詞如言俯允俯念 **㕮** 㕮咀藥之粗制為㕮咀 **府** 藏文書財物處也官署曰府家亦曰府大官亦曰大府 **拊** 拊循撫摩也輕擊也

弣 弓把也亦作拊 **甫** (一)男子美稱(二)表字曰甫問人字曰台甫(三)稱父曰甫(四)始也俗讀如普 **莆** 萐莆堯時瑞草 **釜** (一)烹飪之器即俗所謂鍋也(二)古量名六斗四升曰釜

簠 古祭祀以盛稻粱之器以銅或木為之 **腑** 人之六腑也胃膽三焦大小腸謂之六腑 **頫** (一)俯本字低頭也又音眺亦作覜聘問鄰國相見之禮也(二)視也 **鯆** 鰩魚一名鯆魚

黼 古禮服刺繡如斧形者曰黼半黑半白者也 **俛** 與俯同又與勉同黽勉亦作僶俛

龜部上去聲

·**邊** **佈** 徧也佈告也通作布 **富** 豐於財也凡充格皆曰富如言年富力強文章宏富之類 **怖** 因懼而惶急也 **抪** 舒也布敬也

·**求** **句** 曲也亦作勾一言亦謂之一句 **固** (一)堅也(二)安定也(三)再三也 **堌** 堤堰也今山東曹州府有黃堌口及呂堌戚堌等村 **屨** 麻履也踐履也 **怐** (一)怐愗愚貌(二)恐也

• 故
故　(一)事也如大事曰大故(二)原因也(三)舊也如故人故鄉(四)有故心者曰故
泃　水名俗曰錯河
痼　久病也
灸　治病之法以艾燃火按而灼之也

錮　(一)鑄銅鐵以塞孔隙也(二)禁錮也
顧　(一)回視也(二)臨視也如謂客之過訪曰惠顧商店購客曰主顧(三)轉語詞
鯝　黃鯝魚名

• 地
翥　飛舉也
著　(一)明也(二)撰述也如言著書(三)又讀潮上入聲被服也如言著衣著屐也

• 增
蛀　木蠹蟲俗名蛀蟲凡物被蠹亦曰蛀
怚　驕也又音蟲心不精也
注　(一)灌也(二)意所向曰注如注意
註　(一)解釋其義而條之也()記事物曰註如記於冊曰註

鑄　銷金成器也
馵　馬後左足白者

• 時
傃　向也
塑　埏土象物如塑像塑佛
庶　(一)眾也如庶民(二)支庶也如庶子
恕　(一)推己及人也(二)寬宥也
愫　真情也
泝　順流曰沿逆流曰泝與溯同

愬　(一)與訴同告訴也(二)又讀如色愬愬懼貌
戍　或讀如歲以兵守邊也
嗉　鳥喉受食之處
溯　(一)與泝同逆流而上也(二)追懷往昔曰溯如追溯回溯也

素　(一)絹之潔白者又白也(二)質也(三)故舊也如平素平昔(四)俗以蔬食為素
絮　(一)縣絮也棉花彈之使鬆曰絮(二)花之柔軟飄揚者曰絮如柳絮蘆絮
膆　同嗉喉受食之處也

訴　(一)告也如訴訟訴冤(二)譖也
遡　(一)泝溯同逆流而上也(二)凡推尋一事之原委者亦曰遡如回遡當年
[illegible]　與溯同

• 英
牾　與忤捂並同逆也
鄔　春秋時鄭地名在今河南偃師縣境又晉地名在今山西介休縣境
隖　(一)與塢同村落中為硼堡以守衛也(二)水中山也(三)庳城也

塢　本作隖小障也山阿也凡四面高而中央下皆曰塢

• 出
厝　(一)置也(二)停柩也
措　亦作醋通作錯投也施布也棄置也
覷　伺視也輕視曰小覷
趣　(一)有定向而疾行以赴之也如趣利趣奉(二)意味也如言興趣趣味

• 喜

仆 偃也僵也猶言跌倒仆地也亦讀若撲

付 受也與也貨財之支出亦曰付

傅 (一)輔也相也(二)師傅也傅其德義曰傅(三)又音布姓也(四)同附

副 佐也助也言相助為理也

訃 告喪也今統稱訃聞

賦 (一)斂財也斂取民田畝所產以給國用曰賦稅(二)稟受也(三)鋪陳其事也

賻 以財助喪儀也

赴 (一)趨也往也(二)告喪也通作訃

龜部上入聲

• 喜

欻 忽也頃也

龜部下平聲

• 柳

壚 黑剛土也

廬 屋舍也

摟 牽率也抱持也

櫨 (一)柱上柎也即斗栱(二)木名

氀 氀毼毛布也

瀘 水名在雲南石屏山

玈 玈弓黑色之弓也

盧 (一)黑色也(二)賭博曰呼盧又讀如爐姓也

矑 目瞳子也

纑 一布縷也紵也

臚 (一)腹前曰臚(二)陳也

蘆 草名生於陂澤其芽似竹筍可食又可入藥(二)蘆菔蘿蔔也詳蘿字

蔞 蔞蒿草名其嫩莖香脆可啖

螻 (一)臭也(二)螻蟻蟻也(三)螻蛄食稻之害蟲

謱 謰謱小兒語也即絮說不清也

轤 轆轤汲水之器也

顱 腦蓋也頭亦謂之頭顱

鏤 彫刻也凡所刻花紋玲瓏透空者謂之鏤

鞻 履也

髏 髑髏死人首也

鸕 鸕鷀水鳥名色黑喙長末端稍曲善於沒水捕魚俗謂之水老鴉

婁 人名又星名也

• 邊

瓠 (一)蔬類植(二)壺也破罌也

煲 以火煮物曰煲

匏 同瓠

• 地

蹰 俗躕字

躕 踟躕行不進也

櫥 藏物之櫃也如書櫥衣櫥之類

• 坡

匍 匍匐伏地而行也

桴 (一)楣棟也二擊鼓杖也與枹同(三)又音敷編竹木代舟也

浮 沈之反又虛也如浮泛(二)過也如言人浮於事

涪 涪江一名內水源出四川

烰 (一)氣出盛也(二)又音滮火氣也

菩 (一)菩提梵語猶言正覺也(二)菩薩佛號(三)又音倍草名

蒲 (一)草名一名香蒲(二)菖蒲也古端午製蒲劍故陰曆五月曰蒲(三)蒲柳也

葡 葡萄果名一作蒲萄甘美可食又可製酒

蒱 摴蒱戲也古博戲也猶後世之擲色今通稱賭博曰摴蒱

蜉 蜉蝣蟲名頭似蜻蛉有四翅體尾小毛有三夏秋多近水而飛小頃即死

酺 會合飲酒也

鉜 鉜鏂鈒飾也廣韻以為大釘

·他

儲 蓄積也

塗 (一)泥也(二)道路也(三)杜也杜塞孔穴也(四)污也(五)音茶塗飾也

屠 刳也殺也如屠豬屠羊等二宰殺牲畜者曰屠俗讀若圖義同也

悇 憂貌

瘏 病也

梌 即楓也南方謂之楓北方謂之梌

涂 與塗同道路也

稌 稉稻也

荼 (一)蔬類即苦菜也(二)穢草也(三)苦也害也(四)門神名即神荼鬱壘也

躇 躊躇行不前進退為難也

跿 跿跔跳躍也一說偏舉一足曰跿跔

途 路也道也

酴 酴醾酒名又花名以色似酒得名也

駼 騊駼良馬名

·入

儒 (一)學者之稱(二)儒生宗孔子之道者也

嚅 囁嚅欲言復止

堧 與壖同河地邊也(二)城下田也(三)廟外餘地也

壖 與堧同漢書田其宮壖也

如 比較之詞若也又同也

孺 (一)孺子幼兒也(二)屬也大夫之妻曰孺人

愉 和樂也

揄 (一)引也曳也(二)揄揚譽言也(三)揶揄嘲弄之也

榆 木名有赤白(二)種榆莢狀略如錢俗謂榆錢

楰 木名亦名苦楸

歈 吳歌也巴人歌也

洳 沮洳下溼之地者也

牏 (一)築牆短版也(二)廁牏即廁竇以瀉除穢惡也

瑜 (一)瑾瑜美玉也(二)玉之光彩也

瘉 (一)病瘳也(二)又病也

窬 (一)門邊小竇也(二)穴牆也穿牆入人家盜財物曰穿窬

羭 (一)黑羝羊也(二)美也

腴 (一)腹下肥也(二)田之肥美者亦曰膏腴

臾 須臾猶言頃刻

俞 然也謂應答也

毹 氍毹毛織物地毯之屬

萸 茱萸喬木有吳茱名萸食茱萸兩種茱萸參食藙字

茹 (一)根之相連者(二)食也(三)菜之總稱(四)度也(五)臭敗也茹魚臭魚也姓也

蕠 黏著也與茹同

薷 香薷藥草名

蝓 蛞蝓即蝸牛也

袽 敝衣也

褕 襜褕直裾衣也

襦 短衣也

諛 諂也言人之善而不實也

逾 (一)過也(二)越也

覾 欲得也有所冀望也如言覾覾
鉫 金屬之一
隃 地名漢有隃麋縣今陝西汧陽縣境古產墨之地也
顎 顎顎耳門骨也
鴐 鳥名鴐鵝之別稱

·時
殊 (一)絶也(二)別也(三)異也(四)過也(五)助詞有極甚之意
殳 兵器長一丈二尺無刃
蜍 蟾蜍也詳蟾字

·英
吾 我也就己而言曰吾因人而言曰我
娛 樂也
浯 水名亦名清河源出山東
圄 囹圄獄也
郚 (一)紀邑名在今山東安丘縣境(二)魯邑名在今山東泗水縣境

鋘 錕鋘山名出金作刀可以切玉亦作錕鋙
鋙 鉏鋙物不相當故謂彼此意見不合曰鉏鋙亦作齟齬
鼯 鼯鼠小獸體長七八寸全形似兔耳小尾長有肉翅如蝙蝠能飛

齬 齟齬也見齟字
唔 吚唔讀書聲也吳語自稱及語助多用之

·文
蕪 (一)草爛曰蕪(二)草茂生處曰蕪(三)雜亂皆曰蕪(四)蕪湖地名(五)蕪菁菜名
巫 為人祈禱者也男曰覡女曰巫
誣 (一)欺罔也以無為有謂之誣(二)加罪於無辜曰誣

·語
牛 家畜之大者農人多畜之以助耕

·喜
⿰口胡 ⿰口函⿰口胡瞋憤也注⿰口函頤也⿰口胡咽下垂也言氣之盛⿰口函⿰口胡類瞋也
壺 酒器也
弧 弓也圓周一截為弧
扶 佐也又掖助之也
狐 獸名似犬而小皮可為裘

榑 榑桑神木日所出也
猢 猢猻獸名猴屬
瑚 (一)珊瑚也見珊字(二)宗廟盛黍稷之器飾以玉者也
符 (一)剖竹書字彼此相合以為徵信也故謂不合曰不符(二)符命(三)符呎也

糊 (一)黏也(二)煮米及麫為粥曰糊(三)糢糊不明之貌
胡 (一)頷肉之下垂也(二)何也(三)任意妄為也如胡鬧四咽喉也五北狄名
苻 (一)草名(二)與莩通葭內膜也(三)姓也

芙 (一)芙蓉落葉灌木花有紅白黃赤等色又名木蓮(二)芙蕖荷之別名也
葫 蔬類植物即大蒜也
蚨 青蚨蟲名相傳以其血塗錢錢能往還故稱錢曰青蚨

蝴 蝴蝶蟲名種類甚多有蝶黃蝶等
衚 衚衕北方謂街巷曰衚衕
醐 醍醐也見醍字
餬 (一)糜粥也(二)食米粉麵粉以水調和之皆謂之餬(三)謂食不求飽曰餬口

鬍 稱鬚曰鬍子 **魱** 當魱魚名即鯆魚也 **鳧** 水鳥也狀如鴨而小俗亦謂之野鴨 **鵃** 鶺鵃也見鶺字 **椈** 椈椒植物名其實性辛

龜部下上聲

・柳 **潞** (一)潞川在今山西潞城也(二)潞河為北運河之上流 **⿰犭路** ⿰犭路⿰犭魯鑾族名在四川西昌縣性馴良耕種為業 **簬** 美竹也可作箭 **賂** 以財物相請託也

輅 (一)車軨前之橫木也(二)大車也 **鷺** 水鳥名似鶴而小羽純白色故亦稱白鷺又名鷺鷥也 **璐** 美玉也

・邊 **哺** (一)嚼食也(二)飼子曰哺 **捕** 擒捉也

・求 **俱** 皆也孟子父母俱存 **具** (一)設備也(二)完備也 **垻** 堤塘也俗誤為垻字 **懼** 恐也 **舅** (一)母之兄弟曰舅(二)夫之父為舅(三)妻之父曰外舅(四)妻之兄弟曰舅

颶 颶風海中大風也 **愳** 與懼同

・去 **柏** 烏柏木名子可榨油製燭 **臼** 舂米器也古掘地為臼今以木石為之

・增 **住** (一)止也(二)居也 **祚** (一)福也(二)祿也(三)位也(四)歲也 **聚** (一)會也(二)積蓄也(三)村落也 **胙** (一)祭肉也(二)報也(三)福也 **詛** 咒詛也以言告神曰祝請神加殃曰詛

蒩 藉也 **謯** 同詛 **鉒** 鑛也 **阼** 主人所立之階也古者賓主相見賓自西階主自東階因答酢賓客曰阼

駐 車馬停止也(二)凡停留者皆曰駐如出使外國曰駐使遣兵戍守曰駐軍

・入 **喻** 本作諭曉也又譬也 **裕** (一)衣物饒也又凡饒多皆曰裕(二)容也寬也(三)開也(四)足也(五)緩也 **諭** (一)告也上告下曰諭(二)曉也謂曉其意義也 **踰** 越也度也如言鑽穴踰牆

• 時
孖 山海經犲山有堪孖之魚一曰魚子俗訛作孖
尌 與樹通立也與豎通童僕曰尌子
序 (一)堂東西牆曰兩序(二)學校也次第也
潊 (一)水名源出湖南(二)水浦也
敍 (一)次敍也端緒也故卷首舉要之文曰敍(二)陳述也
澍 (一)時雨也(二)雨潤及物曰澍
豎 俗豎字
蕻 美也又音豫薯蕷亦作藷蕻詳蕷字
裋 裋褐粗服也又褐之短而且狹也
豎 植立也又書法以橫字為畫直為豎童僕之未冠者豎曰如言牧豎豎子
鱮 魚也即鰱名

• 英
有 本音友助辭也如虞曰有虞與又同如言十有年

• 文
務 事務也
婺 婺女星名婺川今縣名婺州今浙江金華縣
騖 奔馳也疾速也
鶩 鴨也

• 喜
怙 恃也怙恃謂父母也
互 交互也由此而彼由彼而此之相連合者也
偩 (一)猶依象也與負同(二)自偩猶自恃也
冱 寒也
喣 吹也或作呴亦作敏又與煦同溫潤之也
坿 與附通益也
婟 婟嫪戀惜也謂婦人所私之人
婦 (一)子之妻為婦也(二)女子已嫁曰婦
嫮 (一)美好也(二)誇詫也
摢 擁障也與摢同
擭 捕獸機檻也
梐 枑枑交互其木以止行人亦稱行馬
檴 木名其葉如榆其皮堅韌剝之長數尺可為紐索其材可為杯器
沍 閉塞也
滏 滏陽河隸發自直源
濩 布濩流散也
滬 (一)列竹於海澨捕魚者曰滬(二)滬瀆水名松花江下流在上海縣故上海曰滬
煦 (一)烝也熱也(二)恩也
祔 (一)祭名三年喪畢奉神主人祖廟也(二)合葬也
祜 福也
穫 刈穀也
蝜 蝜蝂小蟲名行遇物輒取而負之雖困劇猶不止
蠖 尺蠖蛾之幼蟲
護 (一)救助也(二)掩蔽也如庇護祖護信札密封亦曰護封
鑊 釜屬所以煮食物者
負 (一)恃也(二)擔荷也在背曰負(三)背之也如負心謂受恩而不報(四)欠債也
輔 (一)人頰骨也(二)車兩旁夾車木曰輔(三)助也(四)輔然相親附之貌(五)姓也
酗 醉而怒也猶俗言發酒風
跗 (一)足背也(二)與柎同草木之子房也
阜 (一)土山也(二)大也盛也衆多也
附 (一)依傍也如依附親附(二)寄也如寄書曰附書
雘 赤石脂之類如油漆所用顏料以為宮飾之室也

臒 黝屬

韄 (一)佩刀飾也(二)縛也

頀 大護商湯樂名

駙 (一)副車之馬也(二)駙馬都尉漢官名晉後尚公主者授此官故公主夫稱駙馬

鬴 量器名內方外圓容六斗四升

魰 吐魰魚名長三四寸頭大口巨身扁鱗細色蒼褐有黑斑產於淡水

鮒 魚名即鯽魚

媍 同婦

岵 山也瞻望父曰陟岵

龜部下去聲

·求

舊 (一)故也久也(二)交誼曰舊如舊交曰舊

·文

霧 近地面之水蒸氣遇冷而凝為微細水點也與雲同理遠地為雲近為霧

龜部下入聲

·喜

殈 鳥卵裂也

18雞部上平聲

·求

要 楊氏正韻簒律有男姦之條要音雞將男作女也今謂之雞姦

街 四通之道也

階 (一)登堂之道也(二)堂高於平地築成層級以上升也梯也(三)等級曰階

雞 家畜名雌雄皆有肉冠肉及卵可供食亦作鷄

堦 與階同

·去

溪 山瀆無所通者曰溪與谿同

谿 澗也今通作溪謂山內水澗也

鸂 鸂鶒水鳥名似鴛鴦稍大羽多紫色故又名紫鴛鴦

·地

堤 本作隄防筑土遏水以防漫溢為患者謂之曰堤防

隄 與堤同防也筑土以防水之溢出者

•坡 批(一)手擊也(二)批示也(三)一起亦曰一批

•他 釵婦人首飾斜插於髻畔者 靫箭室也

•英 挨(一)推也強進曰挨(二)凡物相近亦曰挨(三)今亦以次相及曰挨(四)挨打也

•喜 鯱日本字海獸也狀似海豚性猛惡鯨及鮫類常為所襲殺

雞部上上聲

•柳 禮(一)事得其儀曰禮如儀禮禮式(二)經名如禮記(三)俗亦謂因事餽贈曰禮

•求 改更改也如改過 解(一)剖也散也(二)曉悟也如了解(三)意識也如見解(四)大小便曰大小解

•地 底(一)下也器物下面曰底(二)文草曰底稿(三)語詞何也

•時 洗濯也滌也潔也 跴(一)追逐也(二)追捕匪盜曰跴緝 洒(一)同洗(二)雪也言雪恥也(三)又驚貌

•英 矮(一)短人也(二)凡卑下者皆曰矮如矮屋矮凳等是

•文 買以錢易物也出物曰賣入物曰買 㵋水名亦作汨 蕒苦蕒一名苦苣

雞部上去聲

● 求 疥 本音介疥瘡皮膚病奇痒者 紒 結髮也 繝 氈類織毛為之 罽 氍毹之屬織毛為之 薊 草名

計 (一)算也凡會集其事核其多寡皆曰計如統計(二)帳簿也(三)謀也如得計 瀱 井水也又泉出貌

● 去 㓞 刻也 喫 食也 契 (一)約也為文字以約信也如契據(二)合同也(三)神合也意志相合曰相契 瘈 狂也 蟿 蟿螽害蟲名又名螇蚸

● 他 代 (一)更也(二)替也(三)又音袋世也

雞部上入聲

● 邊 八 數目名 捌 破也分也借用為八字

● 求 莢 (一)豆類植物之實熟則由兩邊分裂者曰莢(二)凡草木之果實狹長無膜者曰莢如皁莢

雞部下平聲

● 柳 犂 耕具也一作犁用以發土絕草根者 蠡 以瓢為飲器也一說簞也

● 地 踶 視也 稊 (一)草也中有木而細(二)與荑通木更生也 蹄 本作蹏底也謂獸足也 蹏 與蹄同獸足也

題 (一)識也書字以為識別曰題如標題題詩之類(二)詩文之標目曰題目 鶗 鶗鴂鳥名即杜鵑也

● 英 膎 脯也凡熟食皆曰膎也 鞋 本作鞵履也 鞵 履也同鞋

雞部下上聲

•喜 澥 渤澥海之別名也 蟹 亦作蠏節足動物有螃蟹青蟹等

雞部下去聲

•文 賣 (一)出貨曰賣謂以物易錢也(二)害人以便己曰賣如賣國賣友然

•語 囈 睡中語也 埶 (一)與藝同種也(二)又音勢與勢同勢位也 蓺 種也與藝通 藝 (一)才能也古以禮樂射御書數為六藝(二)同蓺種植也 襼 袂也

雞部下入聲

•柳 笠 以竹葉為之可以避日雨者又名箬帽

•增 巀 山高貌 截 斷之也又扣留人物曰截留

•英 隘 (一)險阻之地也如形勢之易守難攻者曰險隘(二)狹也不寬廣之意也

19恭部上平聲

•求 冂 說文邑外謂之郊郊外謂之野野外謂之林林外謂之冂 躳 躳躳謹敬之貌 穹 (一)高大也如穹蒼借為天之稱(二)凡物狀隆起者皆曰穹(三)深也窮也

芎 芎窮越年生草花白根可入藥 躬 (一)身也如屈身致敬曰鞠躬(二)親自為之曰躬如言事必躬親自理 龔 (一)與恭同慤也又給也(二)姓也

恭 肅也敬也謂敬之發於外也又奉也 **塨** 人名清李剛主名塨

・**英**

嗈 嗈嗈音聲和也 **廱** 和也與雝通塞也 **滽** 與灉同滽河在今湖南岳陽縣南 **灉** (一)水自河出為灉(二)水名俗稱趙王河出山東曹縣 **癰** 鼻不能辨別香臭謂之癰

癕 與癰通或云作癰 **癰** 癰疽外症之統稱舊亦謂赤腫者為癰不赤腫為疽 **臃** 腫也 **邕** (一)與雍同和也(二)地名廣西有邕寧縣即唐之邕州也今以為省治矣

蕹 (一)萃也(二)蕹菜蔬類莖柔如蔓中空俗稱空心菜 **雍** 和也又讀去聲古九州之一今陝西甘肅青海之地也 **雝** 雍本字 **饔** 熟食也朝曰饔夕曰飱

・**喜**

恟 懼也 **洶** 洶洶人衆而鼓噪不靖也(二)水聲也 **訩** 亂也與洶恟並通衆語也 **凶** (一)惡也如凶惡(二)傷人曰凶如凶手(三)歲饑饉也如凶年(四)咎也吉之反

兇 (一)驚擾恐懼也如言兇懼也恐慌也(二)與凶通惡也兇暴猶

恭部上上聲

・**求**

囧 大明也囧囧窗牖明也 **孑** 短也蚊之幼蟲又音厥義同 **廾** 竦手也本作収 **拱** 兩手相合以示敬也 **拲** 兩手相械也 **㧬** 攤也

栱 斗栱柱上方木以承欂者 **珙** (一)大璧也(二)又縣名 **輁** 輁軸支棺之具也 **蛬** 蟋蟀之別名

・**去**

鞏 以韋束物使之固也故謂物之堅固者亦曰鞏固 **恐** 惶也驚懼也

・**英**

俑 殉葬木偶古時多用之 **勇** 敢也膽氣過人曰勇 **恿** (一)氣健也(二)慫恿也 **慂** 慫慂勸也謂以言動之也 **永** 久遠也延長也 **涌** 騰也泉上溢也或作湧

甬 (一)地名即甬東在今浙江(二)量名斛也 **蛹** 昆蟲類之幼蟲稍稍長成蜷伏不動亦不食謂之蛹 **踊** 跳也如踊躍今謂勇於作事亦曰踊躍 **踴** 同踊

愳 俗憑字愆憑或作愆愳勸也

恭部上去聲

·英 泳 潛行水中也如游泳 湧 (一)本作涌水上出也(二)物價騰貴也 詠 吟也凡詩文有音節者引長其聲誦之曰詠又賦詩亦曰詠詩亦作咏字 咏 與詠同

擁 (一)抱也(二)障也如擁蔽(三)衛也如擁護 壅 (一)塞也如壅蔽(二)加土封培曰壅如言培壅 嵱 嵱嵷山貌

·喜 夐 營求也又音詗遠也

恭部上入聲

·求 梮 以鐵為椎頭長半寸施之履下昔禹治水山行則梮即此見漢書 椈 木名柏也性堅緻有脂而香故古破為白用以擣鬱 檋 與梮同直轅車也 挶 舁土之器

掬 (一)兩手曰掬(二)挹取之義如言笑容可掬 踘 蹋踘也古戲具以韋為之實以柔物今謂之毬 輂 (一)大車駕馬也(二)轝土器也 鞠 (一)皮毬也(二)曲也如行禮謂之鞠躬

鞫 一訊囚而窮究其犯罪之情形曰鞫(二)窮也 鬻 賣也又音祝粥本字 麯 同麴 麴 蒸麥置暖室黴則擣之成塊曝乾用以釀酒亦謂之酒母

匊 或作掬也在手物 屩 履也木曰屐麻曰屩亦曰喬

·去 氪 空中無色臭之氣體也 殑 殑殑欲死貌一曰掣縮也 曲 (一)不直也物彎曰曲理屈曰曲(二)屈折處(三)宛轉義(四)樂歌曰曲(五)衷曲

克 (一)能也(二)勝也(三)法衡克蘭姆之簡稱每克含中國庫平二分六釐八毫

• 他

慉 養也　**搐** 牽制也抽搐筋動而痛也　**畜** (一)在野曰獸在家曰畜(二)積也(三)止也　**稸** 與蓄同積也聚也　**蓄** (一)聚也藏也(二)通作畜

鄐 春秋晉邑名　**畕** 同畜

• 喜

勖 勉也　**噢** (一)噢咻病聲(二)痛念聲也　**彧** 文彩也彧彧茂盛之貌　**旭** 日出光明貌　**昱** 日明也　**栯** 栯李果名通作郁李　**毓** 生也如言鍾靈毓秀

煜 (一)耀也(二)盛也(三)火焰也　**燠** (一)煖也(二)又音飫燠休痛念之聲　**籅** 漉米籔也即筲箕屬　**薁** 蘡薁果木名俗稱野葡萄生於山野花淡黃色實紫黑而味酸

郁 (一)郁郁文章明著貌(二)香氣濃厚亦曰郁如郁烈芬郁(三)姓也　**頊** (一)顓頊古帝高陽氏之號(二)頊頊自失貌　**馥** 香氣也

恭部下平聲

• 去

窮 (一)貧乏也(二)研究也(三)盡也(四)極也　**筇** 竹名可為杖故杖亦曰筇　**藭** 芎藭香草名詳芎字注　**蛩** (一)蝗也(二)蟋蛬一名吟蛩　**跫** 足也聲蹋

邛 地名漢西南夷有邛都國今四川西南邊邛崍竹可為杖亦謂之邛杖　**銎** 斧斤受柄處也

• 英

傛 傛華漢女官名　**傭** 雇役於人也　**墉** (一)小城也(二)築土畾壁曰墉　**容** 受也包涵也儀容也猶須也如無須曰無容不須曰不容謂丰彩也　**鎔** 金屬以火融化之曰鎔

庸 用也功也常也愚也如庸人　**榕** 木名枝垂至地又復生根其蔭極大閩廣有之　**榮** (一)屋檐兩頭起處曰榮(二)草木曰榮茂盛曰榮(三)榮華也(四)榮衛血氣也　**蓉** 芙蓉也詳芙字

溶 水盛也物質化於水曰溶如溶化　**蠑** 蠑螈兩棲之動物類也形與守宮略同　**鄘** 周時國名在今河南汲縣境　**鱅** 魚名產於江湖似鰱而黑頭較大俗呼黑鰱

鏞 大鐘也　**滽** 滽水名有二在河南一新安東流經孟津入河一嵩盤山東流入伊河　**熔** 同鎔　**瑢** 瑽瑢佩玉行聲　**慵** 嬾也

·喜 雄 (一)禽獸之類屬陽性者(二)強有力稱之如雄壯雄健 顒 (一)嚴正也(二)大貌

恭部下上聲

·英 傭 中金也凡貨入行必須扣傭內為扣傭外為併傭

恭部下入聲

·英 峪 嘉峪關名在甘肅肅州俗讀如裕 慾 嗜慾也 欲 貪欲也情欲也俗讀若愛 浴 洗身曰浴如言沐浴 淯 水名俗稱白河源出河南 熠 (一)光也(二)鮮明也

育 (一)養也謂養成之也(二)生也(三)幼稚也 鋊 (一)炭鉤也(二)銅屑也 價 賣也鬻也賣買之皆曰價 錥 鎢錥小釜也 鵒 鴝鵒也詳鴝字

20 嬌部上平聲

·邊 儦 儦儦行貌 髟 髮長貌

·求 嬌 態也俗以柔嫩而可愛憐者曰嬌 憍 與嬌通恣也矜也 敿 繫連也謂挽持干楯也處必繫連使堅也 澆 薄也以水沃之也

驕 (一)馬逸不受控制也(二)自矜其能不肯下人之意如驕傲驕慢也 鷮 鷸雉之長其尾者

·去 墝 瘠土也與磽墝墽並同 撬 舉也謂舉起之也 敲 擊也 橇 乘之以泥形上者行如箕 磽 地之堅硬瘠薄者 蹺 舉足也或作蹻

鄡 (一)漢縣名在今直隸東鹿縣亦作骹(二)姓也 骹 (一)脛骨近足細處也(二)車輻近輪周而細者曰骹(三)又凡器足皆曰骹 墽 與磽同

·地

凋 (一)半傷也(二)凋兵敝鈍之兵也(三)凋換謂凋零變更之意也

刁 (一)刁斗古軍中炊器夜則擊以警夜(二)俗謂巧詐曰刁

琱 (一)治玉也(二)通作雕又作彫刻鏤也

彫 (一)刻鏤也(二)與凋通

碉 石室也

蛁 蛁蟟蟲名長一寸三分許其色黑夏秋鳴於高樹

貂 鼠屬大如獺尾粗毛長寸許色黃或紫黑產北寒帶之地皮可為裘禦寒

雕 (一)鳥名鷻也一作鵰(二)刻玉也又凡刻鏤者皆謂之雕

髫 小兒垂髮為飾也如言垂髫之年

鯛 魚名俗呼銅盆魚

鵰 猛禽一名鷲體長三四尺兩翼平展可達丈嘴大而鉤曲能攫山羊食之

鼦 與貂同

·坡

嘌 車行疾無節度者也

彯 旌旗上飾長條曰彯帶

杓 (一)星名北斗柄也(二)又音勺同勺挹流汁器也

標 (一)木末也(二)以物為表記使人共見曰標(三)表而出之也(四)人之儀表也

摽 擊也落也

漂 (一)漂浮也(二)動也(三)與飄同吹也

瀌 瀌瀌雨雪盛貌

熛 火飛也

猋 (一)犬走貌(二)暴風從下而上者曰猋

瘭 瘭疽瘡毒之一常生於指兴

瓢 器名剖瓢為之用以挹水及盛酒漿之用

䁃 著眼視也

瞟 目病也俗亦以一目邪視也

穮 耘田也除草也

縹 (一)縹緲高遠也(二)又讀上聲帛青白色也

臕 肥貌

薸 紫萍也詳萍字

螵 螵蛸螳螂卵簇聚之房也長寸許大如拇指其黏桑樹者名桑螵蛸也

鏢 兵器形如矛頭遙擲以擊人者

鑣 (一)馬銜也(二)與鏢同

飄 吹也有輕舉之意

飇 暴風也

驃 (一)黃白馬也(二)驍勇之(三)馬疾行也漢官有驃騎將軍也

蔈 苕之異名

瓢 同薸

·他

弨 弓弛貌

怊 (一)悵恨也(二)失意也

恌 偷也

挑 (一)屈撓也(二)擔物也擇取也(三)揀選也如挑選(四)用具匙屬

蜩 蟬之總名有馬蜩茅蜩螗蜩寒蜩數種

祧 遠廟為祧

迢 遠也

鞗 轡也

鰷 白鰷魚名產於淡水形狹而扁背淡黑微青大者長四五寸

齠 (一)與齔義同毀齒也(二)齠年毀齒之年謂幼稚也

超 (一)躍而過也(二)凡出其上曰超如超羣(三)不囿於常格也如超脫超逸

·增

僬 (一)僬僥短人也(二)僬察明貌(三)又讀樵去聲趨走促數不容為止也 憔 憔悴困苦也 朝 (一)旦也一日亦曰一朝(二)又馳遙切臣見君也曰朝其朝會治事曰朝庭

嶕 嶕嶢高也 昭 (一)光明也(二)顯著也 樵 柴也薪也采薪亦曰樵 焦 (一)火傷也(二)亦以喻迫急如焦迫 燋 (一)炬也俗言火把(二)與焦通火傷也 瞧 偷視貌

礁 海洋中小島舟誤觸之往往破沈 膲 人之三膲也胃上口以上為上膲胃之中腕為中膲膀胱上口為下膲 蕉 (一)生枲也(二)與樵樵通(二)芭蕉果類植物也

釗 (一)遠也(二)勉也(三)見也(四)利也(五)姓也 鐎 鐎斗古行食之器以盛羹者 顦 同憔 鷦 鷦鷯小鳥也似黃雀灰色有細斑嘴如利錐取茅葦毛毳為巢大如雞卵

椒 木名有花椒胡椒等數種又山頂曰椒 鴭 同鷦

·時

哨 哨子吹器清營制百人為一哨 宵 (一)夜也(二)小也 捎 掠也拂也 [illegible] 穀小貌 搜 索也 瀟 (一)瀟水源出湖南(二)瀟水名湘水湘合瀟水也 獀 秋獵曰獀

消 (一)滅也散也溶解也(二)音信曰消息 痟 頭痛也 硝 礦物結晶透明如玻璃燃之發鮮麗之紫色今製火藥及玻璃多用之 簫 樂器 綃 生絲織物似縑而疏

翛 翛羽蔽也又音酉疾貌 艄 船尾曰艄 蒐 (一)茜草(二)聚也(三)隱也(四)春獵曰蒐 蕭 (一)草名蒿也(二)蕭牆言至近之地也(三)煩苦也(四)寂寥也 螋 蠼螋蟲名

蠨 蠨蛸蟲名體細長褐色前肢長全體三倍所結之網如蜘蛛俗謂之喜蛛 逍 逍遙徜徉自適也 鄡 春秋時國名 [illegible] 白酒也同醙

銷 (一)與消同盡也如銷耗銷滅(二)銷鎔也(三)貨物得售亦曰銷 鋟 爾雅鏤鋟也注刻鏤物為鏤 鎪 (一)與鋟同刻鏤也(二)鉄蝕也(三)馬耳以金飾也 騪 (一)蕃中大馬也(二)索也

霄 一日旁氣也二天空之景也如層霄九霄 颼 本作颾風聲 餿 本作餕食物久留發生微菌而變腐臭之味者曰餿 魈 山魈古謂山內木石之怪夜能出犯人者也

·英

嚶 嚶嚶蟲鳴之聲 夭 (一)草盛貌(二)災也(三)色愉貌(四)少好貌(五)夭折也謂短折不盡天年也 妖 (一)魖也媚之如妖嬈妖冶(二)異也孽也言怪異之物也

祆 與妖通地反物為祆謂地之變異也 **殀** 短命也斷殺也

•語 **貓** 獸名家畜也多畜以捕鼠 **猫** 獸名善能捕鼠俗作猫

•出 **懆** 斂髮也 **鍫** 起土之具亦謂之鍤

•喜 **僥** ㈠僬僥短人西南夷別名㈡僥倖也 **儌** 與僥同儌倖覬所非望也 **嘵** 嘵嘵懼也 **幺** 俗作幺㈠小也細小者曰幺麼是也㈡俗呼一為幺讀作嬌英一 **猗** 短喙犬也

徼 ㈠要求也㈡徼倖也㈢又音叫循也 **枵** ㈠木根空中也㈡飢曰枵腹 **梟** ㈠猛禽即鴞梟食母故以喻不孝者㈡梟首斬首也㈢雄健也㈣梟盧也 **歊** 熱氣也又氣上出貌

膮 豕肉羹也 **邀** ㈠遮留也招之使來亦曰邀如邀客邀請㈡有叨受之意如邀恩邀賞 **鴞** 與梟同猛禽也 **驍** ㈠良馬也㈡勇捷也如將謂驍將又音磽義同

嬌部上上聲

•柳 **了** 曉解也了𠄏也懸物貌 **瞭** 目精明也 **繚** 纏繞也俗讀作聊如繚繞 **蓼** 草名種類甚多有水蓼馬蓼辣蓼等 **鄝** 古國名在今安徽舒城縣境

釕 ㈠金飾器也釕鈇為帶頭飾㈡金屬化學原質之一

•邊 **殍** 餓死曰殍 **藨** 草名蒯屬可為屨 **表** ㈠外衣也外也㈡明也儀觀也宜佈也㈢外姻曰表

•求 **恔** 慧黠也又音效快也 **撟** 與矯通正也又音嶠舉也又音喬伸引也 **皦** 白也明也 **矯** ㈠揉曲使直也㈡詐也㈢妄託也㈣強貌㈤高舉也 **譑** ㈠多言也㈡糾也

繳 輪納於公家曰繳如繳欵繳納又音灼以繩擊矢而射者 **蹻** 舉足高貌 **鱎** 陽鱎魚名即白魚也

•地 屌男子陰也

•坡 皫(一)白色也(二)鳥毛變色也 膘肥也

•他 孋嬈也孋歌跳歌也 掉搖動回轉也如掉頭 朓晦而月見西方也 眺(一)目不正也(二)望也遠視也 窕(一)細也(二)窈窕幽閒也(三)美好也

誂(一)誘也以微言動之也(二)嗷誂清暢貌 麨糗也以麥蒸磨成屑為麨

•增 𠄏懸也了𠄏一作了佛或作了鳥詳了字 鳥禽類之總稱

•入 抓搔也以爪取物亦曰抓又讀平聲義同 擾煩也亂也 爪(一)手足甲也(二)動物之足曰爪

•時 小大之對細也如小子小人也 筱小竹也俗借用為小字 篠細竹也 謏小也又音叟義同

•英 鷕雌雉鳴也 窈深遠也又窕窈也

•杳 宎室中南隅也 窔俗作窔或作宎室中南隅也幽深隱暗處曰窔 杪木末也又端末歲末曰歲杪 杳冥也深遠也 淼大水貌 渺水長貌又遠貌如杳渺

晶顯明也又白也 眇(一)一目小也偏明也(二)細也末也 秒(一)禾芒也(二)計時之法六十秒為一分 窅深也 窔(一)與窈通幽深也(二)室中東南隅謂之窔也

緲縹緲高遠之貌 藐(一)小也輕視也(二)又音目茈草也以染紫今謂之紫草(三)廣也遠也 蠛蠛蠓小蟲名微細色白頭有絮毛將雨時羣起飛塞路即醯雞也

邈遠不可即也如言邈然與藐同輕視也 ⿺辶頁同邈 騕騕褭古良馬名

·英

僄 (一)僄紹言多容姿也(二)僄儇舞曲身如環也一說細腰貌

·出

峭 (一)山勢峻拔貌(二)急也如性情急峻曰孤峭

悄 悄悄憂也

愀 容色變也

稍 (一)廩食也(二)略也少也

誚 與譙通以微言責讓之也如言譏誚

嘲 (一)謔也謂以言相調笑也(二)鳥聲也

趙 趙跳趟躍貌

陗 (一)與峭同險也(二)急也

俏 好貌俗謂婦人容美好曰俏

·喜

曉 天明曰曉知也如曉得告知也如曉諭

·嫋

儇 僄儇舞者曲身若環也一說腰細也

裊 (一)與嫋通繚繞意如煙狀曰裊(二)褭娜宛轉貌(三)裊裊繚繞貌又與裊通

褭 (一)以組帶馬也(二)柔弱貌(三)顫動也

蔦 草名即菟絲可入藥

嫋 風動貌長弱貌悠揚貌與裊通

嬝 嫋同

嬌部上去聲

·求

噭 號呼聲也與叫通

窌 窌窱深遠貌又與窈同

·去

獟 勇也

竅 (一)穴也空也(二)凡通孔皆謂之竅

趬 舉足也

·地

吊 一稱錢一千曰一吊吊朵婦女首飾也

弔 聞人之喪如慰唁之也提取亦曰弔

窵 窵窅深也今亦謂遠隔曰窵窅

·坡

俵 分畀也俵散分與衆人也

僄 身輕便也

剽 (一)劫也(二)輕也急也

·他

艞 舟泊岸置長板於船首與岸相接以通往來俗呼艞板

覜 聘問相見之禮也又同眺遠視也

跳 (一)躍也(二)與逃通

窱 杳遠深貌又窱音調

·增

噍 嚻也嚼也

詔 (一)告也謂教導之也(二)上命下也如詔書也

譙 與誚字通以言責之也又音焦城上高樓也

釂 飲酒盡也

·入

皺 面有紋曰皺又物有摺痕亦曰皺

縐 絲織物之有紋者曰縮又謂絲織物之縐蹙亦曰縐

繞 纏也本音擾

遶 圍繞也

⿰衤芻 衣不伸也

·時

少 (一)老之對如少年(二)不多也(三)少頃也

數 計算也數目也又音朔頻也如數見不少

·英

要 (一)簿書會計也(二)凡要也(三)切要也(四)欲也(五)又讀如夭求也(六)約也

窔 深也

嬌部上入聲

·時

亍 小步也左步為亍右步為彳合之則為行字

嬌部下平聲

·柳

僚 (一)通作寮朋也如言官僚(二)賤役共勞事者

嘹 (一)嘹唳鳥聲(二)嘹嘈笛聲(三)嘹亮聲之精嘵遠聞者

嫽 戲也好貌北人呼外祖母曰嫽嫽

憭 (一)慧也明了也(二)空也

寥 空虛也

寮 (一)小窗也(二)小屋也(三)同官為寮僧舍亦曰寮

廫 男子陰也

廖 人名召伯廖又音料姓也

撩 (一)撈也(二)挑弄也

瘳 病瘉也又音抽義同

敹 縫完也俗亦謂粗署治衣曰敹一針

燎 庭燎古祭祀朝會爇火於庭中也又音了縱大也买也

獠 (一)夜獵也(二)又音老西南夷謂之獠

翏 翏翏長風之貌又讀下上聲高飛也

簝 宗廟盛肉竹器

聊 (一)耳鳴也(二)姑且也(三)賴也如言民不聊生(四)蘗也

膋 腸間脂也

遼 (一)遠也(二)朝代名

鐐 (一)刑具鐵鎖也(二)白銀之美者曰鐐

竂 與僚同

飂 (一)飂飂高風貌(二)飂戾風聲也

鷯 鷦鷯鳥名詳鷦字

璙 玉也

⿰氵寥 水清也本作漻

漻 與⿰氵寥同又寂漻高遠貌

蟟 蛁蟟蟬之小者

膫 同膋

去

僑 旅寓曰僑居 喬 (一)高也如喬嶽(二)又假也如喬妝(三)與橋通 嶠 山銳而高者曰嶠 翹 (一)鳥尾長毛也(二)起發也(三)舉也(四)特出也如翹楚(五)婦人首飾也

荍 即錦葵也又名芘芣 蕎 (一)蕎麥穀類子可磨麵作餅又可入藥(二)又音嬌草名即大戟也 趫 善走也 嘺 不知也

地

岧 岧嶢山高貌 條 (一)小枝也(二)又物之長者計數曰條(三)暢達也如條暢(四)蕭條枯寂之義 条 俗條字

坡

嫖 (一)俗謂狎妓曰嫖(二)原音標輕也嫖姚與剽姚同

他

苕 (一)草名一名紫葳(二)葦華也可為帚 芀 與苕同 調 (一)和合也如調勻(二)和解之也如調停(三)嘲笑也(四)遷也(五)發遣也

入

嬈 嬌嬈妍媚貌 蟯 腹中小蟲常寄生於人腸多由食物誤嚥其卵而生時自肛門匍匐而出 襓 劍衣也 饒 (一)多也豐厚也如言富饒饒裕(二)寬容也(三)饒平縣

英

傜 傜役也亦作徭 徭 役也古力役之征曰徭役 愮 (一)悸也(二)惑也(三)愮愮憂也 搖 (一)動也(二)擺(三)騷擾也 猺 (一)獸名(二)蠻族名兩廣湖南雲南皆有之

珧 (一)軟骨動物(二)玉名(三)弓名 瑤 (一)玉之美者(二)光明潔白之喻如瑤質瑤華(三)珍貴之義 謠 (一)歌也有章曲曰歌無章曲曰謠如童謠(二)凡憑虛搆辭曰謠如謠言

軺 輕小之車也 遙 (一)遠也(二)逍遙也 銚 田器似耜所以起土者 颻 風動物也 鰩 (一)海魚名體形如盤尾細長(二)文鰩魚亦產海中即飛魚

杳

苗 (一)禾之末秀也凡物初生亦曰苗(二)苗裔子孫也(三)種族名 䖢 蠶初生也凡昆蟲之幼者多曰䖢 錨 繫舟之具以鐵為之投水中使船泊定者

語

堯 (一)高也(二)唐帝名 垚 同堯 嶢 岧嶢山高貌又亦作嶤 蕘 (一)草薪也(二)又採薪也(三)又木名皮可製紙

晁 古朝字又姓也 鼂 與朝並同

嬲原音鳥戲相擾也

嬌部下上声

•地佻偷也竊取也 兆(一)數名(二)驗吉凶者皆謂之兆 召以手曰招以言曰召皆使之來就我也 垗(一)與宅兆之兆通(二)祭名也 旐旗之屬

•他柱(一)檻也(二)琴瑟之所以繫弦者曰柱

•時佋通作紹介紹亦作价佋 袑袴襠也 紹(一)繼也(二)紹介為人引進也 肇(一)始也(二)謀也(三)正也 肖(一)似也(二)子不似父曰不肖不賢亦曰不肖

韶美也如韶華韶光皆謂優美之景光也

•英曜(一)日光也(二)日月五星曰七曜 耀謂光發於此而及於彼也 燿照也光也與曜燿同 趭(一)奔走也(二)今亦謂躁動曰趭 鷂猛禽似鷹而小人家多蓄養之以捕小鳥

•杳瞄以目注視也 妙(一)神妙也謂精巧不可思議也(二)少年亦曰妙年又讀下去聲義 玅同妙

嬌部下去聲

•柳料(一)物之可供製造者曰料如木料衣料(二)又音聊量也计也 療治病也俗讀如聊義同

•地藋茜藋草名今稱灰藋狀似藜

•他蓧竹器也

21 哥部上平聲

·邊
坡 (一)陂也謂地形高下傾斜相屬處者(二)園林中隙地所以位置樹石者也
皤 皤家山名在陝西寧羌縣北
波 (一)水紋也(二)風波喻人事之不寧靜(三)奔波謂奔走勞苦
玻 玻璃以礦物化合而成透明如晶
碆 以石為矢鏃為射鳥用之
菠 菠薐菜蔬類植物其根與葉皆可食

·求
哥 稱兄也
歌 (一)詠也謂長引其聲也(二)曲也謂詩歌者也
牁 牂牁漢時之郡
竿 竹之幹也
膏 (一)脂也凝者曰脂釋者曰膏(二)食物肥厚曰膏如膏粱(三)心之下曰膏
糕 與餻同以米粉蒸之為食品也
餻 溲米粉與糖相調和蒸而食之者亦作糕
篙 進船之竿也所以刺船使前行者
牱 同牁
謌 同歌

·去
堝 坩堝陶器所以鎔練金銀者
戈 古兵器名
撾 (一)擊也(二)擊鼓也
渦 水名出河南上蔡縣
珂 (一)石之次玉者(二)稱人鄉里曰珂里
稞 青州謂麥曰稞
痾 病也
舸 大船曰舸
苛 (一)小草也(二)煩也(三)細刻也(四)察也(五)妎也謂嫉妒
軻 (一)接軸車也(二)車行不利曰轗軻故謂人之不得志亦曰轗軻

·地
刀 (一)兵器也(二)又凡人用以切割者皆曰刀
多 眾也少之反

·他
胎 (一)婦孕(三)月也(二)凡孕而未生皆曰胎(三)始也
鮐 河豚魚之別名

·時
唆 諷使為之曰唆
娑 婆娑也舞貌又往來蹀躞貌
挲 摩挲也又摩擦也
桫 桫欏木名其材堅實
梭 織具以行緯者
疎 與疏同
綀 布名以苧所織
疏 (一)通也(二)遠也近之對(三)稀也(四)分也(五)刻也
莎 挼莎手相切摩也
蔬 菜也凡草類之可食者皆曰蔬

·英
啊 (一)責也怒也(二)噓氣使暖曰呵如言啊凍然
喎 如口眼喎斜謂病人口眼不正變其平日之狀態也
娿 (一)婞娿不決也(二)娿娜與婀娜同
婀 同娿婀娜美貌又柔而長也

媧 女媧古帝名 渦 (一)水名在安徽入淮(二)水旋渦也 痾 (一)病也(二)怪異之病曰痾 窠 (一)動物棲止之穴也(二)植物一株曰一窠 萵 萵苣蔬類亦稱萵筍莖可青食

窩 (一)穴居也如蜂房曰蜂窩(二)藏匿贓物曰窩家(三)物之凹陷處曰窩 緺 綬紫青色也 薖 (一)空也(二)寬大貌 訶 大言而怒之也

·出 初 始也本也原

·喜 囮 (一)鳥媒也繫生鳥以誘外來之鳥者(二)俗稱籍端詐人財物曰囮通作訛

·嫋 挼 兩手摩挱曰挼

哥部上上聲

·柳 倮 赤體也 臝 赤着體也 蓏 木實曰果草實曰蓏 蠃 蜾蠃蟲名詳蜾字 裸 赤着體也 裹 (一)包也又所包之物也止也(二)草實也

踝 足兩旁骨之凸起者曰踝 躶 與裸臝並同赤體也

·邊 堡 堡以土築成之障小城也 寶 珍也人所保也符璽也錢幣曰寶 葆 (一)草木叢生貌(二)藏也(三)蓋也 鴇 鳥名似雁有斑紋足無後趾古以其性淫故呼妓曰鴇兒呼娼母曰鴇母

·求 稾 (一)禾稈也(二)文草曰稾 蜾 蜾蠃蟲名雌者尾有毒針能刺人舊謂蜂之一種

·去 可 (一)許可也(二)可口言味之適口也 哿 可也詩哿矣富人哀此惸獨 坷 坎坷行不利也一作軻 岢 岢嵐山名又山西縣名 笴 箭幹也 閜 門傾也

顆 枚也物一枚曰一顆凡圓體之物皆以顆計 棵 俗稱樹木一株為一棵又音綴斷木也

• 地

倒 (一)仆者也物不能植立(二)今傾弃所盛之物曰倒三俗謂商業破產曰倒

短 (一)不長也(二)促也(三)指人過失曰短(四)夭死也如短折

軃 垂下貌俗亦借為躲避之躲

• 坡

跛 足偏廢也

駊 (一)亦作騙駊騃馬搖頭也(二)馬惡行也(三)高大之貌也

叵 (一)不可也如叵信言不可信也叵耐言不耐也(二)遂也(三)叵羅酒戹也

• 他

唾 口液也吐去口液亦曰唾也

妥 安也如妥帖妥當

橢 橢圓狹長之圓

討 (一)治也(二)征伐也誅也(三)尋究也如討論(四)俗稱索取財物曰討

炧 燭餘也與炧同

嫧 (一)不敬也(二)與惰同

• 增

俎 庖廚所用器俗謂之刀砧板如言刀俎之類

岨 岨峿與鉏鋙同

左 邪教曰左道

棗 果木名實有紅黑兩種

阻 (一)水隔曰阻(二)要隘之地亦曰阻(三)止也止之亦曰阻如阻撓攔阻

• 時

傞 醉舞貌

哨 哨吶回族所用之樂器名也

嫂 兄之妻曰嫂

所 處所也房屋一區亦曰一所又意有專指曰所包括一切曰所有

瑣 (一)玉聲之細者(二)細小也如瑣碎委瑣(三)錄也

鎖 (一)以環相鉤連今謂鏈古謂鎖(二)固門戶箱篋具古謂鍵今謂鎖(三)對閉

鏁 與鎖同

摻 嫂本字

• 英

芺 (一)草名可食(二)凡物稱者曰芺

袄 同襖

襖 衣之長者曰袍短者曰襖

跃 跃蔓盛長也

麌 麌子也

• 文

嬤 媽之轉音俗呼母為嬤嬤

母 父母也凡物由之而生者曰母如母財

姥 (一)與拇同(二)天姥山名

姆 (一)女師也古婦人五十无子出不復嫁以婦道教人者(二)夫之嫂曰姆也

• 語

騃 騃騃馬搖頭也

• 出

楚 (一)荊屬古以撻不率者亦曰夏楚(二)楚楚鮮明貌(三)痛也如苦楚(四)地名

濋 大水溢出別為小水者曰濋

礎 柱下石也又基礎也

脞 小也叢脞謂細碎無大略

齼 齒傷醋也猶俗言酸軟也	•喜好 (一)美也善也(二)謂相善也(三)竟也俗稱作一事竟曰好(四)愛而不釋也	•嫋努 勉也用力也弩弓之以機械施放者 懦 駑弱也 砮 石可為矢鏃者 鳰 日本字水鳥名即鸊鷉也	哥部上去聲	•邊報 (一)酬答也(二)報告也 儤 官吏連日值宿曰儤值	•求凷 與塊同土塊也 塊 (一)土塊也故地曰大塊(二)物結聚成團曰塊又物一件地一方俗謂一塊	•去錁 以金銀鑄成小錠俗謂之錁子 敤 敤首舜女弟名	•地剁 斫也謂以刀擊之也	•他退 (一)進之反卻也(二)去也(三)遜讓也	•增做 俗作字為也	•英澳 (一)洲名澳大利亞州之略稱(二)地名澳門也(三)又音郁水隈也	•出剒 與錯通爾雅犀謂之剒 糙 粗米未舂也 錯 (一)礪石也(二)錯刀(三)雜也(四)舛誤也(五)交錯相互之意(六)錯然警慎之貌

·喜 吪 動也詩尚寐無吪 坾 與耗同瘠薄之土曰坾土 耗 (一)滅也虛也(二)消耗也如耗米火耗(三)消息也如音耗噩耗 訛 (一)偽也謬也(二)藉端索取財物曰訛如訛詐

哥部上入聲

·柳 僔 北史三字有庫僔官氏也

·邊 泊 (一)舟附岸曰泊(二)凡棲止皆曰泊故流寓曰漂泊(三)靜默無所為也 舶 海中大船也 駁 (一)色不純也如言斑駁陸離(二)否認也如駁議駁斥(三)俗謂載貨物曰駁

駁 (一)猛獸名能食虎豹(二)又與駁字通用

·求 擱 (一)凡用為動字者俗多作擱如擱筆(二)躭擱也 閣 (一)所以者扉者(二)庋藏之所(三)官署名如內閣(四)閣板也古人設於室內以置食物者(五)複道曰閣以木支架為道路也(六)止也今多作擱

馘 截耳也凡殺敵而獻其左耳曰馘又面也

·地 倬 著也大也 卓 (一)高也如卓識卓見(二)几案也今作桌 啄 鳥食也詩出場啄粟 啅 (一)衆口貌(二)與啄通鳥食也 噣 與啄通鳥啄食也 斲 斫也凡斫木謂之斲

斮 又讀如灼義同斬也削也 桌 几案曰桌 椓 擊也官刑曰椓 槕 與桌同几也今之用槕椅猶古之用几席 涿 水名涿水在涿縣西源出自直隸涿鹿縣涿鹿山

琢 (一)治玉也(二)修飾也 築 擣也工程之事統稱曰建築 諑 譖言也如言謠諑繁興 踔 (一)踰也越也(二)高遠也

·坡 粕 糟粕也

·他 侂 寄也 托 掌承物也又承器之盤也 柝 巡夜所擊木也即梆子 籜 竹皮也俗稱竹殼 蘀 草木皮葉落地為蘀與籜通

託 ㈠寄也委任也㈡請求也㈢屬付也㈣假借也 跅 跅弛不自檢束之謂也 飥 餺飥餅屬亦作餎飥

•時 索 ㈠繩之大者㈡凡物之抽成長條而絞緊㈢者索求也如搜索索取 雪 ㈠雨遇寒而凝結也㈡洗也如言雪恥雪恨 鱈 魚名形略似鱸產深海其肝可製油族為滋補品也

•文 麼 本讀下平聲幺麼細小也俗用作語助詞如言什麼亦作麼

哥部下平聲

•柳 儸 僂儸盜賊部下之謂也 儺 ㈠驅疫也㈡猗儺柔順貌㈢行有度也 囉 歌助聲 欏 桫欏木名其材堅實 氇 氆氇西藏織羢也又音魯義同

牢 ㈠養牲之所也㈡牲也牛曰太牢羊曰少牢㈢堅固也㈣監獄也 玀 種族名即猓玀也 羅 ㈠絲織物之軟輕而有疏孔者㈡捕鳥之網也㈢羅列也謂廣布㈣姓也

虆 土籠也盛土之器 蘿 ㈠女蘿菌類植物又名松蘿㈡蘿蔔一名蘆菔蔬類根長而白可食 螺 軟體動物其殼為回旋線種類甚多 覶 ㈠好視也㈡覶縷委曲也

覼 俗覼字樂器也鑼 饠 饆饠也見饆字 騾 獸名驢馬相合而生

•求 檛 箠也所以鞭馬者

•地 逃 ㈠有所避而出亡也如逃難逃債㈡去也㈢奔也 迯 與逃同

•坡 婆 ㈠老媪之稱㈡俗稱舅姑曰公婆 皤 白也素也又大腹也

•他 佗 ㈠與他它通㈡雍容自得㈢負荷也 堶 磚也宋世有寒食飛堶之戲亦讀上聲 桃 ㈠果木名㈡又門下士曰桃李 沱 ㈠江水之別流也㈡涕垂貌㈢滂沱下大雨之貌

浼 淡浼隨波貌本音柁今亦作淡沱

萄 蒲萄果類植物其實可食又可釀酒亦可曝乾或作葡萄

跎 蹉跎謂虛擲光陰也

酡 飲酒而赭色著面也

鮀 吹沙小魚也

陀 亦作陁坂也如言陂陀

馱 ㈠馬負貌㈡凡以背負皆謂之曰馱㈢又讀上聲所負物

駝 ㈠駱駝獸名㈡俗稱傴僂曰駝背言其背隆起如駱駝也

馳 俗駝字

驒 馬尾色斑駁似魚鱗者

鴕 沙漠中最大之鳥力强善走大者體高七尺以外不能飛

鼉 爬蟲類狀似鱷魚

鼧 鼧鼥鼢鼠類之大者形似獺皮可為裘

・增

矬 短也

・英

荷 ㈠草名又名芙蕖產於淺水實曰荷㈡又音卧以肩承之也㈢承惠曰蓮

蠔 海中所生軟體動物一名牡蠣其殼可燒灰肉可供食

・文

毋 禁示也古亦作無

無 不有曰無

无 古無字

・杳

嫫 母古之醜婦黄帝第四妃

摩 摩擦也

摹 有所規做也如描摹臨摹

模 法也形也效也式也

魔 ㈠鬼也謂能迷惑人以敗道者㈡嗜好成癖亦曰魔如詩魔酒魔

毫 ㈠動物表皮所生纖細之質㈡鬚髮曰毛㈢粗造曰毛㈣毫氂之毫俗省毛

獏 蠻族名廣東合浦縣山民一作獏猫

蟆 本作麻蝦蟆蛙屬又音莫蟲名如蚋而小

謨 議謀之已定者曰謨

饝 北人謂粗餅曰饝饝

癠 本作髍說文㾊癠也謂體半枯不仁也

橅 同模

・語

湡 湡水俗稱沙河出太行山俗讀如偶

峨 ㈠亦作峩高也㈡峨眉山名在四川峨眉縣西南

眂 視也

莪 莪蒿草名一名蘿蒿花黃綠色其莖嫩時可蒸食

虞 ㈠度也猶言預料㈡憂也備也㈢安也㈣樂也㈤誤也㈥朝代名

蛾 ㈠蟲名與蝶並稱種類甚多如天蛾蠶蛾等皆是㈡蛾眉比美人之眉也

齵 齒不正也引伸之物之參差亦曰齵

隅 ㈠陬也邊側之地曰隅㈡方角也㈢不與衆人共受恩澤曰向隅也

俄 ㈠頃也時之至短促曰俄頃㈡國名

喁 魚口上見也故眾人向慕曰喁喁謂其羣魚之上向也亦音于義同

娥 (一)好也(二)女名如嫦娥夸娥 愚 (一)闇昧也(二)欺騙也(三)謙詞如愚按愚見四自稱曰愚弟又長者自稱也 梧 (一)梧桐也(二)枝梧猶言支持亦作支吾(三)魁梧猶言狀大也

哦 吟也 嵎 山曲曰嵎 涐 水名即大渡河源出四川理番西北曰大金川南合小金川至樂山入岷江 鵝 鳥名似雁而大身白頸長嘴大而黃體軀肥滿而尾腳短毛黑者曰蒼鵝

• 出

瘥 (一)病也(二)小疫也 蹉 磨也磨治骨角也 耡 鉏地曰耡通作耡 鉏 鋤本字又與齟字通 鋤 田器所以翻土及削除草根者又除去亦曰鋤如言株鋤之類

醝 白酒也酒紅曰醍綠曰醽白曰醝 鹺 (一)鹽味之厚者(二)亦借為鹽字用如鹽務亦曰鹺務

• 喜

何 (一)詰問之詞(二)姓也 河 (一)黃河水名(二)今為川之通稱

• 娿

娜 婀娜美貌又柔而長也亦作嬝娜 孥 子也又妻之統稱 挪 移動也 帑 (一)與孥同妻子也(二)又音倘金幣所藏之府也如謂官庫財物曰國帑

耨 (一)刺地除草之器(二)耘也(三)鉏田也 哪 語助詞

哥部下上聲

• 求

箇 (一)枚也(二)箇亦作个個

• 地

躲 (一)身也(二)匿也俗謂藏身曰躲如其躲避開 鬌 小兒翦髮所留者鬌 朵 花朵亦作朶動也 垛 堆垛也凡累土所成一座謂之一垛 在 (一)存也(二)居也

• 增

佐 輔也貳也 助 佐也謂藉此之力以益彼之力也 坐 人所以息其軀體者曰坐

• 英

卧 (一)休息也寐也(二)凡物橫置之亦曰卧

• 杳 募 (一)廣求也如招募募辦(二)乞財物於人曰募如僧徒之募化兵賑之募捐 幕 (一)軍中張帳幕以居將帥所在曰幕府幕中賓友治文書者曰幕友(二)始也

墓 墳墓也封土隆起者墳平者曰墓 慕 (一)思也小兒之思亲曰孺慕(二)愛好之也如慕名仰慕 暮 (一)日將入也(二)喻時之垂盡也如年老曰暮年歲闌曰歲暮

• 語 禺 獸名一名果然即尾猴也產於非洲印度等處又讀平聲十里為一禺 齬 逆也 遇 (一)相逢也不期而值也如遇雨遇難(二)合也(三)看待也 麌 (一)牡麕也(二)麌麌羣聚之貌

寓 (一)寄也如寄居曰寓居(二)託也如寓言寓意 寤 寐覺也 悟 (一)心有所覺曰悟(二)啟發人亦曰悟 晤 對也如相見曰晤面

• 出 銼 似釜而大口者 挫 摧折也 莝 斫藁也 剉 斫也斷也 萎 詐也

• 嫋 穤 稻之黏者俗作穤穤亦讀上上聲 二 數名

哥部下去声

• 柳 邏 (一)巡也如巡察之兵曰邏卒(二)遮也山色環繞曰邏也

• 地 埭 (一)以土堰水也(二)以土所以壅水 袋 俗謂囊曰袋

• 增 座 (一)位也(二)器物之架曰座

• 文 帽 冠也

• 杳 望 (一)視遠也(二)為人所仰曰望如名望(二)願也如不愿意曰怨望(三)又陰曆十五日曰望

•語餓 飢甚也

•喜賀 以禮物相奉慶也如賀禮

•嫋怒 (一)氣憤也(二)馬肥壯而氣盈也(三)奮也(四)凡强盛勁急多曰怒(五)威勢也

哥部下入声

•柳落 (一)木葉脱落也又衰敗曰落如淪落(二)下墜也(三)稀疏也(四)摧殘也 輻 車轉也

•邊礴 旁礴混同也又廣被也又充塞也 箔 (一)簾也(二)金類擊成薄片曰箔(三)養蠶之具也 薄 (一)草叢生曰薄(二)簾也(三)味淡曰薄厚之對(四)凡輕徹狹小皆謂之薄

鉑 金鉑薄金也亦作薄 鑮 (一)樂器似鐘而大(二)田器鋤屬

•地奪 (一)强取也(二)因事削去其權利曰奪如奪職剝奪公權者也 擇 揀選也

•增筰 竹索也猶俗言篾纜 絶 (一)斷也(二)滅也(三)死也(四)無也(五)甚也(六)極也

•杳膜 人體肌肉間所裹之薄衣以護其內部之組織也諸器官皆有之如眼膜耳膜之類是

•喜雈 本音鵠高也今多作鶴字用 鶴 鳥名體高三四尺頸足皆長兩翼甚大飛翔至捷産西伯利亞等處

22 肩部上平聲

· 求 **掮** 以肩舉物也吳俗稱代人兜售貨物者曰掮客 **肩** (一)本音堅頸項之下與兩臂相聯屬處也(二)任也(三)獸三歲曰肩

· 時 **先** (一)前也(二)稱已故者曰先

· 出 **仟** 與千同百亦作佰 **千** 十十為百十百為千

肩部上上聲

· 求 **筧** 用長竹架設地上構成水路曰筧 **繭** (一)蠶自吐絲後成蛹時期之巢穴也(二)足傷皮皺也 **蠒** 俗繭字 **襺** 以襺著衣也如今之棉衣是

· 他 **看** (一)視也(二)守護也如看官 **体** 笨本字今多作體字用 **體** (一)身體也(二)形體之謂也(三)事物有一定格式者曰體如文體國體(四)設身處地者之謂如體察體諒(五)同等者曰一體一體猶言一律

· 語 **研** (一)碾也析物為微末也(二)窮究也亦音妍

· 出 **筅** 筅帚也亦作箲所以洗釜甑之屬者也 **箲** 箲帚所以潔治釜甑之具

· 喜 **蜆** 軟體動物與文蛤同類異種殼圓小稍厚

肩部下平聲

· 柳 **蓮** 荷也古謂其實曰蓮今多通用如荷花白蓮花

· 增 **前** (一)後之對(二)先也(三)進也 **媊** 女媊星名 **歬** 古前字

·英閒 安也暇也

·出蠶 吐絲之蟲也其絲可織綢緞之屬

肩部下上聲

·地佃 (一)治田也亦作田(二)代耕農也(三)田獵也 杕 木特生者也 第 (一)次第也(二)但也(三)住宅也

肩部下去聲

·地殿 天子之堂曰殿 靛 青藍色染料也

·坡辨 (一)致力也具也作事通稱曰辨事(二)官職主治事務之稱如總辨會辨(三)俗謂治罪曰辨如重辨罰辨

·喜莧 蔬類植物可供食

23 柑部上平聲

·求柑 果木名產於閩廣

·地擔 (一)任也(二)肩荷曰擔

·時三 (一)數名(二)固也猶俗言再(三) 衫 單衣之通稱

柑部上上聲

· 柳 **挐** (一)牽引也如引舟曰挐舟(二)拘捕罪人亦曰挐 **挈** 同挐椰木名 **拿** 俗挐字 **那** (一)何也如何處曰那處何堪曰那堪(二)語助辭 **梛** 同那

· 求 **敢** 勇也謂無所畏懼也 **橄** 橄欖一名諫果可生食 **澉** 澉浦地名在浙江海臨縣南

· 地 **胆** 本音蟲口脂澤也俗借為膽字用 **膽** (一)六腑之一(二)俗謂膽主勇敢故無畏曰大膽(三)仗義曰肝膽(四)膽略也 **薝** 薝蔔花名 **黵** (一)黑也垢也(二)面而黑字也

· 文 **媽** 潮俗呼祖母曰媽本讀下平聲母也 **瑪** 瑪瑙石英類礦物與玉髓同質本音馬

柑部上去聲

· 求 **酵** 釀酒及製饅頭等入以酵母使發酵也

· 地 **担** 肩所負物也百斤也曰一担又音党拂

· 坡 **怕** 懼也 **袙** 首飾也

· 增 **怍** 慚愧也顏色變也 **舴** 舴艋小舟也齚齧也

柑部下平聲

· 柳 **籃** 編竹盛物之器以便提攜者 **襤** 無緣之衣謂之襤又襤褸也

柑部下上聲

• 地 **擲** (一)投也(二)抛也 **擿** (一)與擲同投也(二)又音的挑也取也 **淡** (一)濃之反淡薄也(二)化學之非金屬原質名 **澹** 恬靜也 **賧** 蠻夷以財贖罪曰賧

蹢 (一)蹢躅行不進也(二)又音的蹄也 **躑** 住足也亦作蹢 **憺** (一)安也(二)靜也

柑部下去聲

• 文 **嗎** (一)俗罵字(二)俗語助詞如麼字亦常作嗎字

24 瓜部上平聲

• 邊 **杯** (一)本作桮亦作盃飲酒器也(二)盛羹器也 **桮** 桮杓酒具也 **盃** 與杯同

飛 (一)鳥及蟲類之有翼者奮翼高舉曰飛(二)速也如飛報飛遞(三)高也如飛樓飛閣(四)無根之詞也如飛書飛語又讀非義同

• 求 **瓜** 蔓生植物種類甚多 **瘑** 病也

• 去 **恢** 大也恢台廣大也 **悝** 人名又音里憂也 **盔** (一)鉢也(二)首鎧也 **科** (一)程式也(二)品也(三)等差也(四)坎也(五)斷也(六)科第也 **蝌** 蝌蚪蛙之幼蟲也

詼 戲謔也嘲也出語而使人失笑曰詼諧 **魁** (一)首也(二)科舉分(五)經取士每經首選一人謂魁故曰五魁(三)高大也

• 坡 **肧** (一)婦孕一月為肧三月為胎(二)器物之未成者亦曰肧 **胚** 同肧 **坏** 陶瓦之未燒者亦作坯又音抔益也以土封隙也 **坯** 與坏同陶瓦之未燒者

• 他 **積** 與穨同穨廢也 **隤** (一)與穨同墜下也(二)降也(三)柔貌 **穨** (一)首禿也(二)崩壞也(三)衰老失意之貌如穨唐穨喪 **魋** 獸名大者至長八九尺毛茶褐色性暴俗呼為赤熊

• 時 **衰** 盛之對凡由成而漸減殺者曰衰如衰微弱也(二)差降也謂依等級而下也

• 英 **鍋** (一)釜也(二)車之盛膏器以脂轂者 **鍋** 與鍋同

• 出 **吹** 凡以氣拂之皆曰吹 **炊** 爨也謂以火熟之也如炊飯 **龡** 吹本字

• 喜 **灰** (一)物燃燒所餘之質(二)石灰之略稱(三)失意曰心灰 **花** (一)草木花也本作華(二)色斑駁不純曰花名色複雜亦曰花如花户花樣 **蘤** 古花字亦音蔿花榮也 **豗** 相擊也

錵 金屬之一 **𠌶** 花本字

瓜部上上聲

• 求 **果** (一)果實也(二)事結局曰果如結果(三)勇決也(四)飽也如果腹(五)事驗曰果 **猓** 猓玀蠻族名在雲南貴州四川等處以黑為貴種 **菓** 凡植物子房之成熟者皆曰菓本作果

錁 (一)膏車之器也本作輠(二)金銀鑄成小錠俗謂之錁子(三)帶具本作銙詳銙

• 文 **娓** (一)順也美也(二)娓娓不倦貌俗謂談論久而不斷者亦曰娓娓 **尾** (一)末後梢也鳥獸蟲魚皆有(二)末後皆謂尾(三)追其後曰尾如尾行尾追

• 杳 **每** (一)常也(二)各也如每人每日 **莓** 草名實如櫻桃俗名耨田藨 **黣** 面黑氣也

• 出 **嶲** 嶲州隋置嶲改越嶲郡唐復置後没於吐蕃今四川西昌縣治 **瀡** 滑也 **髓** 骨中脂也動物骨之長大者外堅實而內粗鬆皆有髓

• 喜 **火** (一)物體燃燒所生光與熱也(二)焚也三事急曰火如火速 **輠** 車之盛膏器以膏塗軸使車行無停滯者故喻人言論不窮者曰采輠

夥 (一)多也如幾何曰幾夥(二)俗謂店肆之傭雇曰夥計 **伙** (一)與火同軍隊以十人同食曰伙伴(二)俗稱器具曰傢伙

• 嫋 **餧** (一)餓也如飢寒謂之凍餒(二)中不足也如勇扩消乏曰气餒(三)魚爛

瓜部上去聲

• 邊 **背** 與胸之反面也人體之背在後故謂凡物之反面皆曰背也 **輩** (一)列車也(二)等類也班也(三)行次等列也如前輩後輩

• 求 **卦** 古紀形之文伏羲氏所作古之筮用之 **罣** 挂也礙也 **詿** 誤也又欺也 **過** (一)超越也如過頭過度行車之失亦曰過(二)已往曰過如言過去(三)經也

鬐 總髮也挽髮而束之於頂

• 去 **課** (一)試也程也凡有程式而驗稽核之皆曰課如考課(二)稅也

• 坡 **配** (一)匹也對也夫婦曰配耦(二)相當也(三)俗謂完補殘缺曰配

• 增 **最** (一)極也(二)聚也

• 時 **帥** (一)統帥也(二)遵也循也(三)率也 **帨** 佩巾也即今之手帕 **挩** (一)拭也(二)與脱通解除也 **歲** (一)年也(二)歲首之稱如守歲(三)齡也以曆法这紀歲為齒之符號

涚 和也以灰和水曰涚 **稅** (一)商貨所征之賦曰稅也(二)以物遺人曰稅(三)釋也 **蛻** 凡蟲類所脫之皮皆曰蛻 **祱** 贈終者衣被曰祱又日月已過乃聞喪而追服之曰祱

• 英

尉 也(一)(二)古古與官慰名通(三)候姓也也安

慰 愜安其也情安也之以

濊 深(一)廣水也多(三)貌與(二)穢汪通濊

穢 也(一)(三)田形中陋雜曰草穢也(四)(二)糞惡穢也也汙

罻 網捕也鳥

翽 飛翽聲翽

蔚 木(一)盛草貌名(三)牡文蒿深也密(二)貌草

薉 同與穢

薈 興(一)起草之盛貌也亦(二)讀障同也怪(三)

獩 時東居夷朝也鮮亦遼作東濊之漢境

• 喜

化 俗(一)曰自化然(三)之天變生易萬也物(二)曰轉化移

喙 言(一)論口也也(二)

悔 取恨消也前追議恨曰前反非悔也

晦 也(一)(二)陰昏曆暗月也盡

誨 (二)(一)訓教言導也

貨 財(一)者財皆也曰今貨謂(二)物又之賣可也以易

靧 洗與面頮也同

頮 也洗面

顪 下鬚者之曰在顪頤

瓜部上入聲

• 求

刮 平刮拂削之也曰以刮刀刃

崞 山縣西名代今州屬

椁 曰外椁棺

郭 亦(一)曰外郭城(二)也國又名物(三)之姓在也外部

• 去

缺 成(一)皆器曰破缺也(二)凡又破空損也不完

闋 樂(一)終盡曰也樂如闋喪見服禮既記闋詞曰一服首闋日(二)一終闋也

闕 (二)(一)過古失宮也門(三)外與所缺作通之空樓也觀也

• 時

刷 (二)(一)除清也也

說 (二)(一)言釋論也也釋如明言意邪旨說曰異說(三)如又演與說悅改通說

• 喜

血 也(一)(二)動凡物竭體盡脈心管力內曰所血含如之血液戰體

瓜部下平聲

• 邊

培 也(一)(三)益栽也也(二)養

賠 也(一)如償商人業財蝕物本曰讓賠人(二)曰虧賠折墊之

醅 漉酒也未

陪 (三)(一)重伴也也(四)如償言還追也陪賠奉償陪之(二)賠增亦也作益陪也

•坡 **皮** (一)動植物體被於表面以包裏其內部者曰皮(二)表面也 **裴** (一)本音陪長衣貌(二)姓又與徘通如裴如裴回也

•文 **媒** (一)媒合(二)姓以成婚媾也(二)相因而至亦曰媒也 **枚** 物一個曰一枚 **梅** 果木名落葉喬木 **煤** 礦物之可燃燒者如煤炭 **禖** 古求子之祭名祀先禖之神也

脄 脊側之肉也 **脢** 背肉也 **莓** (一)苔也(二)莓莓美田也 **酶** 酒母也 **鋂** 子母環也謂一環貫二者 **霉** 物因溼熱色變也本作黴 **槑** 古梅字

楳 同梅 **腜** 胎孕也

•入 **捼** 亦作挼兩手相切摩也

•喜 **回** 轉思返也 **廻** 與回同迴避也 **徊** 徘徊流連往返也亦讀駭義同 **洄** 水流轉貌 **茴** 茴香草名一作蘹香花黃色又名大茴香小茴香等是

蛔 蠕形動物狀似蚯蚓常寄生於小兒之腸患者腹痛吐瀉又名蚘蛕 **逥** (一)亦作廻與回同回轉也(二)曲也(三)繞也 **橫** 旁側也直為縱平為橫 **鐄** 大鐘也

瓜部下上聲

•邊 **倍** 加等曰倍利市三倍 **偝** (一)葉也(二)不正向前也 **狽** (一)獸名似狼舊說狼狽相附行故相倚為惡曰狼狽(二)顛蹶困頓曰狼狽 **琲** 珠百枚也又珠十貫曰琲

蓓 植物之花蘂曰蓓蕾 **佩** (一)帶所繫之物也又繫之也如佩刀佩劍(二)佩有不忘之意如言佩服 **貝** 海中介蟲古以其甲為貨幣今亦謂物之珍者曰寶貝

悖 背理也亂也或讀去聲義同 **棢** 木名出麼伽佗國長六七尺經冬不凋取其皮書之本作貝俗作棢 **邶** 國名周武王分朝歌以北為邶以封紂子武庚在今河南境

鋇 (一)鋌也(二)金屬之一 **錇** 金屬之一珮玉 **珮** 也本作佩

地 綴 (一)連也縫布帛使連屬曰綴(二)結也緝 兑 (一)八卦之一説也(二)易也如銀錢之兑換駁驚也走奔突也

坡 被 (一)寢衣也寢時用以覆體也(二)覆也(三)及也(四)猶受也(五)加也六負也

增 罪 (一)干犯法律也(二)歸咎之亦曰罪 辠 古罪字

入 叡 與睿同深明也智也 睿 (一)深明也(二)通也 鋭 (一)芒也尖利也(二)兵之精練者曰鋭如精鋭勇鋭之類

英 衛 (一)防護也(二)邊圻駐兵之處曰衛(三)醫家以血為榮以氣為衛也 讏 (一)謬言不慧也(二)與偽通詐也 躗 (一)過也(二)蹋也 軎 同轊車軸頭也 轊 車軸之端也亦作軹

沓 佅 東夷之樂也 寐 卧也息也詩夙興夜寐 昧 (一)冥也將明未明曰昧也(二)不明事理曰昧如昏昧 沬 微明曰沬 痗 病也也 眛 目不明也

秣 (一)食馬穀也猶俗言馬料(二)飼也 韎 (一)草之可染色者(二)東夷樂名 魅 (一)魑魅也(二)鬼之為祟者亦曰魅

喜 匯 (一)迴也言水流之迴旋也(二)貨幣田甲地支付乙地收之曰滙劃滙汇集兑 會 遇合也又集合團體曰會 瘣 木瘻腫而無枝幹也 繢 織餘也絛粗之屬

瓜部下去聲

邊 焙 烘也

入 汭 水之曲也 芮 (一)小也(二)古國名今山西芮城縣(三)姓也 蚋 蟲名形似蜂長分許色黑翅透明脛節白善螫人 枘 刻木端以入空者也如不相入曰枘鑿

英 槬 鐘橫大也 話 言也

· 文未 (一)本音味十二支之第八位(二)如言已往與未來助詞與否字同意

· 香妹 女弟也

瓜部下入聲

· 英劃 以刀劃破物也嫿姽嫿靜好也

畫 (一)分畫界限也(二)截止也(三)計策也(四)一筆謂之一畫五又音話圖畫也

砉 砉然皮骨相離聲也

罫 (一)礙也通作絓(二)亦音拐博局方目也

騞 刀解物聲也

· 文袜 (一)與韈同(二)又音末婦女腹衣曰袜肚

襪 與袜韈同足衣也

靺 (一)與韈通(二)鞨靺蕃人部落之名見隋書在今吉林

韤 韈之俗字

韈 與襪韤通足衣也

· 香沕 深微貌沕然壯勇貌

物 (一)凡物生於天地間皆謂之物(二)物色訪求也

芴 (一)菜名亦名菲(二)土瓜也

· 語月 地球之衛星也

25 乖部上平聲

· 求乖 不顺不和谐

騧 黃馬黑喙也

乖部上上聲

· 求拐 誘販人口曰拐騙俗謂杖曰拐杖

柺 老人之柺杖也

乖部上去聲

•求 儈 牙儈會合市人者即買賣之居間人古借用會 劊 (一)斷也(二)劊子手俗稱執行死刑者 夬 易卦名決也 廥 芻藁之藏 怪 (一)奇異也(二)妖怪也 旝 旃也

檜 木名葉類柏榦似松 澮 (一)水名源出山西翼城縣(二)小流也 獪 狡也滑也 禬 (一)除殃祭也(二)獪言會合也 繪 (一)會五采而繡也(二)作畫曰繪如繪圖繪像是也

膾 細也肉切 蒯 (一)草名菅類多生水邊其莖可編織(二)姓也 襘 領之交會也與袷通(一)說帶所結也 鄶 古國名妘姓祝融之後為境武公所滅在今河南密縣鄭

鱠 與膾通細切魚肉也

•去 噲 咽也 快 喜樂也卒也利也如快刀二役速也如捕快 筷 箸也

乖部上入聲

全部空音不录

乖部下平聲

•喜 懷 思念也安也心懷也 槐 木名古宮殿植之以三槐為三公之位故沿稱卿相 櫰 槐之大而黑者 淮 水名出河南經安徽至江蘇入海今下游合運河

乖部下上聲

•喜 壞 物毀壞也

26 膠部上平聲

·柳 刺 戾也乖剌猶乖戾 喇 (一)喇叭軍中吹器(二)喇嘛蒙古青海西藏等處僧曰喇嘛 垃 俗謂塵土穢積曰垃圾 擸 與拉同拆也 菈 菈擸崩弛之聲也

·邊 叭 喇叭軍中吹器續通考作吧 吧 吧呀小兒忿爭也 巴 古國名在四川 爸 父也吳人呼父曰爸 疤 瘡痕曰疤 笆 有刺竹籬也俗稱籬笆 羓 醃肉也

芭 (一)芭蕉多年生植物產於熱帶(二)香草也 葩 今讀如巴華也 豝 (一)牝豕也一説豚二歲曰豝(二)與羓通乾肉也 鈀 農器鋤屬五齒平土除穢用之

·求 嘐 嘐嘐志大言大也與膠同 膠 (一)所以黏合器物者以動物之皮角煮而成之(二)和也固也

·去 腳 (一)俗作脚脛也相沿為足之別稱(二)下也如山下曰山腳

·他 他 伊也兩人相對談話稱第三人為他 它 (一)古佗字非也異也(二)古蛇字 她 指女性而言 牠 指物而言

·增 嵯 嵯峨山高貌 揸 以手指撮物也 柤 (一)木閑也(二)又果名 樝 與柤同亦作查山樝果木名 渣 凡含有液體之物去其液汁則所餘者皆曰渣 罝 兔網也

皻 紅暈似瘡浮起著面鼻者曰皻 咱 俗稱自己曰咱 蹉 (一)蹉跎延緩失時也(二)蹉跌失墜也 鬆 婦人喪髻也以麻髮合結之曰鬆 齇 鼻發紅斑也俗亦謂之酒糟鼻

齟 齟齬齒不相值也今通作齟齬

·時 鈔 鈔鑼銅器也形如盆或作篩鑼又作厮鑼

·英 丫 (一)丫鬟也(二)物之分歧而上出者如草木之枝是也 椏 江東謂樹枝為椏杈 氬 無色臭之氣體也 錏 (一)錏鍛頸鎧也(二)柔剛之鐵也

阿 (一)大陵曰阿(二)膽徇也如阿私(三)發語詞也
鴉 烏鴉也純黑反哺者謂之烏小而腹下白不反哺者謂之鴉
鵶 與鴉字同

·出 叉 (一)指相交也(二)又手拱手之謂也
差 (一)不錯也(二)參差不齊也
瑳 (一)玉色鮮白也(二)物鮮盛亦曰瑳(三)笑貌
艖 小舟也
遳 (一)行貌(二)遳脆言薄弱也

嗏 語詞曲調多有之

膠部上上聲

·邊 把 (一)握也(二)持也執也(三)器物之柄曰把(四)看守也如守門謂之把門然
飽 食欲滿足也引申之凡滿足者皆曰飽如感人之恩惠曰飽德之類

·求 佼 (一)好也如佼人美也又佼佼好貌(二)交也
攪 撓亂也動而使之和之
筊 (一)竹索也即今之篾纜(二)簫名(三)杯筊卜具也以竹製之

絞 (一)兩繩相交而捩之使之緊急也(二)縊殺也(三)急切也
鉸 (一)鉸刀也兩刃相交可以斷物又名剪刀(二)鉸鏈也俗謂鉸戌也

·去 巧 (一)技也能也(二)點慧也拙之反(三)謂美好也如巧笑四不期而恰合曰巧
豈 反語詞如豈可豈敢之類

·地 打 (一)擊也撻也(二)俗語助詞如打聽打算(三)物十二枚為曰一打

·增 早 (一)晨也(二)先也未及其時也
昔 (一)往時也(二)一昔猶言一夜也
璪 (一)石之似玉者(二)又與瑣同
痄 痄腮耳下腺腫脹之病
笊 笊籬竹器於水中撈物者

(一)古也對於今而言也(二)隔一宵曰昨如昨日
蚤 小蟲名善跳常寄生人物吸取血液有毒汁注入與蚊無異
鮓 魚之藏貯以為食品者如醃魚糟魚之類是

·時 傻 輕慧貌今亦稱無知識不解事理者曰傻

• 英

拗 (一)折也折花曰拗花(二)又讀拗上聲如執拗執己也

• 出

炒 烹飪之一法

謅 弄言也如妄言曰胡謅

膠部上去聲

• 邊

垻 障水堰也今人謂堰埭曰垻或作霸亦作壩

壩 堰也所以止水使不泛溢也

弝 弓中央手執處也

霸 (一)諸侯之長曰霸(二)俗谓豪强曰霸如言霸佔霸據俗作覇

穲 稻搖動貌

豹 獸名似虎而小背赤黃色有黑斑文如錢俗稱金錢豹性凶善捕食他獸

靶 (一)轡革也(二)射之的也如箭靶鎗靶

灞 水名源出陝西藍田縣北流至咸寧縣入渭

• 求

麘 獸名說文解麘觸不直者於人如有所教故从麘从教省

教 訓誨也使令也

校 (一)計校也(二)枷也(三)考試也(四)檢點也(五)又音効教士之所學校也

珓 杯珓卜具也

窌 同窖

窖 (一)穴地藏物謂之窖(二)深心窖曰

較 (一)車兩輢上橫木向前鈎曲反出者漢謂車耳(二)比較也相競也(三)署也

餃 屑米麵為之或謂之粉角

• 去

扣 牽馬也減除分數曰扣物之套入相鈎結曰扣如紐扣帶扣之類

敂 同扣擊也

• 增

乍 忽也猝也

岝 岝嶺山高貌

搾 厭擠而取其汁也

榨 榨牀壓取汁液之器

溠 水名亦名湫恭河在湖北省隨縣西北入湞水

蜡 年終祭名周曰蜡秦曰臘

炸 (一)火力爆發也(二)俗謂油煎食物曰炸

䄍 年終祭名通作蜡

詐 欺也偽也背信藏巧謂之詐又與乍通

酢 客酌主人也有所受而報答之曰酢如彼此互相施報曰酬酢

醡 壓酒具也

齰 齧也

• 時

嗄 謂聲敗而變也

• 英 **亞** 次也兩墹相謂曰亞 **婭** 兩墹相謂曰婭 **稏** 䆉稏稻名 **襾** 覆也

• 文 **禡** 祭名行師祭其所止地曰禡

• 出 **侘** 誇也又侘侘傺失志貌 **岔** 三分路也 **汊** 水歧流也如汊港 **耖** 田器似耙可以耖土益細者 **鈔** (一)遮取之也(二)掠奪也(三)謄寫也(四)又紙幣曰鈔票

衩 夜衩也今亦謂衣旁開處曰衩口 **蚝** 海蜇也

膠部上入聲

• 求 **岬** 山脅也兩山間曰岬山之陡入海中者 **甲** (一)十于之第首位也今亦為第一之亦(二)兵士曰甲(三)蟲介曰甲 **胛** 背胛也俗謂之肩胛 **鉀** 與甲同鎧也

• 去 **笚** 捕魚器也

• 地 **搭** 挂也附也

• 坡 **拍** 手搏其上也樂曲之節又拍板節樂也

• 他 **轄** 鏜轄鐘鼓聲 **塔** 建築物高而銳制始西域入中國為藏佛經處本名浮圖俗謂之寶塔

• 增 **劄** 牋劄也

• 英 **呷** 吸而飲曰呷又呷呷鴨鳴聲也 **鴨** 家畜之水禽也嘴扁平足短能浮水古謂之鶩

·出扱 (一)拜手至地也(二)又音吸斂取也 插 (一)刺入也(二)亦側身其間之謂也 歃 歃血盟者以血塗口旁之稱 臿 (一)築牆杵也(二)鍫也(三)與插通 鍤 鍫也所以起土者

·喜瓣 (一)瓜中实谓瓜子密排之处也(二)花瓣也

膠部下平聲

·柳勝 猪勝也即猪油

·出柴 小木散材供炊之用者 龇 開口見齒也又齒之不正

膠部下上聲

·邊罷 休也已也俗用為語未助詞如去龍

·求咬 与齩同齧物也 齩 通作咬齧也

·坡泡 水上浮漚也細小者為沫大者為泡

膠部下入聲

·柳拉 (一)摧折也(二)俗讀上平聲牽挽也 腊 同臘 臘 (一)秦人歲終祭神曰臘故至今以十二月為臘(二)俗以鹽漬肉曰臘 蠟 蜜渣也色黃又曰黃蠟其色白者可以製燭之用

獵 逐取禽獸也 躐 (一)踐也(二)越也不循次序越級而進越曰躐等 邋 (一)邋遢行貌(二)不謹事也(三)不清潔也 鑞 白鑞以鉛與錫製成之合金接合金屬常用之

擸 持也擸捶和雜也

·地 **嚃** 歠(一)重也如雜沓(二)複也沓語多也亦曰沓沓 **誻** 妄語也 **踏** (一)足著地也(二)以足踐物也(三)步也 **蹹** 與蹋通蹹鞠即蹴踘遊戲之事

遝 雜遝眾多而紛亂也 **錔** 以金類冒器物之端如俗言銅包頭如今用之銅筆套亦謂之曰筆錔

·他 **疊** (一)重也一重曰一疊(二)累也 **曡** 同疊

·增 **柵** 本音策竹木為闌塞所以防止行人者

·喜 **合** (一)闔也開之對(二)和同也(三)會也四配也 **哈** (一)哈哈笑聲(二)又讀辦哈爾濱 **欱** 歙受之意

27 佳部上平聲

·求 **伽** 梵書譯音字如伽邪伽又陀山名也 **佳** 美也好也如佳人佳士 **加** (一)益也謂以此併入於彼使少者增多也(二)施也 **咖** 咖啡木名子可為飲料 **泇** 泇河水名

嘉 善也美也美善曰嘉 **珈** 婦人首飾也 **痂** 瘡痂也瘡生處肉乾者為痂 **乩** 乩加思闌元時蒙古部落名清改為伽嘉色凌是也 **笳** 樂器胡人捲蘆葉吹之故謂之胡笳

耞 農具連耞打稻之器 **葭** (一)草名蘆也(二)笛也 **跏** 跏趺屈足坐也 **迦** 釋迦佛名釋教之祖 **迦** 迦互猶曰犬牙左右相制也 **鴐** 鵝也

·去 **瘸** 脚手病也俗多謂跛子曰瘸子

·地 **爹** 父曰爹又尊老者之稱

·增 遮 (一)要也攔也(二)掩蔽也如遮護也遮蓋

·時 斜 不正也凡地形之斜陂者亦曰斜本音邪又音耶谷名

·語 呀 (一)張口貌(二)空貌(三)俗語用作助辭 谺 谽谺谷中空大之貌

·出 奢 侈也儉之對謂用財無節也 觰 大也觰沙披張貌 譇 譇拏羞窮也羞澀也 賒 (一)買物緩償其價曰賒(二)遠也久也長也

·喜 靴 履之有脛衣者取便於事施於戎服者也本作鞾 鞾 靴本字

佳部上上聲

·求 假 (一)小借也(二)如假託假冒謂假假其相似也而非真也 叚 與假同借也 嘏 大也福也今多讀作古 瘕 腹中積塊堅者曰癥或聚或散無有常準者曰瘕

斝 禮器爵類所以獻酬者 榎 木名與檟同一名山楸皮葉蒼白材理緻密宜為車板古亦以為扑撻器 檟 木名即榎材木之美者古人亦曰之為棺槨

賈 (一)居貨待售者曰賈如商賈行曰商處曰賈(二)姓也

·增 姐 俗呼女兄曰姐女子之通稱如小姐大姐 者 (一)別事詞也文有者字所以分別隔異也(二)此也如者箇猶言此箇 褚 衣赤也 赭 (一)赤土也即赤石研細亦顏為料(二)赤色也

·入 喏 敬也揖人曰喏 惹 引著也如言惹禍

·時 寫 謄鈔也摹畫也傾也盡也輸洩也 捨 釋也 猞 猞猁孫獸名狀如狸而大烏拉諸山皆有之 蕮 澤蕮草名可為藥通作澤瀉

• 英 冶 (一)鎔也鑄也(二)裝飾也 埜 同野 野 (一)郊外也(二)民間也(三)分野也謂列宿所當區域也(四)朴野也(五)不馴也

• 出 韠 寬大也 扯 裂開也牽引也 撦 裂開也

佳部上去聲

• 求 寄 (一)付託也(二)以物付人由此達彼如寄信(三)寓也如寄居羈旅者寓處也 穊 稠也

• 去 髂 腰骨也

• 增 柘 木名葉可飼蠶皮可染黃也 炙 炮肉也親近也 蔗 植物名即甘蔗也莖汁清甘可生食 䗪 蟲名地蠪也 跖 本音隻足下也又古大盜名 ⿰足彖 古跖名

蹠 踐也如言高掌遠蹠亦作跖⿰足彖 鷓 鷓鴣鳥名形似鵪鶉稍大背灰蒼色有紫赤之斑點腹灰色胸有白點如真珠其鳴聲如曰行不得也哥哥

• 語 犽 蠻族名與獠猺相似而性最馴良 砑 碾也光石也 訝 疑怪也又與迓通 迓 相迎也

• 入 偌 俗作如此解偌大猶言如此之大也 渃 水名在湖北

• 時 卸 凡不任其事皆曰卸如卸肩交卸 厙 姓也本作厙釋名齊音謂厙為舍故羌中厙姓音姓 瀉 (一)泄也下利曰瀉(二)又音寫傾也謂水傾側下流也

舍 (一)客館曰舍屋居曰舍(二)稱親族之卑曰舍(三)稱己親屬之卑亦曰舍 赦 宥也釋也釋置有罪者曰赦

• 喜 暇 閒也

佳部上入聲

·邊 **壁** 居室之內垣以禦辟風寒者也 **璧** (一)玉之平圓形而有孔者(二)不受曰璧還 **繴** 飾裳在幅也 **襞** 疊衣也

·求 **揭** (一)高舉也(二)表示也如揭示揭曉(三)擔負也(四)標準也(五)又讀吉揭陽縣 **朅** 朅來猶言去來 **羯** (一)羊之被閹割者(二)匈奴別部名即今之石勒在山西遼州境

訐 以言揭人之陰私曰訐

·去 **綌** 麤葛布也 **虩** (一)恐懼也(二)蠅虎也 **郄** (一)與郤同春秋時地名(二)姓也(三)又與郤同 **郤** (一)地名與郄同(二)姓也(三)與隙通閒也如郤地又彼此不合亦曰有郤

隙 (一)亦作隟壁際孔也(二)閒暇時也(三)怨也如嫌隙

·地 **摘** 手取也如摘瓜摘果 **磔** (一)刑法分裂肢體曰磔(二)書法右下為磔今作捺 **謫** 有罪而責之曰謫故官職之降調及遣戍亦曰謫如謫降 **讁** 同謫罰罪也責也

·坡 **僻** 非平正通達人所共由者謂之僻如偏僻荒僻又僻靜之類 **癖** (一)腹內積聚而成塊也俗謂之痞塊(二)嗜好之病也

·他 **拆** (一)裂也開也(二)毀也

·增 **磧** 淺水中沙石也 **跡** 同迹 **迹** (一)足所步處也如足迹(二)凡功業可見者曰迹又前人所遺留者亦曰迹 **蹟** 同迹

隻 (一)物之單者曰隻如言形單影隻(二)所以計物數者如俗言一隻二隻

·時 **削** 刮削也以刀刃斜拂之曰削 **錫** (一)金屬之一(二)賜也(三)細布也四僧人所用之杖曰錫杖 **緆** 細布也飾裳在下曰緆

・英
嗌 (一)咽喉也(二)嗌喔容媚之聲也
益 (一)損之反(二)增進也(三)饒也富也(四)與愈字同義
膃 脰肉也
謚 笑貌
齸 麋鹿反芻也

・出
彳 小步也左步為彳右步為亍合之則為行字
赤 (一)朱色也赤色最顯明故謂忠心曰赤誠(二)空盡無物曰赤如赤貧也(三)裸體赤足(四)滅也如滅族曰赤足

・喜
伷 寂也靜也
歇 止也息也

佳部下平聲

・去
騎 騎馬也凡跨兩邊皆曰如如騎牆騎縫

・時
佘 姓也
畬 廣東通志潮州有畬猺一說閩有畬蠻流入潮州非輋民後人誤合為一
衺 不正也通作邪
輋 與畬通廣東之土民也一說與畬別為一種

邪 (一)不正也如邪說邪言(二)俗謂妖異之事曰邪又醫者謂病氣曰邪如風邪

・英
梛 與椰同
椰 木名即椰子產於熱帶
爺 一呼父之稱二尊人之稱如老爺太爺

・語
琊 琅琊地名
蚜 害蟲名一名竹蝨生於嫩枝葉上吸收其汁液為植物之大害
鋣 鏌鋣良劍名
齖 齒不平也

・喜
瑕 (一)玉小赤也(二)玉玷也(三)過也
遐 遠也如遐方遐邇
霞 低空所凝霧氣因日光斜射而發之光彩曰霞
騢 赤白雜色之馬也

佳部下上聲

・增
籍 (一)書冊也(二)籍貫也(三)蹈也天子親耕之田曰籍田
耤 (一)通作籍耤田也(二)借也
藉 (一)草薦也(二)依託也(三)假設之詞慰勞也(五)與耤同(六)散亂曰狼藉(四)
躤 踐也

• 時社 (一)同志聊合曰社(二)祭后土曰社(三)社日也

• 喜下 (一)上之反如言山下樓下(二)下等者曰下如言下愚下策也 檥 或作艤附船著岸也 瓦 土器已燒之總名今專稱屋瓦也 鄴 鄴陽地名在今河南

艤 同檥整舟向岸也 螘 蟻本字 蟻 小蟲也有黃蟻黑蟻等

佳部下去聲

• 時射 (一)激矢及物曰射(二)凡激之使及遠皆曰射如注射噴射(三)僕射秦官名 榭 (一)臺有屋曰榭(二)土高曰臺有木曰榭(三)廟無室曰榭(四)藏樂之所曰榭

謝 (一)辭去也(二)凋落也如花謝(三)告也如謝罪(四)今謂拜賜曰謝(五)姓也 麝 獸名似鹿而小無角毛黑腹部有皮脂結成之塊大如雞卵為之麝香

• 英也 語已斷定之詞如言仁者人也義者宜也 亦 表可併為一類之意書怨不在大亦不在小

佳部下入聲

• 柳掠 奪取也劫人財物也本音略又音亮義同

• 求𠃾 倦也 劇 (一)甚也增也如劇烈煩劇(二)戲也如戲劇亦曰演劇 屐 木屐也 臄 (一)口上阿也(二)切肉也

• 地糴 買穀也入米曰糴出米曰糶

• 增食 人所以養口腹之物皆曰食(二)咍也俗謂之喫(三)消也(四)祿也(五)與蝕通

英 嶧 曄 光也又盛也 驛 馬遞也舊時傳達官文書之所設官掌之曰驛承俗亦作馹

喜 垼 陶竈也禮甸人為垼于西牆下 役 使役也軍旅之事曰役 頷 (一)顆也通作額字(二)頷頷不休息貌 額 (一)眉上髮下之部位也(二)制定之數也如兵額(三)匾額也榜於門屏之上

28 薑部上平聲

求 薑 蔬類植物其地下莖味辛可調和食品其曝乾者曰乾薑入藥用

去 椌 藥品也 腔 (一)本讀如康骨體曰腔謂內空也(二)胸膈中空處亦曰腔(三)歌調也

增 樟 木名即豫章木材可製器并可提取樟腦

時 傷 (一)創業損也(二)憂思也 廂 廊也附城市鎮曰廂 箱 (一)車箱也(二)藏物之器統稱曰箱 鑲 (一)物件相配合也如鑲嵌鑲邊(二)補其缺處亦曰鑲如牙醫之鑲牙

英 鴦 鴛鴦鳥名詳鴛字又音央義同

出 槍 剡木為兵器後以鐵為之 鎗 兵器也火銃亦曰鎗又與槍通

喜 鄉 對城鎮而言凡在城鎮以外皆稱鄉如鄉村

薑部上上聲

柳 兩 衡法以十錢為一兩為重量之單位合萬國通制之三七三零一公分

· **增仉** 姓也孟子母仉氏 **掌** 手心也又以掌擊之也職掌如掌印 **槳** 行船具大曰櫓小曰槳 **蔣** (一)國名周公之後(二)姓也又名將菰屬

· **時賞** (一)賜有功也(二)嘉美之曰賞如賞識以為美好把玩亦曰賞如賞花賞月

· **出搶** 爭取也如搶劫之類

薑部上去聲

· **地帳** 幕也計簿也俗作賬 **脹** (一)腹滿也(二)俗謂皮膚浮腫亦曰脹 **釣** (一)以鉤取魚也(二)凡誘而取之皆曰釣

· **增醬** 食品之用以調和者麥麫米豆罨黃加鹽曝之而成者也

· **時像** (一)形象也肖似也如塑像畫像(二)摹仿也

薑部下平聲

· **柳娘** (一)少女之稱(二)稱父曰爺稱母曰娘 **孃** (一)肥大貌(二)與娘同 **糧** (一)穀類統稱糧食(二)曰賦也如錢糧 **樑** 與梁同

· **地場** 原音亦田畔也大界曰疆小界曰場如疆場商場 **塲** 餘地曰場

· **時償** (一)還所值也(二)酬報也(三)抵當也 **嘗** (一)口味之也(二)經歷也(三)試也曾也 **常** 恒也久也平庸也 **鱨** 黃鱨魚也似點無鱗力強能飛躍腹背俱黃鰓下有二橫骨亦名黃頰魚

· **英洋** (一)水之大者曰洋(二)俗謂外國人曰洋如洋人(三)銀幣亦曰洋 **羊** 反芻類之家畜也(二)俗亦借用為祥字

•出爿 半木也右半為片左半為爿俗讀若辦 牆 以磚石砌築為宮室之界域也 墻 同牆

薑部下上聲

•出象 (一)哺乳類動物陸產之最大者(二)又讀詳上聲形狀也貌也凡形於外者皆曰象如氣象星象

薑部下去聲

•時劭 (一)勸勉也(二)美也 卲 高也如年高德卲與卲从邑者異 邵 (一)地名(二)姓也

•英樣 法也凡製造之模型繪畫之稿本等皆是一樣猶言一色

•出匠 木工今為工之通稱

29⿰口薑部上平聲

•增招 (一)手呼也(二)來之也(三)自取曰招如招災招怨(四)有罪自承曰招

•時燒 火焚之也

•英腰 (一)胯下之上脅之下為腰(二)形勢衝要之地曰腰 葽 (一)草名(二)草盛貌

⿰口薑部上上聲

·邊 婊 俗呼娼妓為婊子 表 (一)衣在外者為表故在外亦曰表(二)明也(三)標準也(四)宣布也如表白(五)章奏之屬曰表如謝表(六)外姻曰表(七)記載分別事物以便檢查亦曰表

·英 舀 本音杳挹彼注此謂之舀如舀水舀粥

嚂部上去聲

·邊 褾 (一)領巾也(二)俗謂裝演書畫曰褾

·求 叫 (一)呼也(二)嗚也 歊 樂器之屬有歊子 滘 廣東地名有大黃滘雞鴨滘之類謂水相通之處也見廣東新語 譥 (一)痛呼也(二)訐也 嘂 同叫

·坡 票 (一)證券曰票如鈔票匯票(二)又音標輕舉之貌(三)標題曰票如票籤 篻 竹名可為弩矢矛戟

·他 糶 賣穀也

·增 炤 與照同明也又讀上平聲與昭通 照 (一)明所燭也(二)文憑也如執照(三)通告也如知照(四)比擬也如照樣是 曌 唐武后製新字十九其一為曌因以為己名

醮 (一)酌而無酬酢曰醮古冠婚皆用之故謂婦人重婚曰再醮(二)祭也今謂僧道設壇祈禱曰醮又讀孀增(三)義同

·出 笑 喜而解顏啟齒也嗤也哂也

嚂部上入聲

·增 侄 (一)堅也(二)癡也(三)俗以為姪字 借 假也貸也物非己有而假於人曰借 櫍 (一)闐足也(二)堪也與鑕通古刑具用之人伏其上以受斧 礩 柱下石也

質 (一)物體也(二)人之本性亦曰質如資質(三)樸也文之對(四)又音致曲押也

鑕 鐵砧也伏以受斧故亦稱斧質

騭 (一)陟也乘馬登山也(二)定也

• **時惜** (一)傷痛也(二)愛憐也

• **英約** (一)纏束也限制也如約束(二)期會曰約如赴約(三)省也如儉約(四)約署也

• **出呎** 讀如尺英美長度之單位

尺 十寸為尺

鶒 鸂鶒水鳥名

⿰口薑部下平聲

• **求橋** 水梁也高而曲者曰橋以通兩岸之往來也

茄 蔬類植物一名落蘇又音加荷莖也

• **地潮** (一)海水定時漲落之稱(二)俗謂涇潤亦曰潮(三)潮安潮陽皆縣名

• **坡萍** 水面浮生之小植物

• **入橈** (一)舟楫也(二)又泥肴切曲木也枉屈也弱也散也

• **英姚** (一)姓也舜之後(二)美好貌

窑 俗窯字

窯 燒制石灰陶器之所

⿰口薑部下上聲

• **地趙** (一)急走貌(二)古國名今山西趙城縣其故地(三)俗以物還人曰奉趙係用藺相如完璧歸趙故事(四)姓也

•坡 **鰾** 魚胞也在魚胸部以為浮沈之具

嚾部下去聲

•求 **轎** 肩輿也

•入 **尿** 今亦作溺小便也

•文 **廟** 祖廟也今祀神處亦曰廟 **庙** 同廟 **描** 本音苗摹畫也俗依樣摹寫亦作描

嚾部下入聲

•增 **石** (一)土質之堅硬成塊也(二)量名十斗為石 **祏** 宗廟藏主之石室也 **鼫** 鼠類狀類兔尾短而眼紅毛有黑白褐等色又名碩鼠又名雀鼠皆一類

•英 **葯** (一)同藥又音壓白芷葉也(二)雄蕊出花粉處曰葯 **藥** (一)治病之草曰藥凡可治病之物皆稱藥(二)療也(三)火藥也(四)芍藥花名

•出 **席** (一)坐臥所藉之具(二)又一座曰一席 **蓆** 同席又音夕大也

•喜 **葉** (一)草木之葉(二)喻物之輕小者如一葉扁舟(三)世也如中葉(四)通作頁 **頁** 頭也今謂紙一開為一頁如冊頁卷頁

30 扛部上平聲

•求 **均** (一)平也謂彼此如一調也(二)大也 **巾** (一)帨也手巾也(二)幘也冠之屬 **扛** 本音江對舉也俗謂兩人共舉曰扛 **斤** (一)斫木所用之刀也(二)量名十六兩為一斤 **洶** 水名

根 (一)植物莖幹最下部吸收養分之處也(二)事之原本曰根
筋 肉之力也
缸 瓦器之巨大者
觔 同筋筋力也今借用為斤兩之斤
跟 足後曰跟俗亦為隨其後曰跟

釿 斫木具也一說平木具所以平滅斧跡者如鉋刀之屬
鈞 (一)古衡名三十斤也(二)大也尊稱之詞如鈞安(三)與均同

• 地
當 (一)合也(二)相值也(三)事理合宜也(四)任也(五)敵也(六)直也(七)適可也(八)主也(九)蔽也又音冬義同

• 他
湯 熱水也又水名

• 增
塼 與甎同
甎 土墼以燒者曰甎亦作塼
贓 (一)吏受納賄曰贓(二)竊盜所得曰贓

• 時
喪 (一)哀死之禮也如居喪弔喪(二)一音送亡也失也
孀 婦人喪夫者曰孀
桑 (一)落葉喬木葉可飼蠶皮可製紙(二)桑梓為鄉里也(三)桑榆日落之處也
驦 驌驦良馬名

猣 猣猊獸名即獅子也或曰野馬
酸 (一)醋味也(二)疼楚曰酸如腿酸(三)悲痛曰酸如酸鼻心酸(四)貧士曰寒酸
霜 水氣凝露時地上之溫度在冰度下則結成微細顆粒而為霜

痠 痛時且覺酸軟者曰痠痛
鶇 鶇鳩鳥名即鷹也

• 英
恩 (一)惠也(二)相愛也如恩情恩愛恩義

• 出
倉 藏穀處所也
村 (一)村落也(二)樸野曰村
瘡 (一)癰疽之類總名曰瘡(二)傷也
艙 船內分隔之部位曰艙
邨 同村

• 喜
勛 古文勳字勛華堯舜之謂也
勳 功也如勳臣猶言功臣也
塤 與壎同
壎 壎篪樂器聲能相和
忻 與欣同
慇 (一)憂也(二)慇慇周到之意
炘 光盛貌

掀 以手高舉也
昕 日將出時也昕夕猶早暮也
曛 日入餘光也
欣 欣喜也歡也
殷 (一)盛也如殷富二朝代名(二)情誼周至曰殷勤
焮 (一)炙也(二)火氣也

溯 (一)溯水源出河南(二)縣名即河南商水縣
熏 (一)火煙上出也(二)灼也
燻 與熏同俗謂以火燔灸使有煙氣曰燻
獯 獯鬻北狄名
纁 淺絳也
臐 羊臛也

薰 (一)草名一名蕙詳蕙字(二)香氣也灼也(三)和煦也(四)與勳熏通
訢 和樂也
軒 (一)車之曲輈有藩蔽(二)長廊有窗者曰軒(三)軒昂高舉貌(四)軒然笑貌
醺 醉也

鶱 鳥飛貌

•**嫋**
撋 兩手相切摩以驅寒也

扛部上上聲

•**求**
墐 塗也
僅 少也謂止於此也
卷 (一)書畫裝製可以卷舒曰卷(二)書卷也(三)考試以書文字者曰卷(四)收也
巹 以瓢為酒器古婚禮用之故結婚亦曰合巹

廑 與僅字同
靳 (一)服馬當胸之革也(二)吝也(三)恥辱之也
殣 (一)餓死為殣(二)埋也
瑾 瑾瑜美玉也
謹 (一)慎也謂慎重其事不敢忽也(二)敬也如謹白謹啟

堇 蔬類植物一名旱芹
槿 木槿落葉小灌木高七八尺葉為卵形夏秋開花形如蜀葵有紅白等種
饉 饑饉荒年也穀不熟為飢蔬不熟為饉

•**去**
墾 力治也一曰開田用力反土也
懇 誠悃也
綣 繾綣厚意不離散也
貇 齧也與懇通

•**時**
耍 (一)戲也俗謂遊戲為耍(二)小兒玩具曰耍貨本音灑兴耍也謂俊利也

•**英**
峎 峎崿山之楞角者也
檃 檃栝正邪曲之器
檃 與檃同
尹 (一)治也正也(二)官名縣令曰縣尹(三)誠信也(四)姓也

隱 (一)顯之反謂不可明見也(二)逃藏也如隱逸(三)諱也(四)痛念也困苦也
隐 同隱

• 喜

很 (一)不聽從也(二)爭訟也(三)凶惡之義(四)作甚字解如很好

狠 (一)犬鬬聲也(二)俗用與很通如狠惡

• 嫋

女 男之對己嫁曰婦未字曰女

瑌 石之次玉者

碝 與瑌同

耎 與輭通柔也弱也

蝡 蟲動曰蝡

軟 俗輭字

輭 與軟同柔也人柔弱亦謂之輭

扛部上去聲

• 求

艮 (一)卦名止也限也(二)堅也

茛 毛茛草名生於低溼之地

覲 下見上曰覲

鋼 鍊鐵也鐵鎔鍊精熟則成鋼以為刀劍之屬又讀如江義同

• 去

勸 以言說使人聽從也

• 他

裉 (一)卸衣也(二)花謝也(三)又倒行卻後也本音吞去聲

• 增

葬 掩埋死者曰葬

髒 骯髒不潔之貌

• 時

匴 竹器古冠禮用之以薦冠弁者也

檨 果名俗稱芒果有香檨木檨肉檨三種實如鵝卵皮青肉黃味甘

笇 同算

筭 同算

算 (一)物數也(二)謀畫也如俗言打算算計

篹 籑屬又音撰述也

蒜 蔬類植物有大小之別大蒜曰葫莖葉皆可食

• 英

饜 食欲飽也

• 出

刺 (一)直傷也殺也(二)以針抵人曰刺(三)棘芒也(四)名片曰刺(五)責也如諷刺

剌 與刺同謂採取之也

朿 木芒也與束異如棘棗等字皆从之

蝲 蝲蛄蝦屬

扛部上入聲

•去 乞 求也如言乞貸乞食乞望

•語 仡 仡仡男壯貌 兀 (一)高而上平也(二)刖足者曰兀一足人也 卼 危也易困于葛藟于鼿卼 吃 (一)言語蹇難也(二)與喫同食也 屹 高聳獨立貌 屼 屹屼秃山貌

忔 (一)喜也(二)心不欲也 扤 動也 杌 (一)杌子坐具也(二)杌隉不安貌 汔 幾也一說其也 疙 癡貌 紇 (一)本音核謂絲之下者(二)人名叔梁紇孔子之父

訖 止也終也盡也俗謂眼目已結曰清訖 迄 (一)至也(二)竟也 鼿 獸以鼻搖動也 齕 齧也 軏 車轅端所以持衡者大車曰輗小車曰軏

扛部下平聲

•去 勤 盡心盡力勞苦也 堇 (一)黏土也亦作墐塗也(二)與僅廑并通少也 廑 (一)小屋也(二)纔也與僅同(三)與勤通 慬 (一)憂也(二)勇也 懃 與勤通慇懃周到之意也

瘽 病也 芹 (一)蔬類植物植於水濱淫地夏日開白花嫩時可食(二)舊謂入學曰采芹

•地 堂 (一)殿也如廟堂朝堂(二)正寢曰堂(三)官府治事之地曰堂(四)學校曰學堂 塘 (一)隄也築土遏水曰塘(二)池塘也圓曰池方曰塘

腸 大小腸也小腸主消化大腸主小腸排出之廢物也 膛 (一)俗稱胃曰胃膛又音湯(二)肥也凡物之中腔者曰膛

•他 糖 飴也以蔗汁製之 餹 飴也通作糖 餳 飴也如今麥芽糖之屬用麥蘖或穀芽同諸米熬煎而成者

•語 嚚 (一)嚚也(二)口不道忠信之言為嚚 圁 水名源出陝西 垠 (一)厓岸也(二)界限也 沂 沂淪水迴旋貌 泿 古水名即今廣西之義江 誾 誾誾和悅而靜也

狺 狺狺犬吠之聲 鄞 (一)縣名漢置今屬浙江會稽道舊為寧波府治(二)姓也 銀 金類礦物之一可製裝飾品又可製貨幣如今之銀圓是 齗 齒根肉也 齦 同上

•出 牀 (一)俗作牀坐臥之具也(二)又器物之架亦曰牀 疒 疾也 牀 同牀

•嫋 鄉 玉京鄉嬛天帝藏書處晉張華夢遊之 篔 蒼篔竹初生時之色也 艆 海中大船也一說舟舩曰艆 莨 藏莨草名生於下溼之地可以飼牛馬

郎 (一)官名(二)男子之美稱(三)婦人稱夫亦曰郎

扛部下上聲

•求 近 (一)遠之對時與地之相距不遠皆曰近如近世近鄰(二)相似也(三)親之也

•地 丈 (一)十尺為丈(二)度地曰丈如清丈(三)長老之稱

•喜 恨 (一)怨也(二)悔也

扛部下去聲

•地 椴 木名葉似木槿而長大陰廣木理細潤可為几案器具皮柔韌可束物 段 分計物之部位曰段 緞 絲織物之厚密而面光滑如鏡者曰緞

31 金部上平聲

•邊 儐 導也接賓以禮曰儐接鬼神亦然 姘 男女私合曰姘 嬪 (一)婦也(二)妃嬪婦官古者天子后立六宮(三)夫人九嬪 彬 彬彬文質適宜也 斌 文質相等也亦作份彬

檳 檳榔木名其實入藥消食 濱 水際也地近水亦曰濱 獱 獺屬獱似狐青色居水中食魚 玢 (一)玉文理貌(二)又音分玉名 繽 繽紛盛貌 蠙 蚌之別名

豩 (二)豕也一說謂豕亂羣也頑也

豳 (一)國名周公劉所居也今陝西邠洲(二)又與斑通

賓 客也

邠 (一)古國名周之先也亦作豳魏置豳州唐改為邠州今為邠縣(二)與彬同

鑌 鐵之精者為刀甚利

• 求

今 對古之稱現在也

紟 衣系也所以結衣之帶也又讀去聲單被也

金 (一)黃金也(二)凡黃金之屬皆稱金(三)貨幣也(四)朝代名(五)行星名

• 去

欽 欽敬也

衿 (一)交衽也(二)衣交領也(三)古學士之衣多青領故沿稱秀才曰青衿

衾 (一)大被也(二)喪禮斂尸之具

襟 (一)袍襦前衽也(二)兩壻相謂曰連襟(三)懷抱也(四)抑也

⿱輕足 一足行也左傳作⿱輕足

輕 (一)賤視也如看輕(二)又賤也如輕薄(三)凡物之未甚者皆曰輕(四)簡易也

⿱輕金 (一)金聲也(二)⿱輕足同一足行也

• 地

棽 又音林枝條茂密謂之棽儷

椹 斫木櫍也與甚同

琛 珍寶也

碪 同砧

綝 善也

郴 縣名楚項羽徙義帝都於此今屬湖南衡陽道

酖 嗜於酒也

鴆 毒鳥也古謂其羽畫酒飲之即死

• 增

斟 勺也取也並斟酌磋商事理也

榛 木名其實作苞仁可食

津 (一)濟渡處也論語使子路問津馬(二)潤也(三)口中液也

溱 溱水發源河南密縣東北聖水峪

瑊 石之次玉者又音緘義同

甄 (一)冶陶器也(二)借為教化之義(三)察也如甄拔(四)表也(五)明也(六)陣名兩甄

真 (一)不虛假也(二)畫像曰寫真

瞋 張目也怒也

祲 (一)陰陽氣相侵也妖氛也(二)盛也

箴 (一)與鍼針同綴衣用也(二)規戒也

籈 戛敵之木也長一尺

臻 至也及也

蓁 (一)草盛貌(二)與檜通

薪 (一)柴也可以供燃燒者(二)草亦曰薪(三)俸給亦曰薪如薪金薪水

砧 櫧衣石也通作碪

• 時

伸 (一)舒也如言伸展引伸(二)屈者使直曰伸如俗言伸冤

侁 (一)馬羣行為欲先也(二)侁侁眾多貌(三)國名也

呻 (一)吟也呻吟詠誦之聲(二)有疾痛所發之聲也

姺 國名左傳商有姺邳
娠 女姙身動也
心 (一)臟名行血機關古亦以思慮屬心(二)中也(三)又星名
新 舊之反初也
柛 爾雅木自斃神

甡 甡甡眾生並立之貌
申 (一)十二支之第九位(二)重也重述曰申說(三)舒也(四)致也(五)上海曰申
砷 化學非金屬原質之一
籸 粉滓也一曰粥凝

紳 (一)大帶也(二)稱仕宦曰縉紳
芯 燈芯草之去皮者俗稱燈芯白而鬆軟燃燈所用也
莘 (一)長貌(二)細莘藥名也
詵 (一)致言也問也(二)詵詵眾多貌

身 (一)全體之總稱或以別於首而言(二)自身之品節也如立身(三)體積曰身
辛 曰(一)十干之第八位(二)味辣也(三)勞苦辛如辛苦(四)悲傷曰辛如酸辛

鋅 金屬之一即亞鉛也其鏽不及內部可製薄片以蓋屋面
駪 駪駪眾多貌
騂 牲赤色也

• **英**

咽 (一)咽喉也咽頭也(二)又讀因去聲聲塞也
因 仍也依也又原因也
堙 (一)塞也(二)土山也
姻 (一)壻家也(二)妻父曰婚壻父曰姻今男女之家皆曰姻

婣 同姻
愔 (一)安和貌(二)又讀如闇默也
氤 氤氳天地合氣也
湮 沈也埋沒之意久遠亦曰湮
烟 與絪氤同烟熅天地之氣又與煙同

煙 本音嫣或作烟物因火燃燒而上昇之氣體也又烟草也
瘖 口不能言也俗謂之啞
禋 潔祀也
絪 (一)絪縕元氣醞釀也(二)又與茵同
緸 緸冤搖動貌

胭 (一)嗌也與咽通(二)胭脂顏料之屬以紅藍花或蘇木製之為女子裝飾品
臙 與胭同
茵 茵陳草名產於河邊砂地莖葉可入藥
裀 (一)近身衣也(二)重席也

諲 敬也見爾雅
銦 金屬化學原質之一常生於閃鋅礦中
闉 闉闍城內重門也
陰 (一)陽之對(二)不晴不雨曰陰(三)山之北水之南亦曰陰(四)默也(五)幽冥也

陻 塞也
鞇 車中重席也本作茵
喑 失聲不能言也猶俗言失音
音 聲發而有清濁高下之節也
駰 馬毛淺黑而白兼雜毛者也

• **出**

深 (一)淺之對(二)遠隔也如深山(三)極也甚也(四)久也如夜深
親 (一)愛也近也戚族近者曰親(二)謂父母曰雙親(三)自也如躬親(四)親家也

· 喜 歞 (一)興也(二)怒貌(三)淤塞也 歆 (一)享也(二)欣羨也 鑫 商店字號及人名常用字取金多興盛之意

· 嫋 您 與你字義相近猶言你自己也元曲中多用之

金部上上聲

· 柳 璉 宗廟盛黍稷之器飾以玉者 輦 (一)車之以人輓者曰輦(二)古天子之車曰輦(三)輓之也(四)載也

· 邊 匾 (一)不圓曰匾通作扁(二)今竹器之圓形而淺薄者曰匾(三)匾額也懸門上 品 (一)官之階級也(二)品行也(三)物件曰品

稟 (一)受命曰稟(二)下對上白事曰稟(三)天性所賦曰稟(四)又音懍賜穀也

· 求 緊 (一)緊纏之也凡事之急者皆曰緊(二)糾也 錦 (一)雜色纖文也(二)贊美之詞如心思靈巧曰錦心

· 去 玪 坎也儀禮甸人築玪坎

· 地 踸 (一)踸踔暴長貌(二)不定也

· 坡 牝 (一)禽獸之類之屬陰性者(二)無用之地曰虛牝 砭 (一)石針也(二)以石針刺病曰砭 窆 葬下棺也 貶 (一)抑也(二)官之降謫曰貶(三)非刺之曰貶

· 增 侲 (一)善也(二)養馬者 怎 讀若枕語辭猶言何等如怎樣怎麼俗又讀如乍 挋 (一)拭也(二)與振同 振 (一)救也如振濟(二)奮發也如言振作精神

枕 臥時薦首之具又以首枕物亦曰枕 稹 (一)聚物也(二)又音奠緻密也 縝 緻密也 蕈 與菌同 蜄 動也 賑 贍也給也出粟以濟貧民曰放賑

震 (一)雷擊也(二)動也如地動曰地震(三)懼也如震驚震慴

• 入 **仞** 古以周尺八尺為仞合營造尺六尺四寸八分書為山九仞 **刃** 兵器鋭利之處俗言刀口 **刄** (一)俗刃字(二)俗用為斤兩之兩 **忍** 耐也安於不仁曰忍

牣 滿也與韌通 **紉** (一)繩縷也謂線先擘開兩股後撚合之以穿鍼也(二)綴之曰紉 **肕** 堅也 **腍** 熟也 **訒** 雜也謂言難出也

軔 以木支輪而止其轉者曰軔故車始起行曰發軔又事之基始亦曰發軔 **韌** 堅柔也皮革之屬柔而難斷謂之韌 **飪** 熟也 **䭃** 飽也又音捻餅也

荏 荏平縣山東縣名 **衽** 衣襟也又袖也袂也整襟亦曰衽又臥席也 **袵** 與衽同

• 時 **嬸** 俗呼叔母曰嬸始於北宋時 **審** 悉也詳也熟究也謂反覆辨別思考之也 **愼** 謹慎也 **淰** (一)魚駭貌(二)水動貌 **瀋** (一)汁也(二)水名在奉天瀋陽縣

瞫 深視也一曰下視也 **稔** (一)本音衽穀熟也(二)年也謂穀一熟為一年(三)熟悉曰稔積久亦曰稔 **讅** 與審同悉也字書不載惟函牘中常用之如讅悉讅知之類

邥 邥垂春秋時地名在今河南洛陽縣南 **魫** 魚子也

• 英 **廴** 長行也 **引** (一)開弓也(二)引導也 **癮** 本音隱癖也嗜好也久而成癖不能遽去曰癮如酒癮煙癮 **靷** 車上駕牛馬之具在胸曰靷所以引之前行也

蚓 蚯蚓蠕形動物詳蚯字 **飲** (一)食不用嚼而下咽曰飲如飲酒(二)有含受之意如飲恨飲泣謂不顯露 **歙** 古飲字

• 出 **趻** 趻踔且前且却也 **鋟** (一)刻也(二)鋭也 **寢** (一)卧也(二)古宮室之座落也

• 嫋 **凜** (一)寒也(二)淒清也(三)凜冽寒神也 **廩** 藏米处也 **菻** 拂菻國名即古東羅馬帝國今土耳其國地 **懍** 敬也畏也

金部上去聲

• 柳 橉 (一)木名質硬一曰橉筋木皮可染絳色(二)門限也

• 邊 徧 廣也周帀也 擯 斥棄也 殯 (一)停柩也(二)今喪事遷柩曰出殯 遍 (一)與偏同(二)俗謂一次曰一遍 鎞 (一)栉髮之具亦作篦(二)刀似箭鏃者曰鎞

篦 栉髮之具疏者谓之梳密者谓之篦亦作鎞 臏 膝蓋骨也通作髕 髕 膝蓋骨也 鬢 耳際之髮也 鬂 同鬢 髩 同鬢

○ 求 儯 儯儯仰頭貌 噤 口闭也凡不作声者皆曰噤 獧 一疾跳也急也二與狷同孟子必也狂獧乎 狷 介然自守之意又性情褊急亦曰狷急 睊 視貌

禁 (一)制之使勿為也(二)監禁也(三)禁令也 絹 絺織物之厚而疏者曰絹 鄄 春秋時衛地名在今山東濮縣 罥 掛也謂掛礙難行也

• 地 揕 擊也刺也 鎮 (一)壓也重也(二)安也如鎮撫(三)盡也如言鎮日猶盡日也(四)市大者曰鎮

• 增 寖 謂漸漬而不驟也 搢 (一)插也(二)振也 晉 進也朝代名又國名今山西省稱晉 栫 (一)圍也(二)以柴木壅水也 洊 再也易水洊至 浸 水漬物也潤也

牮 (一)屋宇傾斜用物曳而正之曰牮(二)以土遮水亦曰牮 縉 帛赤色也 薦 (一)獸所食之草也(二)草名薦類(三)卧席也莞曰席藁曰薦(四)藉也(五)進也

荐 (一)薦席也通作薦(二)重也仍也(三)草也 藎 (一)草名生郊野煮汁可染黃色故又名黃草(二)進也(三)餘也炊薪餘曰藎

進 (一)就所處地位向上向前皆謂進(二)奉與曰進(三)收入之亦曰進(四)輩也 鄑 春秋時地名在今山東昌邑縣境

• 時 伈 恐貌 信 不欺也信從也消息曰信 囟 囟門在頂之前方小兒頂上跳動之處俗謂之額囟 汛 (一)水盛曰汛如河江之春汛秋汛(二)婦女月經亦曰汛(三)又防兵之汛地

沁 ㈠山西水名入黃河㈡水滲入也
訊 ㈠問也㈡書問曰訊如音訊消息亦曰訊㈢鞫罪也如審訊
迅 疾速也
洵 先也

·英
印 ㈠印信也用木或金石為之㈡印板曰印㈢凡有痕跡著於他物皆曰印㈣合也如言心心相印
窨 ㈠地室也俗謂之窨㈡以油酒等物埋藏地中曰穴窨

蔭 ㈠樹陰也㈡日景也㈢庇也㈣與廕通
酳 ㈠以酒嗽口也㈡獻也飲之也
廕 庇也因祖父之澤而遺及子孫者曰廕
鯽 即印魚也

·出
儭 作佛事給僧人錢曰儭
嚫 施也今作佛事以錢與僧謂之嚫錢也
櫬 ㈠棺也㈡木槿梧桐皆謂之櫬
瀙 水名出河南泌陽縣俗稱沙河

秤 所以正斤兩之器本讀稱去聲
襯 ㈠衣之在裏者曰襯㈡意在內而使之外顯者亦曰襯㈢佈施僧道曰襯
讖 兆也如符讖圖讖等皆言將來得失之兆也

趁 ㈠逐也自後及之也㈡因利乘便謂之趁今謂附船為趁船趕蚤曰趁蚤
齔 毀齒也自乳齒變為永久齒謂之齔

金部上入聲

·邊
咇 咇節多也
必 定辭如言必然之類
珌 佩刀下飾也
筆 書具所以作字者
縪 ㈠冠縫也㈡以組約圭也
蓽 ㈠蓽茂草名㈡蓽澄茄亦草名皆可藥用

觱 ㈠觱沸泉湧出貌㈡觱篥羌人軍中之吹角也
鉍 矛柄也亦讀如秘
饆 饆鑼餅屬用麪為之中有鎾北人謂之波波
駜 馬肥壯貌
笔 同筆

·求
佊 子思名孔子孫也
吉 ㈠凶之對善也利也㈡朔日曰吉
姞 姓國語黃帝之子得姓者十四人姞其一也春秋南燕為姞姓女曰燕姞
急 切要也窘迫也速急也躁也如性情褊

桔 ㈠桔梗藥草名㈡桔槔井上汲水器
橘 果名實扁圓有紅黃二種
狤 ㈠狂也㈡狤⿰犭出獸名狀似獺⿰犭出
給 ㈠足也供也備也㈡以物與人曰給㈢言語便捷亦曰給

繘 綆也用以汲水者
蛣 璣蛣軟體動物雙殼形如圓鏡肉似蚌有小虫寄集其中其肉可為醬
鮚 同蛣
鴶 鴶鳩小黑鳥也

·去

嗡 (一)同吸呼嗡(二)衣拂物聲
吸 呼之對謂引氣入內也
圾 (一)與岌同危也(二)地面之污物曰垃圾讀若色
岌 (一)山高貌(二)岌岌危也亦作岋岋
极 為木板跨物驢背以負者
汲 (一)取水於井也(二)汲汲急也
泣 無聲出涕也哭之細者
湆 羹汁曰湆
滃 滃渰小人之勢
笈 書箱也
級 (一)階一層謂之一級(二)等級也
闔 一定之貌二又音安楊物墮地之聲
鬩 一相忿爭也二鬩牆謂兄弟不睦也

·地

得 (一)有求而獲曰得(二)貪也(三)得意也(四)得得猶特地也(五)契合曰相得
尋 古得字
淂 (一)本音德水貌(二)俗借為得字

·坡

匹 計布帛之數曰匹古四丈為一匹俗作疋
疋 與匹同
鵯 (一)鵯鶋烏名即烏鴉也鵯鵊鳥名即催明鳥也(二)
嫳 盧蒲嫳人名見左傳

·增

執 (一)持也(二)守也如言執業又券契之屬亦曰執照執據(三)拘捕罪人曰執
塉 薄土也
浙 浙江省名又江名在浙江省下流入海
瘠 (一)瘦也(二)土不肥磽亦曰瘠
縶 (一)縶也(二)拘囚之也(三)羈絆也
織 (一)作布帛之總名也(二)又凡構造之皆曰織如組織羅織
脊 (一)背脊也脊骨為諸骨之幹以支形體者(二)凡居高而中者皆謂之脊如屋脊
蹐 (一)小步也(二)累足而行亦曰蹐
馽 與縶同絆馬足也
鶺 鶺鴒鳥名形似燕飛時作波狀止則搖動其尾棲息水邊食害虫益鳥也
鯽 魚名形似鯉背黑而腹白產於淡水長者數寸

·時

卌 四十也
失 (一)得之反(二)過也如失誤失錯
室 (一)宮室通名(二)夫以婦為室故娶妻曰授室稱妻曰室人
溼 同濕燥之反謂潮溼也
濕 同溼

·英

乙 (一)十干之第二位(二)代詞如言某甲某乙
唈 嗚唈短氣也
噎 食塞咽喉也
悒 不安也憂也
浥 濕也又漬潤也
揖 拱手上下左右之以相禮也
挹 (一)酌也(二)退也(三)挹注謂取彼以益此也指財物而言
裛 (一)書囊也(二)纏也(三)霑濕亦曰裛
邑 (一)都邑也大曰都小曰邑(二)今稱縣曰邑如同縣曰同邑
釔 金屬化學原質之一

·出

七 數名
楫 行舟之具俗謂之槳
檝 同楫
濈 (一)和也(二)疾貌
拭 揩也以巾去垢也
戢 斂也藏兵曰戢凡避匿不使人見皆謂之戢

葺(一)修以單覆屋也補也(二)累也集也蕺(一)蕺類植物其莖葉皆有臭氣亦名魚腥菜可食(二)亦可入藥緝(一)績麻也(二)縫也(三)繼續也編纂書籍亦曰編緝今通作輯

輯(一)和也睦也也如(二)歛也(三)集編輯

•喜翕(一)合也(二)歙也(三)引也肸(一)響布也振也(二)肸肸笑貌歙本音吸與吸噏並通歙氣也與翕脅亦通

金部下平聲

•柳嶙嶙峋山崖重深之貌燐(一)野火之忽隱忽現作青色者俗謂之鬼火(二)化學原質之一火柴用之璘玉之光彩也瞵(一)目精也(二)視也磷(一)水在石間峻也(二)砰磷高貌

粼粼粼水清激也聯(一)連也相續不絕也(二)合也(三)對偶也轔(一)車聲也(二)盛貌轥同轔遴(一)謹選也謂相比而選之也(二)又音吝難也鄰近也

親也比也今所居接近皆曰鄰又連界之國稱曰鄰國驎騏驎白馬而黑脊者鰱魚名頭小形扁細鱗肥腹色白產於淡水俗呼白鰱即鰱魚也鱗魚體保護之具為薄片角質所成排

列如覆瓦狀穿山甲之屬亦有之麟獸名即麒麟也

•去擒(一)捉也(二)急持也檎林檎果名俗亦稱花紅琴(一)樂器伏羲所作古為五絃後為七絃長三尺六寸(二)姓也琹同琴禽脊椎動物之二足而羽者曰禽

•地塵飛散之灰土也沈(一)沒也物入水中也(二)不露之意沉與沈同藤蔓生木本植物也有紫藤白藤數種凡蔓生植物之卷鬚俗稱藤如瓜藤

•坡嚬眉蹙也與顰通屏蔽也設於門之前後以之蔽內外者俗謂之屏風門洴洴澼漂絮之聲瀕(一)水涯也(二)凡迫近者皆曰瀕如瀕行瀕死矉(一)恨張眼也(二)與顰通心

恨額蹙也箳箳篁車蔽檣也蘋(一)隱花植物生於淺水葉狀如田字故又名田字草(二)蘋果味甘鬆可食貧富之反窮乏也凡不足者皆謂之貧頻(一)仍也有煩數也之意也(二)又急

顰 眉蹙也如言美人之意態曰顰笑

·他

蔯 茵陳也亦作茵陳詳茵字

陳 (一)布也如言陳列陳設(二)故也(三)張也(四)述也(五)讀如仝古國名(六)姓也

·入

仁 (一)愛人無私曰仁(二)果核中之實曰仁(三)手足痿痺不能運動曰不仁

儿 人也人象人之立儿象人之行

壬 (一)十干之第九位(二)佞也(三)大也

紝 機縷也織繒帛為紝

鵀 戴勝鳥名又名戴鵀狀如鵲

·時

宸 (一)屋宇也(二)帝居曰宸如言楓宸丹宸紫宸

忱 誠也實情也如悃忱下忱之類

愖 (一)與諶同信也(二)斟愖遲疑也

憴 憴憴戒慎也

晨 早也日初出也如清晨

澠 水名在山東臨淄縣西北今稱漢溱水又音泯水名在河南南澠池縣西

辰 (一)十二支之第五位也自上午七點至九點為辰時(二)日與時刻皆曰辰

神 (一)天神也人鬼之對稱(二)精氣為神如精神神氣也

繩 (一)以麻或絲絞而成條者曰繩(二)繼也

蜃 (一)蛤類之總稱其殼燒之為石炭謂之蜃炭(二)又蜃樓蜃市即蜃氣也

蠅 室內之害虫也有蒼蠅青蠅大麻蠅諸種

·英

蝝 蝗子之未生翅者

蟫 蠹魚也又音覃義同亦音尋蟫蟫虫動貌

鈆 與鉛字同

鉛 似錫色略青其用廣可制槍彈鉛粉鉛板又一種純炭質礦物名黑鉛者

霪 久雨曰霪

演 (一)引也引伸其義詳言也(二)假設也如演習(三)天演謂天然進行程序也

滛 (一)過也雨甚曰滛雨刑罰甚曰滛刑沿一順流而下惑也(三)邪僻也(四)男女不禮交曰滛(二)也在水邊亦曰沿(二)循也如俗言相沿成例

殯 遠也

寅 (一)十二支第三位午前三點鐘至五點鐘為寅時(二)敬也(三)同官曰同寅

夤 進也因行賄賂以干求進身曰夤緣

婬 通作淫

·香

岷 山名又江名在四川

抿 撫也摹也以刷潤髮曰抿

民 人類屬於政治權之下者曰民

玟 與珉同瓀玟石次於玉者

琘 石之美者似玉而非玉

眠 合目偃息曰眠

碈 石之次玉者

笢 (一)竹篦也具所以使髮平貼也(二)澤髮之

緡 (一)釣魚所用之繩也(二)錢貫也

旻 秋天也凡稱天為旻天言仁覆愍下也

● 語

吟 口之發聲而延長其音也如賦詩曰吟哦亦曰吟咏又病者痛苦曰呻吟

唫 (一)口急也(二)又閉也

岑 山小而高也

梣 木名其皮可入藥即秦皮也

涔 (一)道上積水也(二)涔涔雨多貌亦以言淚下

硶 硶硶深險也

芩 (一)菜名如蒜生水中(二)又音琴草名根如釵股葉似竹蔓生卑濕之處

黔 一黑也二貴州省曰黔

● 出

侵 (一)漸進也如言侵淫(二)侵尋掠取也

尋 (一)求也如言尋覓(二)度名八尺曰尋

撏 取也去鳥獸之毛曰撏毛

樳 木之大者

燖 食物既冷而復使溫曰燖

秦 (一)國名(二)朝代名(三)陝西稱秦

綅 絳綫也

臣 (一)對君之稱本以入仕者為限(二)所統屬曰臣(三)古人相語多自稱臣

螓 虫名似蟬而小

鄩 周邑名在今河南鞏縣境

駸 駸駸馬行疾也

鬵 大釜也烹飪之器又音潛義同

鱏 同鱘

鱘 魚名長者丈餘背青而腹白鼻甚長如錐產於江河及近海之深水中

潯 (一)水涯也(二)又地名

● 喜

熊 (一)猛獸名產寒帶之地(二)熊羆以喻武士(三)祝人生子曰熊羆入夢

眩 (一)目無常主也(二)猶俗曰眼花如眩船(三)惑也亂也本音衒

● 嫋

林 (一)叢木也(二)凡叢集之地皆曰林如儒林藝林(三)眾盛也物駢列曰林立

淋 (一)以水沃之也(二)淋漓渥貌

琳 美玉也

痳 病名尿道腫爛之病小便艱澀雜膿而出者

臨 (一)居上視下也(二)稱人顧我之敬語曰光臨(三)及也謂正當其時也臨別

霖 雨不止也

金部下上聲

● 求

妗 舅母曰妗

● 地

朕 (一)我也(二)天子自稱曰朕(三)謂事物之先機曰朕兆

眹 目精也俗謂之瞳人

紖 牛鼻繩也

絼 牛鼻繩所以牽者

● 增

盡 (一)器中空也(二)終止也(三)竭也如盡力(四)皆也

儘 (一)本作盡極也盡也(二)充類之詞如言儘數儘著之類

•入 妊 身懷孕也音壬義同又 姙 與妊同後漢書以貴人有姙 恁 思也念也俗謂如此曰恁 任 (一)職務也(二)官所守之職曰任如就職曰赴任(三)用也(四)聽其所為也

賃 (一)傭工也(二)俗亦謂以財貰物曰賃

•時 甚 (一)過也(二)尤也 葚 桑之實曰葚

金部下去聲

•地 陣 (一)列也謂軍師行伍之列故軍隊分布之勢曰陣勢(二)又氣勢相續而至者一至謂之一陣如狂風驟雨之類

•入 認 (一)辨識事物曰認(二)允許也如承認

•時 剩 長也謂所餘者也 賸 增益也餘也俗作剩

•英 暈 日月四週之光氣也俗謂昏厥亦曰暈

•杳 偭 背也 面 (一)人體耳目口鼻所在部位(二)凡物體外見皆曰面如正面側面(三)向也

•喜 晛 日氣也 涀 水名在今河南 現 一玉光也二顯也露也三今也如言現時現代現今現在之類是也

金部下入聲

•柳 立 (一)直立其身不動也(二)樹立也(三)置也(四)成也(五)即也(六)即位曰立 苙 (一)豕圈也(二)藥草名即白芷 鴗 鳥名大如燕喙尖長足短色紅能在水面捕食小魚如獵狗故又名魚狗

•邊

畢 竟也終也事終曰畢

篳 荊竹樹枝之屬可以編織為物者也

胇 胇肸大貌又與肺同

苾 馨香也

蹕 止行者以清道也古者天子所行之路曰蹕路

邲 春秋時鄭地名楚莊王敗晉師于此在今河南鄭縣境又讀如祕

韠 與韠同蔽膝也

飶 食之香也

嗶 嗶嘰羽毛織物亦作嗶吱嗶吱緞即羽緞也

弼 (一)正弓器也(二)輔也

彃 射也

悠 (一)慢也(二)悠悠媟慢之義

•求

及 遠也至也自後而至曰及

芨 白芨草名根供藥用

•地

直 正也當也伸也無私曲也

•坡

憋 惡也如云人性情憋惡也

•增

嫉 害賢曰嫉謂為其賢於己而惡之也又嫉妬也

槉 謂短柱上小方木也柱頭交處置小方木使相接也

疾 (一)身體不調和皆謂之疾(二)憎恨也(三)急速也(四)敏捷也(五)與嫉通

蒺 蒺藜草名產於海邊砂地實可入藥

集 (一)聚也如聚集集會(二)成也如成事曰集事(三)墟市曰集猶言為貿易之聚集地(四)著述之成書曰集如詩集文集

•入

入 (一)自外而至內也(二)納也得也如言入欵謂其所收入也(三)四聲之一

日 (一)太陽也(二)晝也一晝夜亦曰一日

釖 (一)鈍也(二)金屬化學原質之一

鈤 金屬化學原質之一

馹 驛傳也以車曰傳以馬曰馹

•時

埴 黏土也書厥土赤埴墳

寔 是也亦作實

實 (一)富也(二)誠也(三)充滿也(四)草木之果曰實(五)事跡也如言事實

嶍 嶍峨縣名在雲南

拾 (一)掇也如拾芥拾遺(二)又音涉躡足升也如拾級(三)俗作十字

植 (一)植物百穀草木總名(二)種也又樹立也建設也

殖 (一)生也(二)種也(三)與生財利曰殖(四)封殖也(五)蕃也長也(六)殖殖平正也

湜 湜湜水清見底

也
稙 早種禾也
習 (一)學也(二)熟於其事曰習(三)鳥數飛也(四)習慣也
襲 (一)重衣也衣服上下具謂之襲猶言一套也(二)著衣也(三)因也重也如世爵曰世襲(四)掩取也
隰 低濕

之地也
霫 (一)雨貌(二)古國名
鰼 即鰌魚也

●英
佚 與逸通不勞也隱遁也
佾 舞行列也行數人數縱橫皆同曰佾如天子八佾六十四人諸侯六人等
杙 小木椿也
泆 水汎濫也同溢
溢 (一)器滿而水外流也(二)凡過度皆曰溢(三)兩手曰掬一手曰溢
詄 忘也又與泆字通
軼 (一)車相過也故從後出前皆曰軼(二)突也侵軼也(三)散失也如遺聞軼事
逸 (一)過失也如逸罰淫逸(二)奔也(三)不徇流俗者謂之逸(四)隱遁(五)安樂也
鎰 古衡名二十兩也

●文
蜜 蜂蜜也為蜜蜂採取花中甜汁所釀成藏於蜂房人收取之可供食入藥

●沓
嘿 與默同史記荊軻嘿而逃去
宓 (一)安也(二)讀如秘姓也(三)又與伏通
密 (一)稠也疏之對(二)秘也(三)切近也(四)默也(五)深也
峚 峚山多丹木黃華赤實食之不飢
滅 (一)沒也(二)火熄也(三)盡也絕其類也
烕 與滅同
⿰火鼏 ⿰火鼏蠡酪乾也以為酪母
蠛 (一)污血也(二)藉詞污人者亦謂之蠛
謐 靜也安也
⿰酉𥁑 (一)飲酒俱盡也(二)醬也
默 一靜也幽也二不語也
蔑 (一)無也(二)小也(三)精微也(四)棄也(五)欺也

32 歸部上平聲

●柳
鐳 錢幣之一種

●邊
卑 (一)低也高之對(二)卑人卑下之人也
悲 (一)傷痛也有聲而無淚曰悲(二)憫也如慈悲猶憐憫也
痺 鳥名鵯之雌者

·求

刲 割也

圭 (一)潔也(二)瑞玉也(三)量名

奎 (一)兩髀之間也(二)奎宿二十八宿之一也

嫣 (一)姓也(二)水名

巋 巋然高貌

摫 裂帛為衣曰摫

槻 木名似櫸葉有缺刻甚細而深木理縱橫與樫之有縱無橫者異

歸 (一)還也入也(二)還所取之物曰歸(三)女嫁曰于歸(四)終也歸宿也(五)姓也

溈 (一)溈水在山西永濟縣(二)山名即大溈山

珪 (一)砂之異名非金屬原質之一(二)古文圭字

皈 與歸同皈依謂身心歸向之義

硅 化學之一製玻璃多用之

窺 小視也由孔隙中視之曰窺

袿 (一)長襦也(二)又婦人上服曰袿(三)衣裾也

規 (一)正圓之器(二)法度也如規則(三)成規例曰規(四)以法正人也如規勸箴

邽 (一)漢縣名上邽下邽也(二)姓也

遈 同歸

閨 (一)小戶也上圓下方似圭故曰閨(二)女子所居曰閨故亦稱女子曰閨閣

闚 與窺同小視也

鮭 (一)河豚之別名(二)又讀鞵吳人總稱魚菜為鮭見世說

·去

虧 (一)缺也(二)減損也

·地

追 (一)隨也謂急行相隨其後也(二)及也(三)逐也(四)上溯已往曰追如追念

·他

梯 (一)木階也引伸為憑藉成事之意(二)憑也

鷉 鷉鷉水鳥也

·增

倠 醜也仳倠醜女也

椎 擊物之具如鐵椎木椎

檇 (一)檇李李之佳者(二)以木有所擣者

睢 (一)仰目也(二)又音雖恣意也

錐 (一)銳器用以鑽孔者(二)物之尖銳亦曰錐

隹 鳥短尾者之總名也

騅 蒼白雜色馬也

鵻 祝鳩之別名即鵓鴿也詳鵓字

·時

夊 行遲貌

婑 婑婿美好也

榱 屋椽也謂自高而下層次排列如有等衰也

眭 (一)姓也(二)又音攜目深惡視也

綏 (一)挽以上車之索也(二)安也

緌 纓飾也

縗 喪服也以麻布披於胸前三年之喪用之

荽 胡荽蔬類植物味辛香可和食物

莎 草名多產道旁及園圃之中其根曰香附子可入藥

葰 (一)薑屬(二)又音俊大也

蓑 (一)草衣也所以禦雨或讀如梭(二)又音鰓蓑蓑花蘂不垂貌
蕤 (一)草木花垂貌(二)冠蕤冠上之飾
趡 走意歐陽炯詞豈蔻花開趡晚日猶今謂日落曰趡
錗 (一)平木器也(二)金屬之一
雖 推想之詞猶假令也

● 英
偎 昵近也如言偎倚偎傍偎愛相親也
喂 (一)恐也(二)俗誤為餵養之餵(三)呼喚詞
喴 字書無此字譯音常用之
威 尊嚴也威權也
崴 (一)崴嵬高貌(二)崴魁言不平也
椳 門樞也
椷 椷竇便桶也
毉 (一)同醫(二)又同毉松脂三千年為毉(三)又同翳木名
渨 水澳曲也或作限
烓 無釜之竈也又曰行竈
煨 (一)火中熟物也(二)熱灰也
瘖 驚喊聲也
葳 葳蕤草名即萎蕤詳萎字注
蝛 蛜蝛虫名詳蛜字
逶 逶迤衺去貌
醫 (一)治病也(二)治病之工亦曰醫
隈 (一)山水之委曲處也(二)弓彎曰限(三)凡曲者皆曰限

● 出
傕 促也迫也猶言傕促
崔 (一)崔嵬高貌(二)又姓也
推 (一)以手進物也(二)排去之也(三)推卻之也如推諉(四)擇也如公推四推求
摧 (一)摧斷也(二)殘滅也(三)挫之也
蓶 草名即益母草也

● 喜
墮 俗作隳毀壞也
妃 如(一)匹也義與配同(二)次於后者曰妃妃嬪(三)太子之嫡室亦曰妃也
屝 草履也
徽 (一)美也(二)琴節曰徽(三)大索也又糾繩也(四)旗也(五)今謂佩章曰徽章
扉 戶扉也
揮 振動也散也如發揮
撝 (一)與麾同手指麾也(二)撝謙謂發撝謙德也
暉 (一)光也日色也又與輝煇通用(二)俗謂父母存在之日曰春暉
楎 懸衣具也直曰楎橫曰椸
煇 (一)光也(二)又音熏灼也(三)又音運日光氣也
緋 帛赤色也
翡 翡翠鳥名產越南等處其羽美麗可為裝飾品
翬 (一)大飛也(二)雉屬五采備者曰翬
禕 (一)禕衣古皇后衣(二)香纓也(三)美也
輝 與煇同光也
隳 同墮毀也
霏 雨雪貌
非 (一)不是也(二)過失也(三)詆毀也(四)反設之辭猶言未嘗也
啡 本音胚唾聲今

借為飲料之咖啡及藥品之嗎啡字 騑驂馬也 麾(一)旌旗之屬所以指揮也亦與撝同招也(二)快也 菲(一)菲菲芳貌(二)又音斐菜名(三)又土瓜也

歸部上上聲

●柳 壘(一)軍壘即今營牆(二)與累同 嫘姓也嫘祖西陵氏女黃帝元妃 樏似盤中有槅者又扁榼也 橤(一)垂也(二)與蘂通植物生殖之部分也 欙禹山行所乘之物史記作橋漢書作揭屐下拖鐵錐也 灅水名亦名沙河源出直隸遵化縣 瘰瘰癧病名患者皮肉生核塊 磊(一)眾石也(二)磊落奇偉卓特之稱 絫(一)疊也(二)十黍曰絫(三)又與累同 縲(一)黑索也(二)縲絏所以拘罪人之索 纍(一)各箇相綴也(二)大索也(三)繫也 儡(一)敗壞也(二)傀儡木偶也 蕊(一)植物傳種之器官也有雌雄之別所以結果實者(二)花未開者曰蕊 蕾蓓蕾花之含苞而未放者曰蕾 藟(一)葛藟草名(二)纏繞也(三)與蕾通花蕾也 蘂同蕊 虆藤屬蔓延木上葉掌狀分裂子赤味甘經冬不凋 誄(一)諡也(二)哀死者之文也 鼺鼺鼠獸名略似鼯鼠身較小背暗褐色 彙(一)類也以類相從曰彙(二)又與蝟同刺蝟也

●求 佹(一)重累也庋也(二)又與詭同奇異也 傀木偶曰傀儡 媿靜好也 磈(一)磈硊石貌(二)磈磊猶壘塊也 跬半步曰跬一舉足曰跬兩舉足曰步 蹞同跬 陒毀垣也 頍著弁之貌 鬼(一)人死曰鬼(二)喻人之陰險也如言鬼蜮之類(三)星名二十八宿之一

●去 匭匣也 宄姦也寇賊由內為姦由外為宄 庋庋閣也藏庋猶言收藏亦讀如詭又音劌 庪埋藏之曰庪 晷日影也 氿水旁出名曰氿氿泉泉之旁出者 簋古祭祀之器以木或竹為之 詭(一)欺詐也如俗言詭計百出(二)奇異也 軌(一)車轍迹也謂兩輪相距之度(二)諸行星繞日之道亦曰軌道(三)法則也

●地 棰與捶同以杖擊也

他 腿 脛股之總名俗謂股為大腿脛為小腿 骽 與髓腿同

增 水 (一)無色臭流質物又為江河等總名(二)銀成色曰水如申水貼水(三)星名 祟 神禍也

入 唯 (一)諾也恭應之詞(二)又獨也

時 橤 佩垂貌 菙 木名荊屬

英 蝟 (一)獸名身有棘毛(二)蝟集言繁多雜亂也蝟偏身有刺如栗房故以為比 蠵 齧牛馬之虫也大曰蝱小曰蠵 諉 (一)累也(二)與委通設辭以推却也 闈 闈門也 韙 是也

非禮非義之事謂之不韙 韡 韡韡華盛貌 餧 飼也俗謂飼牲畜曰餧亦作餵 餵 同餧 骪 俗作骫曲也 鮪 魚名口在頷下長鼻軟骨者是也 蔿 (一)亦作薳

草名(二)地名(三)又姓也 葦 草名蘆也一名大葭 萎 (一)草木病也(二)人病亦曰萎(三)萎蕤草名亦作萎蕤可入藥即玉竹也 痿 筋肉軟弱而不能舉也 瑋 (一)玉名(二)瑰瑋言珍

珍奇也 猥 (一)雜也多也(二)鄙也(三)助詞有乃字之意 煒 盛赤也 渭 水名源出甘肅渭源縣西鳥鼠山東流入陝西至長安縣北與涇水會 洧 水名在河南新鄭縣合溱水為

雙泊河 委 (一)任也屬也如委任委託(二)積也又棄也(三)末也始末曰源委(四)委曲也 喟 歎聲 偉 奇也大也如言秀偉偉異之類 倭 (一)倭遲回遠貌(二)日本人曰倭寇(三)短也

緯 一織橫絲也二凡橫綫皆謂之緯

杳 亹 (一)同美(二)又音門水流峽中兩岸相對若門也 美 (一)外觀之善又贊美之也(三)國名(四)也(二)川名 媺 與美同善也 渼 渼陂水名在今陝西 鎂 金屬之一

出 垝 (一)毀也(二)垝垣壞牆也亦作妻上聲 捶 (一)擊扑也(二)擣也 揣 量也忖度也如言揣摩 毳 (一)獸細毛也(二)鳥腹毛也 漼 (一)深也(二)貌垂貌(三)壞涕 璀 玉光也

𥨍 穿地也 箠 (一)擊馬策也(二)杖刑也 脃 (一)俗作脆小耎易斷也(二)又音響清越亦曰脃

•喜 俷 敗也背也 匪 寇盜曰匪如土匪會匪也 卉 (一)百草總名(二)眾也 斐 (一)文貌(二)斐尾文彩貌 榧 木名實如棗仁可食 毀 (一)壞也(二)訾也謂言人之不善也

烜 (一)火也(二)乾也(三)烜赫也 燬 烈火也 篚 竹器方曰篚圓曰篚 虺 (一)蝮虺毒蛇也(二)小蛇(三)又讀如灰虺隤病也 蜚 害虫名輕如蚊群集稻花上食之今稻不實春秋所謂蜚

即此也 誹 非議也如誹謗 悱 口欲言而不能之貌

•娓 耒 手耕曲木也柄之曲木為耒耒端之刃謂之耜 纇 (一)絲節也(二)物之有瑕者亦曰疵纇

歸部上去聲

•邊 沸 流質物受熱而發氣泡時曰沸 疿 夏日皮膚所生紅色之小粒也

•求 劌 傷也割也 季 (一)少也兄弟長幼之次曰伯仲叔季(二)末也如言季月(三)三月為一季 悸 驚怖而心動也 桂 木名皮供藥用者曰肉桂產於廣西故廣西省稱桂 瑰 (一)珍奇之意(二)玫瑰花也(三)瓊瑰石次玉者 瓌 同瑰 癸 (一)十干之末位也(二)婦人經水曰天癸 瞶 目無睛也俗讀如愧 貴 (一)賤之反位尊曰貴(二)價多曰貴(三)重之曰貴(四)尊人之詞如曰貴姓

䝿 與貴同

•地 對 (一)答也(二)當也嚮也如對眾宜言相對無語(三)配偶也合也(四)覆核曰對 碓 春具也 轛 車闌橫直交結之末在軾以下者以其向人故謂之轛

•增 晬 週年也生子一歲也 綷 (一)合也合五色而為之曰綷(二)又音啐綷粲衣之聲也 醉 (一)酒酣曰醉(二)又心耽亦曰醉

• 英 畏 懼也又心服也 褻 (一)薦也(二)衣衵也 謂 (一)告發也(二)評論也(三)稱謂也語(四)語詞猶曰也

• 出 倅 (一)副也凡佐貳官曰丞倅(二)百人曰倅 啐 一當也禮眾賓兄弟則皆啐之二驚也 嘴 鳥喙也俗亦謂口曰嘴 淬 鍛煉刀劍以水滅火曰淬故以淬礪喻人奮發自勵

焠 燒也 睟 (一)視正也目清明也潤澤貌(二)純也 碎 (一)破也(二)瑣屑也(三)語多曰碎 粹 專一不雜也 翠 (一)翡翠鳥名形如燕(二)美石綠色者名翡翠(三)青縹色曰翠(四)

尾翠曰肉 膵 生理學名詞一名胰俗名夾肝為助消化食物之器 誶 (一)詬罵也罵之不已也(二)問也 邃 深遠也俗讀如遂 顇 病也顦顇也

• 喜 剕 刖足也古刑法 廢 (一)物之壞者曰廢(二)停止也 朏 月未盛之明也 林 (一)削木札也古用木簡書有誤則削之(二)削下木片曰林 柿 與林同削木片也 棐 (一)輔也(二)木名

肺 肺職人體內部呼吸空氣以清血液之要件也 芾 蔽芾小貌 諱 (一)隱也諱隱蔽其事而不敢宣之也(二)忌也避也(二)生曰名死曰諱 費 (一)用財多也又煩多也(二)資用

也如經費(三)耗損也如費神費力之類

歸部下平聲

• 柳 虆 蔓也通藟土龍也亦讀如螺 擂 研物也擊也如擂鼓 檑 木名與礌同守城用具以木為圓柱形自城上下垂擊敵也 櫑 與罍同亀目酒尊刻木作雲雷象者 灅 水名

亦作治水源出山東代縣 罍 酒尊也刻畫作雲雷之形故名之曰罍 羸 (一)瘠也(二)疲弱也(三)瘦也(四)纏繞也 轠 轠轠連屬貌一說環轉也 雷 (一)電氣激動空氣所發之大聲(二)火

器裝置炸藥轟雷營壘船艦亦謂

• 邊 淝 水名在安徽通作肥 痱 風病也 肥 (一)謂肌肉豐滿也(二)豐裕充足皆謂之肥 腓 (一)脛之後面筋肉突出者曰腓俗稱腿肚(二)避也 蜰 (一)蟲名即蟑螂(二)俗謂蠜

人之臭蟲曰蠠蟲一名木虱

•去

夔 (一)舊說木石之怪如龍一足(二)舜臣名典樂之官也

戣 兵器戰屬

揆 (一)本音跪度也(二)道也(三)事也宰相亦曰揆

暌 違也暌違謂相離隔也

睽 (一)目不相視也(二)乖異也

葵 (一)蔬類植物有兔葵楚葵等(二)向日葵秋葵皆花名(三)蒲葵木名可制扇

逵 四通八達之大路也

頄 顴骨也

頯 (一)顴骨也(二)高露貌(三)又音跬中夷廣而兩端銳也

馗 (一)九達道也本作逵(二)馗廚地蕈也形似蓋江東謂之土菌

騤 (一)騤瞿走貌(二)騤騤馬壯強貌

•地

搥 本音椎擊也如擊鼓曰搥鼓

硾 (一)擣也(二)鎮也

•他

錘 秤錘也所以稱物而使知輕重者

鎚 鐵鎚也所以擊物

槌 棒也

•入

帷 (一)幕也(二)在旁曰帷

惟 (一)獨一之義(二)發語詞與但字同

濰 濰河水名源出山東莒縣

維 (一)維持也(二)連結也(三)網也(四)凡細長者曰維如植物之纖維質

•時

倕 皇帝時巧人名唐虞共工名書作垂

垂 (一)自上縋下也(二)上對下之詞多曰垂

檖 木名實似梨而小又一名山梨

燧 (一)古取火之具如金燧木燧(二)烽燧有寇警舉火為號也三猶火炬之類

脽 尻骨也同臀

誰 (一)何也不知其名而詰問之詞如俗言姓甚名誰也(二)又孰也

遂 (一)達也有志未達曰不遂所願(二)將成而未成曰遂(三)因也相因而及也

陲 邊疆也

隋 朝代名

隨 (一)從也如跟隨(二)順也如順口曰隨口(三)當機而立應也如言隨時隨處

隧 (一)墓道自平地陂陀下斜以入塋壙者古天子之葬則用隧(二)今鐵路工程鑿山通路亦曰隧道

•英

圍 環也繞也如包圍圍城

桅 船上懸帆之竿也

湋 湋水源出陝西

幃 (一)單帳也(二)香囊也

爲 (一)作也(二)造也(三)治也(四)使也(五)語詞也

違 (一)離也如久別曰久

違(二)背之也如違命違法(三)避也去之也 鄖鄭地名在今河南魯山縣境 闈(一)宮中門也(二)內室也(三)舊謂試院曰闈故會試曰春闈鄉試曰秋闈 韋(一)皮革之製成而軟柔者(二)姓也

鮠魚名似鮎而大產於淡水俗亦作鮰

•杳 微(一)妙也如精微(二)小也(三)卑也(四)賤也(五)隱也如微服(六)伺察也(七)無也 薇(一)草名其葉嫩時可食也(二)紫薇木名(三)薔薇花名

•語 危(一)高也在高而懼也(二)安之反險也 嵬高不平也 巍高大貌

•喜 缶瓦器也 懸(一)繫而下垂也(二)俗亦謂事無者落曰懸

歸部下上聲

∘柳 淚(一)目液也(二)與戾通疾流貌 泪同淚

•求 跪兩膝著地曰跪也

•去 媿與愧同 愧羞慚也 憒心亂也 潰(一)水旁決也(二)兵敗逃散亦曰潰(三)遂也 簣盛土竹器也 聵(一)生而聾也(二)不明事理如昏聵 讉中止也

闠市外門也 餽與饋同餽贈餽送也 饋(一)進食於尊者曰饋(二)贈送也亦作餽

•地 懟怨也 甀小口罌也 膇足腫也

•增 悴(一)憂傷也(二)憔悴衰弱不振之意 瘁病也勞也 萃(一)聚也(二)通作倅猶副也(二)又音翠萃蔡衣聲 贅(一)屬也謂綴而屬也(二)餘曰贅如贅疣謂肉無用也(三)言煩也四行不當

·時 旒旗之一種以全羽繫旌上也 瑞(一)圭璧總名(二)祥瑞吉兆也 睡寐也倦而閉目也

·英 寪(一)屋貌(二)姓也左傳公館於寪氏 恚恨也怒也 痏(一)瘡也(二)瘢痕也

·語 僞詐也為之而非其真也謂竊據者曰僞如言僞朝 隗(一)高也(二)古國名 頠(一)閑習俯仰也二靜也

·喜 嘻(一)微也(二)嘻嘻聲和而中節也 彗(一)帚也(二)曝也(三)掃之也(四)星也 惠(一)順也(二)恩也仁愛也(三)猶賜也(四)(三)隅矛也(五)通彗古聰慧字多作惠 憓不憓不順也

槥棺之小者也 篲帚也用之以掃除者 繐細流布也 蕙草名俗名佩蘭香氣甚烈又名蕙草 蟪蟪蛄蟬屬古謂之蜓蚗 譓(一)辨察也(二)順也 鏸(一)三隅矛謂之

鏸侍臣所執用兵也(二)大鼎也 慧智也敏也

歸部下去聲

·柳 累(一)緣坐也如受累負欠亦曰累(二)與纍同縛也又音磊增也 酹以酒祭地也 類(一)種類也(二)相似也(三)語助詞猶大率也

·邊 吠犬鳴聲 狒獸名產非洲身似猴頭似犬俗謂狗頭猴 茷(一)草葉多也又音伐義同(二)又音芾茷茷整齊有法度也

·求 匱藏物器之大者俗作櫃 櫃篋也亦作匱 縣(一)地方區域名(二)又與懸通 蕢(一)草器也(二)菜名莧之赤根者 鞼(一)繡革也(二)折也

·地 墜落也 懟怨也惡也 縋以繩懸物使下墜也 譈同懟 隊(一)軍隊也如步隊礮隊等(二)凡分列成排者皆曰隊

·他 璲佩玉也

• 時
穗 (一)禾之結實繁茂成條者(二)植物之花實在莖末結聚者多稱之曰穗
穟 (一)禾采之貌(二)與穗通禾穗也
襚 贈死者之衣服也
諈 諈諉言以事相屬累也
鐩 火鏡也一名陽鐩古人以取火于日中者

• 英
位 所也謂其所處之地也
娟 (一)楚人謂女弟曰娟(二)又娟壻即妹婿也
胃 人體內部受食之器也
蜼 獸名即長尾猴也

• 語
魏 (一)高也本作巍(二)魏然獨立貌(三)國名也(四)朝代名(五)姓也

33 光部上平聲

• 求
侊 大也
光 (一)光明也(二)榮也如稱光臨光降言以其降臨為榮也
冠 (一)所以加於首者今稱曰帽(二)雞首上突起之肉曰冠
擐 貫也擐甲穿甲也
瘝 (一)病也(二)曠也
胱 膀胱生理學名詞俗稱尿胞為貯尿之具也
茪 芙茪即決明子
觀 (一)視也義所視之景物也如壯觀美觀(二)意識也如觀念(三)音貫臺榭也
觥 (一)酒器也以兕牛角為之(二)觥觥剛直貌
銧 金屬之一亦稱鐳錠
關 (一)亦作関界上門也(二)界限也如歲杪曰年關(三)關繫心也(四)閉門也
鰥 老而無妻曰鰥
⿰黄尢 ⿰黄尢⿰黄尢武勇貌

• 去
傾 (一)小側也(二)圮也毀也(三)覆壓也(四)倒出也
圈 (一)與棬通圓形也(二)亦作倦檻也養畜之所也
寬 (一)凡容納綽綽有餘者謂之寬如量度寬宏也(二)又宥也
廎 (一)屋側也(二)又音頃小堂也
弮 (一)連弩也(二)與卷通曲
棬 盂也屈木為之
眶 目匡也本音筐
肱 臂自肘至腕為肱
髖 髀上骨也亦作臗在軀幹下部連接兩股之端者

• 地
剬 裁制也
端 (一)直也正也(二)萌也始也(三)帛之量曰端(四)段也條件也(五)如有端無端
耑 與端通物之首也又與專字同

• 坡
蕃 同藩又與番通又音垣草茂也
藩 (一)籬也(二)屏也保衛也(三)域也又岸也
蹯 獸足也

• 增 圖 判竹圓以盛穀也 妝 飾也謂以脂粉之類修飾容貌也俗作粧 嫥 (一)壹也(二)可愛也 專 專一也誠也純篤也 惴 憂懼也 湍 疾瀨也流急也 粧 粉飾

也婦人容色曰粧 裝 (一)束也(二)裹也如行旅所帶之物曰行裝(三)修飾曰裝(四)藏也 貒 獸名即豬獾 輲 輲車載柩之車也 遄 往來頻數而疾速也 鄟 春秋附庸

國在今山東濟寧道境 椿 橛杙也擊木榦入土俗謂之打椿 顓 (一)顓頊古帝高陽氏號(二)與專通獨也 鱄 魚名又音傳魚名似鮒而彘尾

• 入 瓀 石之似玉者

• 時 亘 (一)揚布也(二)俗借為互字 咺 一迂緩貌列子有單咺人名 喧 大聲語也如喧嘩喧嚷 宣 (一)編也(二)通也(三)布也散也(四)召也如君命曰傳宣(五)明也示也(六)盡也 揎 捋袖也

晅 乾也 暄 (一)日暖也(二)主客酬答曰寒喧 煊 溫也或作暄 瑄 (一)璧大六寸曰瑄(二)通作宣 萱 (一)草名一名忘憂花曝幹可食俗稱金針菜(二)稱母曰萱堂

藼 同萱 諠 (一)忘也(二)與喧同嘩也 諼 (一)詐也欺也(二)忘也(三)又與萱通

• 英 冤 (一)屈也枉曲也(二)仇恨也 尢 本作尣或作尫詳尫字 尫 與尢尪同跛曲脛也(二)羸弱之謂也 尪 與尢尫同 彎 (一)持弓關矢也(二)又曲也 ⿱穴怨 小孔貌 汪

(一)深廣也(二)池也(三)停水曰汪(四)姓也 淵 (一)回水也(二)深也 灣 (一)水曲也(二)海灣也 眢 (一)眸子枯陷也(二)井枯無水亦謂之眢 薨 (一)古諸侯死曰薨(二)薨薨群飛聲也(三)疾也

裷 襆頭也 鴛 鴛鴦鳥名形似鴨而小棲息湖中雄曰鴛雌曰鴦常偶居不離如夫妻和睦 鵷 鵷雛鳳屬見莊子

• 語 刓 削也去廉隅也 园 與刓通元圭角也

• 出 巛 川本字 川 (一)水之通稱(二)水流不息故常至不息者曰常川 穿 (一)通也穴也(二)孔也謂破壞而出孔也

• 喜 匚 受物之器 坊 (一)邑里之名(二)場所也 幌 幌氏設色之工漚絲者也 幡 幟也 憣 心變動也 慌 一忙也如慌忙慌忽與荒通 拚 與翻同

方 (一)正直曰方(二)方向也(三)法術也又技藝也(四)方藥曰方(五)逆命曰方命 旛 旗之帛幅下垂者 番 (一)遞也更代也(二)數也(三)物數一枚亦曰一番(四)外國人曰番 瘋 (一)頭風病

也(二)俗以顛狂為瘋為神經病之重者 繙 風吹旗貌 翻 (一)翩翻飛貌(二)亦作反謂覆轉也如翻案翻供 肓 心下鬲上也 肪 脂肪動物體內油質之凝結者 芳 (一)草香也

(二)亦稱德行之美者曰芳又有香皆曰芳 虸 虸蚄蟲名詳虸字 衁 血也 謊 (一)亦作謊夢言也(二)誑也妄也 轓 車之有障蔽者 邡 什邡縣名漢置今屬四川西川道

風 (一)空氣受熱而漲過冷而縮因漲縮流動而為風(二)俗尚也如風俗(三)景象也如風景(四)事之起滅無端變化不可測者亦以風言之如風潮風聲 飌 古文風字 飜 與翻同又飛也

光部上上聲

• 柳 卵 脊體動物除哺乳類及節足軟體蠕形等動物之子尚未孵化時皆曰卵 暖 溫也冷者使熱亦曰暖 渜 (一)湯也(二)渜濯浴餘水也 煖 與暖同溫也 煗 與煖同

臠 塊切肉也 餪 餽女也女嫁後三日餉食為餪女見集韻

• 邊 餅 屑米餅也

• 求 冏 與炯同光也 廣 (一)大也闊也(二)地名即廣東廣西也(三)車名(四)兵車十五乘為一廣 憬 (一)憬悟覺悟也(二)遠也 泂 遠也又深廣貌 炯 (一)光也(二)光明也 琯

(一)古樂器名如篪六孔(二)治金玉使瑩曰琯 痯 病也 筦 (一)樂器(二)主也(三)籥也並與管同 管 (一)樂器(二)凡圓柱中空皆曰管(三)筆彄曰樂管(四)總理其事曰管(五)樞要也 綰 鉤繫

也貫也猶聯絡之意 耿 (一)明也(二)姓也 脘 胃之內腔曰脘 詷 刺探也 輨 車轂之端以金屬冒之也或作錧亦謂之軑 迥 (一)寥遠也(二)特異也如言迥然不同

錧(一)與輨同車觳端鐵也(二)田器也

館(一)客舍也(二)舍之也(三)官署名(四)官舍曰公館(五)苑囿內遊息處也

錧俗館字

熲火光也或作耿

去

檾草名即苘蔴一曰白蔴

款(一)誠也投誠曰納款(二)扣也如款門(三)留也(四)條目也(五)書畫標題曰款

窾空也又音科枯也

苘同檾苘蔴白蔴也

褧襌衣也

⿰金款燒鐵炙也猶今之火烙印

頃(一)田百畝曰頃(二)時不久也如俄頃頃刻

欵俗款字

歀同款

增

剸截也

囀鳥鳴也聲之轉折者曰囀

疃町疃舍旁隙地也

瘓癱瘓謂四體麻痹不仁也

踹足跟也蹀足也謂以足跟作力著地也俗亦謂蹂踐之曰踹

轉(一)旋也(二)運物曰轉如轉運(三)事非直達曰轉如轉交(四)易其方向曰轉

入

纂(一)纖物似組而赤者(二)又集也

纘繼也

酇(一)聚也(二)又音贊縣名蕭何所封地在今湖南光化縣境

時

渲畫家有渲刷法潫以水墨再三淋之謂之渲

爽(一)昧爽天將明也(二)豁達也如爽朗(三)無留滯也如爽快(四)失也如爽約

磉柱下石也

選(一)擇也如挑選精選(二)甄錄古人文以成一書者謂之選三少選須臾也

顙額也有喪之拜曰稽顙猶稽首也

騻與驦通良馬名

英

剜用刀宛轉以取之也

婉順也言圓轉而不忤也

宛(一)宛然猶依然相肖也(二)大宛漢西域國名

帵衣料裁餘曰帵子

往(一)赴也(二)昔也如往日之類

惋驚歎也

捥與腕同

掔腕本字亦作捥

椀(一)木名(二)音欵俎名有(四)足如案

浣(一)亦作澣滌也濯衣垢也(二)古者十日一沐浴故十日曰浣(三)音換義同

枉(一)曲也屈也如枉駕又受屈曰枉(二)勞而無功也如枉走

涴水迴曲也

澣(一)濯衣垢也(二)一月三旬曰上澣中澣下澣与浣同

瀇水深广貌

琬圭之无鋒芒者

畹田二十畝也班固谓三十畝王逸謂十二畝

皖地名春秋時有皖國在今安徽潛山縣北故稱安徽為皖省

睅大目也又音旱義同

睆(一)實貌(二)明星貌(三)美好貌

腕臂之下端與手掌相連處

也因其宛屈故曰腕 **苑** (一)畜養禽獸之處曰苑(二)凡蓄萃之處曰苑如文苑藝苑(三)茂木貌(四)姓也 **莞** (一)莞爾微笑也(二)又音桓多年生草又名水蕙 **菀** (一)茂盛貌(二)與蘊通鬱也(三)又

與苑通 **蜿** (一)蜿蜒蛇類行貌又屈曲之貌(二)蜿蟺蚯蚓之異名(三)盤屈搖動之貌 **豌** 豆名莖端有短須夏開小花如蝶形淡紫色結實成莢長寸許可供食 **踠** 足屈也 **鯇**

鱓魚也

·文 **墁** 牆壁之飾也 **妄** 誕也妄人謂無知妄作之人也 **嫚** 與慢同侮易也 **幔** 幕也帷屬 **漫** (一)水溢也(二)無檢制也如散漫(三)浮泛之意如漫應(四)偏也如漫山徧野 **縵**

繪之無文者曰縵 **罔** (一)羅網也(二)無也誣罔者也(三)不直也 **曼** (一)曼衍無極也(二)曼延邐迤不斷貌(三)長遠也(四)讀如萬美也(五)長也 **蔄** 草名似燕麥其實可為飯 **蔓** (一)植

物之莖細而延長者曰蔓(二)藤也(三)盛也 **蝄** 舊說蝄蜽乃山精好學人聲而迷惑人者也 **誷** 與罔同誣也 **謾** 欺誑也妄語也 **輞** 車輪之外周也 **鄍** 春秋鄭地名在今河

南汜水縣境 **魍** 魍魎怪物也 **慢** (一)倨傲也(二)緩也

·語 **玩** (一)弄也戲也(二)習也(三)珍也 **翫** 相習而不經意也 **阮** 古國名又姓也亦讀如往義同

·出 **僢** 與舛同相背也亦讀如舛 **喘** 氣逆而息急也

·喜 **仿** (一)仿佛(二)依也如言仿造仿古 **反** (一)正之對正面之彼面曰反(二)還也(三)複歸也 **坂** 坡阪也俗斜坡 **怳** 狂也失意貌 **恍** 與怳通恍惚見不真切也 **昉** (一)日

始明也(二)昉此謂始此也 **晃** 明也又音廣光也 **榥** (一)讀書牀也(二)以帛明牕也(三)沿作窗櫺之稱 **滉** 水深廣貌 **紡** (一)紡綢也(二)又讀作蜂上聲綴緝成縷曰紡引棉成紗亦曰紡

軬 車耳反出曰軬 **返** (一)還也謂歸還之也(二)更也(三)復也亦作反 **髣** 髣髴見不真切而相似之謂亦作仿佛 **幌** 幔帷也 **彷** 彷佛與仿佛同見不審也

光部上去聲

·柳

孌 (一)美好之意如孌童(二)順也慕也又讀上聲義同

戀 心之所係念而不能釋也

·求

丱 (一)束髮兩角貌(二)與卝同古礦字

券 契也如今之合同彼此各藏其半以為憑信者也

帣 囊也

慣 習也如俗言習慣

摜 擲物也

桄 (一)織機之橫木也(二)梯之橫木亦曰桄

毌 穿物持之也與慣通

涫 沸也

灌 (一)溉也(二)注也飲也(三)姓也

爟 舉火曰爟

瓘 玉名

盥 (一)洗手曰盥(二)盥器也

眷 (一)顧也回視也(二)親屬也今謂家屬曰家眷

睠 睠睠勤厚之意

祼 (一)酌鬱鬯之酒灌地以降神也(二)生人飲酒亦曰祼

絭 攘臂攬袖之繩也

鑵 瓦器也又汲器也

豢 (一)本音宦以穀養畜也(二)穀食之畜曰豢(三)凡餌人以利者亦謂之豢

貫 (一)貫錢之索也(二)俗謂罪惡之極曰貫盈(三)連貫也如言魚貫而進(四)世居名籍也如鄉貫籍貫

逛 走貌出外閒遊曰逛俗讀作狂

鑵 汲水器也

顴 頰骨也

鸛 鳥名似鶴頸及嘴皆長色灰白惟翼尾黑色巢於高樹

·去

況 (一)發語詞與況同(二)況味謂所取之境遇也

壙 墓穴也

卝 與丱同古礦字

懭 恨也懭恨不得志也

曠 空闊也如曠野曠蕩也(二)明也豁也(三)空缺也

況 (一)形狀也(二)發語詞用於更進一層俗作況

獷 惡也如獷悍

礦 與鑛同

穬 芒粟也一曰稻不熟也

纊 絮也

絖 同纊絮也

貺 (一)賜予也(二)敬詞人所加於我者皆曰貺

鄺 姓也

鑛 (一)金璞也謂金屬之未經鎔鍊者(二)古作卝亦作礦

·地

煅 與鍛同凡非金類之物以火燒之使枯俗多用煅字

腶 腶脩捶脯施薑桂也

褖 (一)黑衣裳赤緣之也(二)緣衣後衣也

鍛 打鐵也如言鍛鍊

·坡

判 (一)分離敢斷(二)斷決也謂分別其是非曲直故決獄訟之文曰叛

拌 捐棄也如拌命俗作拚又俗謂調和食品曰拌

泋 水厓也

泮 (一)泮水學宮之水也亦作頖(二)散也(三)與

畔通
牉 半分也
畔 (一)田界也水邊也(二)離也(三)與叛通背也
絆 (一)馬縶也(二)系足也
胖 大也今謂體豐滿曰肥胖
頖 與泮同頖宮古天子所立學也

• 增
象 易有象辭所以論卦
攢 聚也與鑽同

• 時
楥 履中模範也俗作楦又音袁皆木名

• 英
怨 恨也

• 出
串 (一)物相連貫曰串(二)別作賗支取貨物之契(三)錢糧收貼曰串票(四)習也
攛 擲也誘人為非曰攛掇
爨 以火炊物曰爨
竄 (一)逃匿也(二)隱藏也
簒 奪取也

釧 臂環也俗謂之鐲
闖 (一)出頭貌(二)俗謂人突入曰闖如闖座闖席

• 喜
喚 呼也召也招之來者曰喚
奐 (一)暇豫貌(二)文采鮮明貌(三)盛也
幻 假者似真謂之幻
換 以物交易曰換
放 縱之使去又縱恣曰放開也花開曰放置也擴大曰放與

做同
瓬 摶埴之工也
梵 (一)淨行也潔也佛寺曰梵宮(二)讀帆去聲梵唄誦經聲也
汜 水延漫也
汎 (一)與泛通泛舟也(二)浮貌
泛 (一)浮也如泛舟(二)不切實曰泛非專指一

事亦曰泛(三)與汎通
渙 散也
煥 光明曰煥
舫 (一)竝兩舟也(二)亦為舟之通稱
覂 與泛同又覆也
訪 (一)就而問之也(二)覓也如訪古今統稱探視曰訪(三)識也

販 買賤賣貴曰販如小販販賣
輋 車上篷也
逭 逃避也
飯 (一)黍稷之炊熟者(二)又食飯亦曰飯

光部上入聲

• 柳
劣 (一)弱也優之反猶言不足也(二)鄙也
埒 (一)卑垣也(二)提也(三)界域也
脟 (一)脅肉也(二)腸間肥也(三)又音臠割也
鋝 古衡名六兩十六銖也
閱 (一)觀也察也(二)閱歷

也猶言經驗(三)閱閱也詳閱字

·求

佸 至也
抉 (一)挑也剔也(二)抉摘言取而出之也(三)與決通
栝 木名即檜也
決 (一)去水之壅塞也(二)河隄潰壞曰決口(三)一定不移曰決(四)判斷亦曰決
泬 水從孔穴疾出也

瀎 水名源出山東滕縣
潏 (一)水涌也如蕩潏(二)水中坻也
狊 鳥張兩翼也
玦 玉佩也半環曰玦
筈 箭末曰筈
聒 (一)語聲雜囂也(二)聒聒無知之貌

菩 菩蔞草名亦作瓜蔞其仁及皮可為藥用根可制澱粉名曰天花粉
括 (一)包括也(二)搜求也(三)至也(四)矢末曰括
觖 不滿也凡不滿所望而怨者曰觖望
觼 同鐍環之有古者其

形象玦
訣 (一)別也將長別而贈言曰訣如永訣(二)法也方術家秘法曰訣如長生訣
譎 (一)欺詐也(二)權術也
趹 (一)馬行貌(二)踶也
适 (一)疾也(二)人名南宮适孔子弟子

逫 (一)遠也(二)又音怢走貌
鐍 (一)同鐍(二)紐也扃鐍箱篋前鎖處
霱 雨止雲消貌
鞹 去毛之皮也
駃 駃騠駿馬也
髺 (一)男子喪髺也(二)不正也

鴂 (一)鶪鴂鳥名(二)與鶪同亦作駃鳥名即伯勞也
鴃 亦作鶪鳥名即伯勞鳥也
鴰 鶬鴰鳥名
鶪 鳥名體長七八寸嘴短如鉤其尾極長止則上下搖動亦名伯勞又名伯舌
槨 外棺也

槨 同槨
郹 郹陽封人之女奔之今在河南新蔡縣境

·去

廓 (一)空也(二)大也(三)開也
彍 張弩也引滿曰彍
擴 張小使大也如擴充是也
湨 水名在河南省

·增

咄 (一)呵叱所出之聲也(二)咄咄嗟歎聲
拙 (一)巧之反劣也(二)自謙之詞如拙技
柮 榾柮木頭也
棁 梁上短柱也
窋 (一)空也(二)不窋人名後稷之子
絀 (一)縫也(二)

不足曰絀
茁 (一)草初生貌(二)動物生長亦曰茁

·時

朔 (一)始也(二)陰曆初一曰朔(三)北方亦曰朔
槊 與矟同矛也矛長丈八曰槊
矟 矛長一丈八尺曰矟馬上所持也又作槊
箾 (一)以竿擊人也(二)舞竿也(三)又音蕭箾韶舜樂

蒴 果實外殼熟而自裂者曰蒴果如百合紫花地丁等皆是

·英

斡 (一)轉也旋也(二)運也(三)又音管主領也(四)與幹通

曰 (一)詞也(二)發語詞與聿粵通

穵 (一)曲也手曲曰穵(二)同挖手探穴也

挖 俗讀乖英一手探穴也

·出

剟 (一)刺也(二)割也(三)刊也

啜 (一)嘗也如啜茹(二)泣貌如啜泣

嘬 齧也共食之也

惙 憂也

掇 拾取也

撮 (一)量名(二)以指取物曰撮

敠 敁敠稱量也亦作敁操以手稱物曰敁操

歠 飲也

畷 兩陌間路也

祋 兵器殳也

蕝 束矛而立之以表位次也

蕞 (一)蕞爾小貌(二)與蕝通

裰 補之也

輟 止也如輟學

醊 (一)以酒酹地也(二)連祭也

錣 針也策馬之杖其端有針曰錣

餟 祭酹也凡連續而祭之謂之餟同醊

·喜

法 (一)可遵守之定式曰法(二)法禮也(三)效法也

灋 古文法字

珐 珐瑯不透明玻璃質之物體如人齒表面有一種硬質曰珐瑯

琺 與珐同

發 (一)發矢也凡開放皆曰發如發見發明(二)行也(三)創也(四)開也揚也

髮 首上毛也

光部下平聲

·柳

圝 團圝圓也

孿 一乳兩子也俗謂之雙生

巒 山峯紆回連綿者

攣 係也拳曲不能伸也又與戀通

欒 (一)木名莖葉似石南(二)欒欒瘠貌(三)團欒圓也

灤 河名在直隷

鑾 鑾鈴也天子車前有鸞鳥口中銜鈴故稱天子之車曰鑾車

鸞 鳥名鳳屬二鈴也如鸞車鸞刀皆謂繫鈴以為飾也亦作鑾

·去

惓 惓惓誠懇之意

惸 (一)憂也(二)無兄弟曰惸

權 (一)稱錘也又稱量之也(二)反經合道為權(三)暫代曰權(四)勢力也如權柄

煢 單獨無所依也

狂 (一)癲病也(二)志大言大曰狂(三)放蕩曰狂(四)勢盛也如狂風

瓊 (一)美玉也(二)戲具即骰子

蜷 虫行詰屈也

蠸 瓜中黃甲小蟲也

誆 與誑通謬言也

誑 (一)欺也(二)偽也(三)惑也

鬈 髮好

也一曰髮曲也

鵟 鷙鳥也與鳶同類異種身小於鳶性猛常食田鼠於農田甚有益

• 坡

媻 又同婆老嫗也

槃 (一)木盛也(二)樂也

瘢 瘡痕也

磐 大石也

磻 磻溪一名璜河在陝西寶雞縣東南

縏 小囊也

蟠 (一)伏也(二)曲也(三)屈也(四)猶委

也(五)周也(六)又音煩蟲名

蹣 蹣跚跛行貌

鞶 大帶也

• 他

傳 (一)轉也授也如傳位傳教之類(二)又音段紀載事蹟之書多曰傳(三)傳舍也

團 (一)圓形也(二)凡團結集合而成者曰團如團練團體(三)物之相結合曰團

慱 憂也

摶 一團

也謂以手圜之也二溷藉也

漙 露多貌

糰 粉餌也俗稱糰子

縳 細絹之白者又讀去聲羽數束名

• 時

旋 (一)還也(二)轉也(三)俄頃之間曰旋(四)又小便也

漩 回泉也謂泉流之回環也

鏇 (一)轉軸裁器也如今之車牀(二)溫器也(三)凡金屬以旋轉為用者多曰鏇

• 英

員 (一)官數也如設官若干人謂之若干員(二)與幁通幅幁亦作幅員

垸 以漆和炭而髹也

媛 美女也

贏 滿也餘也

完 全也事畢曰完保完也堅好也納租稅亦曰完

捖 摩也

援 (一)引也扶也引證也(二)又音院救助也

櫞 枸櫞即香櫞

湲 水流之貌

瀛 (一)海也(二)瀛洲東海中神山也

爰 (一)引辭猶於是意(二)爰爰緩也(三)易

也如爰田謂易其入公家田以頒賞

猨 猿本字

猿 獸名能坐立與猴同屬惟猴類大有短尾猿則似人且無尾

王 (一)大也君也主也天下歸往曰王(二)諸侯時見曰王(三)尊稱曰王(四)

盛也

皇 (一)大也(二)君也(三)美也(四)匡正也(五)皇皇美盛貌(六)心不定也(七)冠名

盈 滿也凡器充滿者皆曰盈

緣 (一)衣加純緣也(二)因為循也(三)貪緣猶連絡(四)與褖同周禮緣衣即褖衣

艎 艅艎舟名

袁 (一)衣長貌(二)姓也

轅 (一)即車槓夾車前兩傍(二)轅門古王者巡行於外以車為藩為出入之處

隕 (一)幅隕地之境域也幅言其廣隕言其周也(二)又音運從高下

墜也

椽 榱也屋桷也圓曰椽方白桷

鰉 鱘鰉魚即鱣亦作鱘鱑

• 文

亡 (一)失也(二)滅也 忘 忽也遺也不記也 硭 硭硝為無色之結晶體製玻璃及染料藥品多用之

• 語

元 (一)始也如元月元日(二)氣之始也(三)善也(四)首也(五)朝代名(六)又姓也 原 (一)廣平曰原謂平坦之地也(二)墓地也(三)本也 嫄 後稷之母曰姜嫄 杬 木名皮厚而正赤味近苦

瀝煎汁可以藏眾果使不敗壞 沅 湖南水名入洞庭湖 源 (一)水泉之本也如源頭(二)源源相續不絕也 羱 羱羊野生之羊俗稱之曰山羊 芫 落葉灌木性有毒漁人煮之以投水

中魚死而浮出故又名鱼毒 蒝 蒝荽蔬类本作胡荽葉裂有鋸齒嫩时摘以调食甚香美俗寫作芫荽 螈 蠑螈兩棲動物古以為即守宮其形相似而實不同 邍 與原通地之廣平者

邧 春秋时秦邑名在今陝西澄城縣境 頑 (一)愚也無知識而妄為也(二)猶貪也(三)俗謂嬉戲亦曰頑也 顏 (一)面容也(二)采色曰顏如顏色顏料是 騵 赤馬而白腹者

魭 (一)與黿同(二)又音鯇魭斷無圭角貌 黿 介屬似龜而大肉可爲食品

• 出

佺 偓佺仙人名唐堯时人 全 (一)完也具也(二)統括之詞如全國(三)保全也 拴 與銓同揀也拴扣也如繫馬曰拴馬 牷 牛純色者一曰體完者 栓 (一)木釘也貫物也(二)

俗謂瓶塞曰栓 痊 病除也 筌 取魚竹器 縓 淺絳色也 荃 (一)同蓀香草也(二)與筌通(三)細布也本作絟 詮 (一)具也謂具說事理也(二)事之真理亦曰詮 跧 蹴也

伏也 輇 (一)車輪之庳而無輻者(二)又輇才小才也(三)又與銓通 銓 衡也量也故選宮曰銓謂量其才能以使之也

• 喜

偟 (一)與遑通暇也(二)仿偟猶躊躇徘徊也 凡 (一)統括總計之詞(二)大概也如凡例大凡(三)輕微之稱如凡人(四)塵凡也 凰 鳳凰鳥名 喤 喤喤小兒啼聲也 圜 (一)與圜同

圓爲形容字圓爲名物字(二)平圜也繞也 垣 牆也卑曰垣高曰墉 墦 冢也 妨 (一)害也(二)礙也 嬛 (一)便嬛輕麗貌(二)又音瓊與煢惸並同獨也(三)與嫏嬛同亦作嫏嬛

寰 (一)天子畿內縣也(二)凡言境域之大者曰寰如寰宇 峘 爾雅小山岌大山峘 徨 彷徨流連往返也 惶 恐懼也 懁 辨急也懁急躁急也 桓 (一)郵亭表也(二)木名

葉似柳子似楝(三)桓桓武貌

樊 (一)樊籠鳥籠也(二)樊籬也謂園圃之籬落也

汍 汍瀾泣貌

洹 水名一曰安陽河源出山西

湟 湟河即西寧河出自青海

潢 (一)積水池也(二)潢河即西遼河出自內蒙古

煌 光明也如輝煌

煩 (一)不簡也與繁同(二)悶也(三)勞也

燔 燒也炙也

璠 寶玉也

環 (一)玉圜也(二)凡物成圈形者皆曰環(三)圜繞也

璜 玉名半璧曰璜

礬 明礬礦物工業上用之帶青綠色者爲早礬

笄 竹器所以盛棗脩者

篁 (一)竹田也(二)竹叢也(三)竹之統稱

簧 (一)笙竽管中之薄葉用銅片爲之吹之以發聲者(二)機件有彈力者曰簧

綄 候風羽也楚人謂之五兩

繁 多也雜也繁華也

繯 (一)絞也如繯首謂絞刑也(二)又音炫其義同

粁 古字今法度特卡米突之簡稱米突之十倍也

膰 宗廟祭肉也生曰脤熟曰膰

萓 草名葉潤大端銳夏開紫花瓣有綫紋莖葉柔滑

萑 (一)草名荻也(二)又音雛草多之貌(三)荒蔚也

蘩 草名俗名白蒿

蘅 杜蘅香草名根莖可入藥

蟥 水蛭之大者曰馬蟥

蠜 阜蟲也大小如蝗俗謂之叫哥哥

衡 (一)平也所以稱物輕重之器也(二)車轅端橫木也(三)眉目之間也

袢 當暑之服曰袢謂褻衣之無色者

豲 豕屬又豪豬一名豲

貆 亦作狟獸名與貛同

趪 (一)作力貌(二)趪趪張設貌

蹯 獸足也

轘 以車裂人古之酷刑也

遑 (一)急也如急遑急迫驚懼之貌(二)暇也心動曰不遑

還 (一)往而復會也如還鄉還家(二)償物於人亦曰還如還債還願

鍠 (一)兵器似劍三刃乘於輿前(二)鍠鍠鐘鼓音也

鍰 古衡法以六兩爲鍰納金贖罪皆以鍰計故謂之罰鍰

鐇 鐽也

鐶 凡圜廓有孔可貫繫謂之者鐶通作環

闤 闤闤也闤市垣闤市之外門也故通稱曰市肆

防 (一)隄也障也(二)備也(三)凡有所戒備者曰防如海防邊防等四葉也

隍 城池也有水曰池無水曰隍

餭 餦餭飴之乾者

鬟 (一)鬟發爲飾也(二)婢女也俗謂之丫鬟

黌 學舍也

光部下上聲

• **柳**

亂 紊也不治也凡事物之不理皆曰亂如亂世亂邦

·邊 叛 離叛也叛反也謂叛而去之也

·求 倦 懈也疲乏曰倦 券 倦本字與券契字从刀者異 捲 (一)歛也本作卷卷舒亦作捲舒(二)又音權捲捲用力貌 踡 (一)踡跼拳縮不伸也(二)踡[illegible]特起之貌

·地 斷 (一)截也絕也(二)又音鍛裁決也 毈 卵不成鳥也 篆 (一)書體名(二)稱人之字曰篆 籪 編竹水中以取魚曰滬吳俗曰籪

·增 僎 同撰 撰 (一)具也猶事也(二)著述也(三)又與選通 狀 (一)形狀也(二)今京謂訟牒曰狀 籑 與饌同具食也 譔 喜言也稱說也又與撰同述也作也 饌 具食也

·英 旺 本读王去聲光盛也凡興盛者皆曰旺 迋 (一)往也又音狂欺也(二)恐懼也

·文 惘 失志貌

·語 愿 謹也善也 願 欲也望也

·喜 宦 (一)仕也(二)凡事人者皆曰宦(三)奄人曰宦如宦官宦者今謂之太監 患 憂也禍害也罹病也 槵 與患同無患亦作無槵 漶 漫漶敝壞不可辨別也 犯 (一)抵觸也(二)有

罪之人曰犯謂干犯刑法也 笵 規模也以土曰型以金曰鎔以竹曰笵 範 法也式也模型也 范 (一)虫名蠭也(二)與範通矩範亦曰矩范 軓 車前掩護之板也

釩 (一)拂也(二)读如凡化學質之一

光部下去聲

·地 瑑 圭璧上離紋也

• 時 璇 美玉也亦作璿 蔙 蔙覆花草名其花如菊入藥同 璿 美玉也

• 英 掾 右佐貳官之通稱

• 文 万 同萬 萬 (一)數名十之千倍也(二)喻是之多者曰萬如萬能(三)極甚之義如萬難 卍 梵字此字古人謂萬字乃云錢

光部下入聲

• 邊 勃 (一)猝也(二)變色貌(三)盛貌 坺 鍤土謂之坺今亦謂土塊之帶有草根者曰茅坺 拔 攻而舉之也又出類拔萃 桲 打穀具即今之連枷也 渤 作也盛也 渤 渤海

直隸遼東之海灣也 犮 走犬之貌 胈 股上小毛也 茇 草根也春草根枯引之而發土爲撥故謂之茇又與跋通 荸 荸薺一名地栗又曰馬蹄其根圓者可食 菝 菝葜蔓之

草花黃綠色集爲繖形實大如豆其根可入藥用 誖 (一)與悖通亂乖也(二)惑也也 孛 彗星也 跋 (一)跋涉也草行曰跋水行曰涉謂行路艱難也(二)躡也(三)躐也(四)足後爲跋故書於

文書之後曰跋 鈸 樂名範銅二片中隆起如浮漚穿孔以革貫之兩片合擊以發聲如鐃鈸 餑 麪餑也茶上浮漚也 魃 旱神也 馞 馝馞香氣也 鵓 (一)鵓鴿鳥名詳鴿字

(二)鵓鴣鳥名嘴細長黑褐色長者尺許古謂祝鳩

• 增 擢 (一)拔也(二)引也(三)抽也 濁 (一)水不清也(二)又亂也如亂世曰濁世 濯 (一)澣也(二)大也 蜀 (一)與蠋同(二)孤獨爺(三)四川省曰蜀 襡 短衣也一說长襦也

钃 鉏也誅也主以除去物根株也 韣 本作韣所以韜弓矢之囊也

• 入 悅 樂也又服也

•英 嚄 失聲驚愕也 彠 度也所以度長短也 戉 鉞本字大斧也 越 (一)度也踰也(二)俗亦稱事之更甚者曰越(三)失墜也(四)發揚也(五)古國名 狘 獸驚走貌 獲 獵所擭也

得也 篗 絡絲具也以細竹爲六角形之架 粵 (一)發語詞(二)地名廣東廣西皆稱粵 蠘 蟚蠘虫名一名蟚蝟 鉞 大斧也 鑊 釜屬所以煮食物者

•杳 妺 桀妻妺喜通作妺嬉亦讀未喜 末 (一)物之梢曰末(二)事非根本要務曰末(三)勿也(四)無也(五)終也(六)薄也 沫 (一)水面泡沫也(二)口中津曰涎沫 瀎 试滅之貌 眜 目不明也

糑 麩也又米和細屑也 ⿰羊末 ⿰羊末羯胡羊名 茉 茉莉花名花白色香味甚烈閩廣多種之

•喜 乏 無也暫無曰乏 伐 征伐也 垡 耕起土也 栰 與筏同編木爲之以度水也 穴 (一)土室也(二)孔也(三)穿也(四)墓地塋兆曰穴 筏 編竹度水也

罰 (一)出金贖罪曰罰(二)撻擊之也 閥 閥閱書功狀以榜於門也猶今之報條門在左曰閥在右曰閱 泬 泬寥空貌

34江部上平聲

•邊 幫 (一)治複邊也(二)助也(三)同類曰幫 崩 (一)山壞也(二)自上墜於下亦曰崩(三)天子死也 扳 援引也 媥 媥爛色不純也與斑通 斑 (一)駁文也(二)雜色也曰斑(三)斑點也

盼 與頒通猶賦也 枋 (一)木名即檀木又蘇枋木省稱蘇木其汁爲紅色染料(三)又木片曰枋 梆 (一)斫木背穿孔官衙設之以為號召之節或以竹筒爲之以為巡更之用 浜 俗謂

斷港曰浜 班 (一)分與也(二)位次也(三)一列曰一班(四)布也(五)別也(六)齊也(七)雜色也 縍 治複邊也亦作幫 綳 束之也 邦 (一)国也(二)姓也 鈁 古量器名圓者曰鐘方者

曰鈁可容六升或四升不等 頒 (一)布也(二)賜也

•求 剛 堅也勁也斷也與柔字對 囏 古文艱字 堽 同岡城名在山東寧陽縣東北即漢剛縣故城也 奸 犯也私也僞也如作奸犯科今與姦字多通用 姦 (一)與奸通詐也

㈡淫也如通姦強姦

罔 山脊也

崗 俗崗字崗位巡警所站處

工 ㈠匠人也㈡人功业㈢工巧也

干 ㈠犯也㈡求也㈢盾也㈣水涯也如江干㈤天干名

杆 ㈠木梃也㈡盾

也㈢欄杆也本作欄干

杠 ㈠旌旗竿也㈡小橋曰杠

桿 ㈠俗干字㈡英美長度名

棡 高木也

江 ㈠大川之通稱如黑龍江珠江㈡長江中國最大之川㈢姓也

泔 米汁

也

玕 美石之次於玉者

甘 ㈠味甜也苦之對凡食之美者曰甘如肥甘旨甘㈡心之所願者亦曰甘

疳 血液之病如脾疳疳積之類

碙 碙州在廣東吳川縣南

筸

湖南辰州有筸子溪

綱 ㈠綱之大繩曰綱㈡凡以總而御分者皆曰綱㈢事之要領者亦曰綱

罡 ㈠天罡星名即北斗也㈡叢辰名月內凶神也

肛 人之直腸下端下糞之口也俗稱肛

門

肮 喉嚨也

艱 ㈠難也㈡險也㈢窮苦也㈣憂也

茳 多年生草植於水田春發葉莖高四五尺三稜形爲職席之原料

菅 ㈠草名根短硬如細竹可爲刷帚㈡苦也㈢蘭

草也

蕑 ㈠蘭草也香氣清遠古人刈而佩之㈡蔓草之名

豇 豆名花淡青紫色實有紅白等種結成莢長者㈡尺餘嫩时并莢可供食

釭 鐙也如言銀釭蘭釭

間 ㈠中間也在二

者之間曰間㈡田間泛指其處所也㈢容也㈣一室曰一間

·去

刋 ㈠斫也㈡刻也如言刻板刊行

劻 劻勷急遽之貌

匡 ㈠正也㈡救也㈢姓也

坩 土器也如缸甕之類

堪 ㈠勝也左傳君將不堪㈡地突也與龕通

岍 岍山在陝西

嵌 ㈠以物填補空隙曰嵌㈡山深貌

康 ㈠安也㈡大道曰康莊

忼 忼慨意氣憤激也

恇 恇怯言畏縮也

慷 慷慨激昂也俗謂用財不吝

戡 殺也勝也

平亂曰戡亂

框 門档也嵌於壁間以裝置門窗者

涯 涯水一曰陽溪出湖南宜章縣

牽 ㈠引之使前也㈡挽也㈢連也

矼 ㈠慗實也㈡音扛聚石渡水之石橋也

穅 俗作糠米粒之皮也碾米时所得者

糠 穀皮也

縴 俗謂挽舟之索曰縴

軖 繅絲之輪也

龕 ㈠塔下室也㈡俗謂供佛之小室曰佛龕

·地

丹 ㈠丹砂也即朱砂㈡赤色曰丹㈢國名也即丹麥

儋 負荷也通作擔

冬 四時之一十十一十二月也

勯 力竭也

匰 宗廟盛神主之器也

妉 樂也

東(一)方位名(二)主人曰東家(三)稱日本曰東洋 **檔**(一)木牀也(二)横木框檔也(三)案櫝稱檔案 **殫**盡也 **璫**(一)华飾也(二)耳珠也(三)琅璫鈴鐸也(四)丁璫玉佩聲 **甔**大甖也

眈眈眈垂目下視也 **簞**盛飯竹器也圓曰簞方曰笥 **簹**篔簹竹也 **聃**耳漫無輪也 **耽**(一)耳大垂也(二)樂也俗作眈 **舑**舑談吐舌貌 **蟷**螳蟷虫名

即土蜘蛛也 **襠**袴襠兩股之處也 **鄲**邯鄲縣名見鄲字 **鐺**(一)鋃鐺刑具锁也(二)又音琤温器也 **湛**(一)水名(二)姓也(三)與耽同樂也(四)與沈同深也(五)與漸同浸也

躭俗耽字又躭擱也

• **坡** **攀**引也自下援上也或作扳 **蜂**飛虫也種類甚多有蜜蜂赤峰等種亦作蠭(二)衆貌如言盜賊蜂起也 **蠭**同蜂

• **他** **坍**土崩也 **碭**(一)文石也(二)山名 **貪**(一)愛財曰貪(二)凡求得無饜者曰貪(三)探也如貪情 **鏜**鐘鼓之聲也 **鞺**鼓聲也

• **增** **噌**我也北省方言噌们猶咱們也字讀亦作咱 **戕**杙也所以繫船者亦作牂 **曾**(一)姓也(二)音層嘗也已然之詞(三)又與層通亦同增 **棕**與椶同木名 **椶**椶櫚木名幹直

上無枝外皮如毛可製用具 **欑**欑聚竹木也又讀去聲義同 **牂**(一)牝羊也(二)牂牁郡名 **簪**(一)首笄連冠於髮也(二)插也戴也(三)速也 **緵**(一)八十兩曰緵(二)又魚網也

罾魚網之一也 **庄**俗莊字又音彭平也 **臧**(一)善也(二)奴也與臟通 **莊**(一)嚴也(二)道路也(三)又音塼大農所居曰莊如村莊(四)店肆之名(五)姓也 **針**所以缝物者古作鍼

鍼同針所以缝布帛之器也 **鐕**釘也所以綴著物者 **騣**馬脛上毛也 **鬃**高髻也與騣同馬鬃也又讀如宗 **鬉**(一)鬉亂也(二)獸之頸上毛也亦作騣鬃 **鯼**魚名

即石首魚小者謂之黄花魚長尺許大者謂之同羅魚长二三尺 **鱵**魚名聲細長而圓頭小目大下顎突出延長如針產海中一名針魚

• **時** **删**削除也如孔子之增删春秋是 **姍**(一)誹也(二)姍姍遲行之貌 **彡**毛長也 **摲**芟除也 **摻**手纖細也(二)讀如衫上聲執也(三)參也 **杉**木名幹端直爲用最繁

槮 (一)木长貌(二)又讀上聲積柴水中以取魚也
毿 毛長貌
潸 涕流之貌
珊 (一)珊瑚海中小動物之骨骼所結合者(二)珊珊玉佩之聲也
穇 粟類俗名龍爪粟山東河南多種之
縿 旌旗上之直幅所以綴斿者
舢 舢板也即脚船又名曰三板
艭 船也
芟 (一)刈草也(二)大鐮也
蔪 (一)同芟除去之也(二)又音尖蔪蔪草禾秀發之貌

• **英**

唵 語言含糊者也
媕 媕娿不法也
安 (一)危之對定也靜也(二)何也(三)位置其物俗亦曰安
庵 小廬也今通稱佛舍曰庵
盦 盛食物之器俗借爲庵字
菴 (一)菴藺草名葉似菊花淡黃色結細實如艾(二)通作庵
銨 金屬之一
鞍 馬鞍也
韽 聲小不成也
鵪 鵪鶉鳥名形如雞雛全體茶褐色有灰色斑性活潑喜跳躍馴養能博鬬

• **杳**

厖 (一)厚也(二)大也(三)雜也(四)姓也
哤 言語雜亂也
牻 白黑雜毛牛也
駹 (一)青馬也(二)牲之雜色者皆曰駹

• **語**

卬 (一)我也(二)激厲也
昂 (一)高舉也(二)亦形容人之意氣如軒昂(三)又物價高貴者

• **出**

傖 鄙賤之稱如傖頭
滄 寒也列子日初出則滄滄涼涼
參 (一)進謁也如參見參加(二)驗也考也
糸 俗參字
叅 俗叅字
孱 (一)弱也(二)卑劣也(三)窘迫也
攙 (一)俗謂手相扶曰攙(二)以物相雜亦曰攙
滄 (一)滄浪水名即漢水(二)寒也沿用爲水之形容字如滄海
潺 潺湲潺潺皆水流之貌
葱 本音聰蔬類植物葉中空成管
蒼 (一)草色也(二)凡深青色皆曰蒼(三)斑白髮曰蒼
蹌 步趨貌
飡 餐同又與飧通水和飯也
餐 (一)食也(二)頓也俗謂一頓飯曰一餐一日三頓曰三餐
驂 駕車之馬在兩旁者曰驂
鰵 魚名俗呼鰷魚爲鰵鰷魚
鶬 鶬鴰水鳥名大如鶴灰色長頸高腳兩頰紅俗謂之灰鶴

• **喜**

憨 愚也癡也
灦 方言沅澧之間凡言或如者曰若此今廣東謂如此亦曰灦當即此灦字
舡 船也
蚶 蚌類殼硬而厚肉赤可食又名瓦楞子
谽 谷空貌

酣 飲酒而樂也凡樂之不已皆曰酣如酣睡 **頊** 顓頊也大面貌

江部上上聲

·**柳** **嬾** 與懶同怠也或讀如賴 **攮** 推也今亦謂以刀刺之曰攮 **曩** 昔也猶言前者

·**邊** **昄** 大也一說與版同 **板** (一)片木又薄片曰板(二)不活動也如古板(三)拍板節樂器 **榜** (一)揭示於衆者曰榜(二)進船也 **氆** 氆氌西番人織絨也 **版** (一)與板通印板也(二)築牆

版(三)笏也(四)戶籍也 **牓** (一)與榜通牌也(二)揭示也 **綁** 反縛曰綁 **蒡** (一)牛蒡草名子可入藥(二)又音旁草名似蘇 **蝂** 蝜蝂小虫名詳蝜字 **鈑** 爾雅鉼金謂之鈑

鎊 (一)英幣之略稱英國金幣以鎊爲單位合銀幣爲二十先令(二)音滂削也 **阪** 與坂同山坡也 **髈** 股也 **魬** 比目魚又名版魚俗作魬

·**求** **感** (一)動人之心也如感化(二)情動於中也如感激(三)觸也觸暑至疾曰感冒 **揀** 選也擇也又音練義同 **擀** 以手伸物也 **柬** (一)擇也今作揀(二)與簡同信札名刺曰柬

港 (一)小川旁出者可以行舟(二)香港廣東珠江小島清时割於英 **澗** (一)本音幹山夾水也(二)水名源出河南澠池縣 **簡** (一)牒也竹簡也古時無紙以簡代之故書札通稱簡(二)要也略也(三)姓

襇 裙幅之褶者 **覵** 與瞯同視也 **講** (一)以言和解也如講和講價(二)談說也(三)解說事物亦曰講如講書講經 **鐗** (一)車軸鐵也(二)兵器名無刃而有四棱也 **覯** 明也

又與較通

·**去** **凵** 張口也 **坎** (一)卦名坎上坎下(二)陷也(三)穴也 **埳** 埳軻同坎軻馮衍賦非借身之埳軻兮 **欿** (一)意不自滿也(二)與坎同坑也 **瞰** (一)視也(二)俯視也 **矙** 窺也

砍 斫也 **轗** 轗軻車行不利也因以借言人之不遇 **闞** (一)小視也(二)闞闞勇敢貌

・地

党 (一)黨之俗字(二)部落也

嘾 嘾嘾豐厚貌

董 (一)督也正也(二)董事也如商董校董也(三)姓也

攩 擊也遮遏也亦讀如倘

絖 (一)冠冕之繩垂於冠之兩旁也(二)衾之緣

飾曰紞

讜 真言也

鎲 兵器义也兩旁枝出又有利齒製法不同可擊可禦為軍中最利之器

鐋 工人治木器以鐵為斷凡木有斤斧形迹者摩之令平者也

顑 飯不飽面

黃起皺也

髧 髮垂也

黕 (一)黑貌滓垢也(二)

黨 (一)古以百家為黨(二)親族姻戚皆曰黨(三)朋也輩也同志結合團體曰黨

亶 信也詩亶其然乎

・他

倘 與儻同或然之詞如倘使倘然倘令

儻 (一)倜儻卓異也(二)或然之詞儻忍不可期也俗作倘

咀 相呵也

嗿 眾食聲又眾貌

坦 寬平也坦白也

妲 妲己殷紂之妃

忐 忐忑心虛也

怛 悲慘也悼痛也

曭 日不明也

桶 方斛也今稱原木器曰桶

毯 氈毯毛席也

淌 大波也俗謂水順下曰淌

爣 爣閬言光明也

禫 除服祭之名父母之喪期而小祥又期而大祥中月而禫也

笪 (一)粗竹蓆也(二)牽船索亦曰笪(三)姓也

菼 草名似葦而小即荻也

疸 黃腫病也

袒 (一)裸露也(二)庇護也

襢 同袒露也又音展衣之無文采也

贉 (一)買物先入值也(二)卷首帖綾曰贉古藏書用錦為贉

醓 肉醓也

靼 (一)柔草也(二)韃靼北方部落之名

躺 平臥以舒其體也

黮 (一)深黑也(二)不明貌(三)又與葚同

・增

僝 (一)表見也(二)僝僽惡言罵也元曲中常用之

嶃 高峻貌亦作嶄

斬 (一)殺也(二)斫也(三)絕也

槧 削木為牘以書文字者

瓚 禮器其形如勺有槃以承之

鏨 鐫石也雕刻金類之器俗亦謂之鏨

駔 (一)馬壯也(二)牙儈狡捷亦曰駔儈(三)粗也(四)又與組通

驏 馬不施鞍轡謂之驏

・時

弗 燔肉器

剗 削也平也

剷 與剗同於鏟通

嗓 北省方言稱喉嚨為嗓子

漱 (一)盪口也(二)物為水所剝蝕者曰漱

糝 (一)以米和羹也(二)米粒也

繖 絲綾也蓋也

羼 羼錯雜亂也

鏟 鐵器用以鏟削者

•英 匼 匼匝周匝也 唵 （一）以手進食也（二）發聲詞也梵語多用之 晻 （一）不明也（二）又音奄陰雨也 諳 熟聞而深悉之曰諳如諳練諳達 闇 （一）閉門也（二）不明也如昏闇闇

弱（三）隱晦貌 黭 黭然卒至貌 黯 黯（一）深黑也（二）然傷別貌

•杳 挽 張也用力引之也如挽回挽留之貌 漭 （一）平也（二）廣進也 莽 （一）草也粗率也（二）姓也 蟒 大蛇也 輓 （一）引車也前牽曰輓後送曰推（二）哀死者詞曰輓聯

鉧 與⿰金莽同 ⿰金莽 鈷⿰金莽溫器熨斗也亦作鈷鉧

•語 眼 （一）目也（二）孔穴曰眼如泉眼井眼

•出 慘 （一）悲傷也（二）毒虐曰慘酷 憯 痛也 黲 淺青色也謂物將敗時所變之顏色也

•喜 悍 （一）勇也（二）凶暴也 捍 衛也同扞 撼 搖也動也 汗 （一）皮膚所排泄之液也（二）汗漫放浪也 熯 （一）火乾也（二）讀如然上聲敬也 秆 同稈 稈 禾莖也

銗 手錢器也 罕 （一）亦作罕少也（二）鳥網也（三）旗名（四）姓也 蔊 蔬類通稱蔊菜子味辛辣故亦稱辣米菜 駻 馬奔突也 鼾 臥息也鼻聲曰鼾

•嫋 俺 北人稱我曰俺現南人亦然 壈 坎壈不得志也 戁 敬也懼也 擥 總持也亦作⿰扌監攬 ⿰扌監 同擥亦作攬 攬 （一）總持也（二）招徠營業曰攬入承攬包攬

欖 橄欖果名 纜 維舟索也亦音濫 罱 夾魚具也今亦謂取水草肥曰罱河泥 腩 （一）脯也（二）俗謂牛肉之美者嫩者亦曰腩 艦 御敵船也今稱海軍曰艦隊戰船曰軍艦

覽 觀也周視也如博覽泛覽 赧 面慚色也如言赧然

江部上去聲

·**邊** **扮** 裝扮也本音拉動也拌和之意 **泚** 與塗同深泥也

·**求** **幹** (一)軀體也又草木之莖曰幹(二)才能也(三)又辦事曰事幹 **旰** 晚也 **榦** (一)楨榦也樹身曰榦附於榦者曰枝(二)井闌也亦讀如韓 **檻** (一)檻車也(二)音艦欄檻也(三)與濫通浴器也

浲 水不遵道也又讀洪 **淦** 水名源出江西 **監** (一)視也察也(二)宦官也(三)又音緘臨下也(四)牢獄也 **簳** 小竹也 **紺** 深青揚赤色即紅青色俗稱天青色

絳 赤色也 **諫** (一)正也謂以直言正人之非(二)姓也 **贛** (一)贛州地名在江西今稱江西亦曰贛省(二)音貢賜也通作貢字 **跭** 跭躞豎立也 **轞** (一)轞車囚車也(二)車聲也 **鑑** (一)鏡

也(二)照亦謂之鑑今通作鑒(三)誡之謂也 **鑒** 同鑑 **降** (一)落也如霜降(二)服也服從也(三)階級品位自上而下曰降入降級降官 **骭** 脛骨也

·**去** **亢** (一)人頸也鳥嚨也通作吭(二)太過也極也強也如亢陽亢旱(三)無卑屈也 **伉** (一)配偶也如伉儷(二)與抗同 **侃** 剛直貌 **俔** 恐懼貌與睍同 **勘** 校也覆定也如書籍之核

對訛誤曰校勘 **匟** 匟牀坐牀也今兩人並坐之榻謂之匟牀 **吭** 咽喉也 **囥** 藏也俗語多用之 **墈** 險岸也俗謂土突起者曰墈 **夯** (一)用力舉物也(二)隄塘工程用灰土

填築補塞鎛隙使水過不滲者曰夯 **抗** (一)以肩舉物曰抗(二)高也如志高曰抗(三)抗志抵禦也 **炕** (一)乾燥也(二)炙也(三)北地謂煗牀曰炕 **犺** (一)健犬也(二)犺狼出邏羅似猴

衎 (一)樂也(二)與侃同 **邟** 邟鄉地名 **閌** 高門曰閌 **骯** (一)骯髒體胖夜(二)俗以爲不潔之稱

·**地** **擋** 拼擋猶言收拾也 **旦** 早也 **狙** (一)猵狙似猿狗頭(二)蠻俗名廣西有之 **[疒亶]** 與癉同 **癉** 病也又與疸同黃病也又讀平聲火癉小兒之病也 **窞** 坎之深者也

蛋 (一)本音但古作蜑南蠻之一種(二)俗呼雞卵曰蛋 **鉭** 金屬化學原質之一 **鴠** 鶡鴠鳥名

·**坡** **盼** (一)目白黑分明也(二)顧也視也如盼望盼來 **襻** 衣系也如俗言鈕襻 **鋬** 器系也凡器之提擊皆謂之鋬

●他

亙 俗作亘，竟也，言物之延長自此端竟彼端也
嘆 通作歎太息也嘆也
探 遠取之也如探源伺察也如窺探偵探
撢 與探同
歎 (一)嘆息也心有所憤恙抑鬱以歎息
舒其氣也(二)歎美也(三)讚和也
賺 (一)市物失實也(二)如商買有餘利亦曰賺(三)賣也如爲人所賣曰被賺

●增

嚍 嘈嚍聲也與贊讚同
壯 (一)大也(二)三十曰壯
巑 巑岏高也一云山竦立貌
戳 捍船木防船之損傷也
棧 (一)棧道山嚴架木爲樑也(二)屯貨及寓客處皆曰棧

糉 以箬裹糯米作成三角形之食品也又名角黍
綻 (一)衣縫也俗亦謂衣服脫線曰脫綻(二)滿也
蘸 以物沾水曰蘸
譖 愬也直告其事曰愬加誣曰譖
讚 (一)稱人之美謂之讚(二)文
體之一頌揚人之作也
贊 (一)佐也助也(二)稱美也(三)文體名(四)告也
趲 走也
輚 輚輅臥車也
轏 臥車也
鑽 (一)鑽子也穿孔之器(二)刺也(三)善寅緣者曰鑽如言
鑽營(四)鑽石寶石之最貴者其質極堅可鐫刻晶玉故亦名金剛鑽
粽 同糉

●時

疝 腰腹疼痛之病
訕 訕上謂毀謗在上者
送 (一)遣也如運送(二)隨行也如送行送親(三)贈物於人也如奉送
釤 大鐮也或曰大鐮
霰 雪珠也

●英

宴 安也樂也以酒食相饗也
按 (一)抑也止也(二)與案通據也(三)撫也如按劍按轡(四)考驗也(五)以次遞及
晏 (一)安靜也承平曰清晏(二)天清無雲也(三)晚也(四)鮮盛貌(五)晏晏和也

暗 不明也又祕密之意如暗殺
桉 (一)與案同(二)木名可以驅孽辟疫
甕 本讀翁去聲陶器汲瓶也
鶲 小鳥名即鶲鶲也
齆 鼻塞曰齆
曣 日出無雲也

甕 同甕瓦器也

●出

刱 與創通始也
創 始也造也如創造創業開創
愴 悲傷也
懺 自陳悔也如懺悔
戧 戧金器物上飾金之一種
燦 燦爛光色動目也
璨 璀璨光明之貌

磢 瓦石洗物也
粲 (一)米之精鑿者(二)鮮明也(三)笑貌

·喜

厂 山側之厓人可居者
喊 高聲疾呼也
扞 衛也抵禦也亦作捍
暵 幹也曝也
[illegible] 土地之堅者
漢 (一)湖北巨川入江處即漢口(二)天河也(三)朝代名

闞 虎嘯聲也

江部上入聲

·柳

瘌 疥瘡頭或作癩俗稱禿髮者曰瘌

·邊

亳 地名詳三亳條源詞
剝 (一)削也落也如剝蝕(二)開解牲體(三)奪去皮也
北 方位也
幅 布帛廣狹也又幅謂邊也
腹 (一)胸部之下曰腹(二)包藏之亦曰腹

趵 足擊聲

·求

傕 人名後漢有李傕
各 人人自有其地位不相侵雜也如言各不相謀之類
桷 椽之方者曰桷又屋角斜方也
榷 (一)水上橫木以渡行人者即獨木橋(二)征稅法也如官造物專賣取利是
玨 二玉相合爲一玨
确 (一)角勝負也(二)與埆同亦與確通堅正也實也
結 (一)兩繩相鉤聯也(二)互相聯合亦曰結如結交(三)凝也如結冰(四)結果也
袼 袖之上端當肘腋之處也俗謂之掛肩
覺 (一)悟也凡有所感觸而能辨別之曰覺如感覺知覺(二)告也(三)睡醒曰覺
角 (一)獸角也(二)額骨也(三)結髮爲飾也(四)五音之一(五)競也如角力角逐

·去

臞 (一)肉羹也(二)燻也
藿 (一)豆葉也(二)藿香生名野生院庭亦多種之莖葉香氣甚烈可入藥
埆 (一)山多大石也(二)墝埆不平也又脊薄也
搉 敲擊也又音角揚搉又言引證也商搉謂商量引證也
擖 刮也又音葉箕舌也
斠 平斗斛也量也
榼 (一)酒器也(二)篋也
殼 物皮之堅硬者曰殼俗亦作壳
毃 擊頭也
溘 奄忽也後人謂死曰溘逝
確 (一)堅也(二)事之真實亦曰確
碻 同確
礐 山多大石也或讀如覺
蛤 蛤蚧形如蜥蜴產於廣西其尾可供藥用(二)蛤蜊介屬
郃 郃陽縣名漢置今屬陝西關中

道

郝 (一)漢鄉名在今陝西西鄠盩屋兩縣間(二)姓也

閤 與閣通門旁戶也

闔 (一)閉也閉門亦曰闔戶(二)與合通統括之詞如書牘中言闔第安泰之類

霍 (一)散之速也如言霍

然病已即頓愈也又輕散財物曰揮霍(二)霍霍聲急也

鞂 禾葉之去皮者古祭天以之爲席也

鞈 (一)橐也以防捍也被於皮者曰鞈鞈(二)堅之貌也

韐 靺韐蔽膝之衣也古朝服用之

頜 頤也

鴿 鳥名與鳩同類有黑白等種人多畜之其記憶力甚詳放至遠處能自歸

戛 (一)長矛也(二)戛擊齟齬貌(三)常禮也

尅 (一)與剋通勝也謂制之也如言五行生尅(二)必

也如尅期告成(三)與刻通

嘎 嘎嘎鳥鳴聲也

·**地**

劄 劄劄言重疊也

瞌 本音磕人勞合眼坐睡也

答 (一)報禮曰答如答拜(二)應對曰答如對答

荅 (一)菽屬(二)當也(三)與答通

褡 (一)襠褡小被也(二)俗稱半臂衣爲褡背

鎝 鐵鎝發土之具頭廣一尺用同於耜

·**坡**

博 (一)廣也(二)通也多聞曰博如博士

搏 以手拍之也相搏如搏戰肉搏之類

欂 欂櫨柱上方木也

簙 局戲也通作博

膊 (一)脯也(二)上肢也俗呼爲臂膊

襮 (一)衣領也(二)表明之也如言表襮

鏄 (一)大鐘也(二)田器鋤類也

飥 餺飥與餺飥同餅屬也

餺 餺飥也見飥字

髆 肩胛也

·**他**

嗒 (一)解體貌(二)嗒喪喪氣也

塌 (一)地低下也(二)墮也

拓 (一)手持物也(二)開擴之意本音託

搨 用紙本摹拓古碑帖曰搨

撻 (一)打也疾速也(二)

榻 牀狹長而卑者曰榻

橐 (一)無底之囊也(二)駱駝亦曰橐駝

毾 毾㲪毛席也

漯 漯河源出山東茌平縣

澾 滑也

緆 以索罥物曰緆

踢 (一)跌踢放蕩也(二)踢踧顿伏也(三)踢毯也

蹋 與踏通踐也足著地也又糟蹋也

躝 同蹋

逷 (一)失據而倒也(二)蕩也又讀如宕義同

遢 邋遢不謹事也又不潔也

闒 (一)樓上戶也(二)闒茸怒顿又猥賤也

闥 宮中之門小者曰闥

韃 韃靼北方部落之名即今蒙古

鰨 魚名與鰈通

哳 啁哳鳥聲繁細也

狧 犬食也

· **增**

作 (一)興起也振也(二)爲也(三)造也

匝 環繞一周曰一匝

卩 古文節字

唼 (一)魚食也(二)唼也

噆 齧也帀與匝同

扎 借爲書札及包紮字

拃

俗拶字今通作搾

拶 逼也相排迫也

札 (一)書簡也公牘之上行下者亦曰札(二)天死爲札

柞 木名幹及葉柄間有刺柳

櫛 本字柳人刮摩之工業

楶 楶棁欂櫨所謂

枅也棁梁上短柱也以喩小才

櫛 (一)梳篦之總名也(二)理髮也(三)剔除也

汁 液也如瓜汁

節 (一)竹節也(二)事一端曰一節(三)節制也(四)志操曰節(五)禮作也(六)節候也

紮 (一)纏束也(二)屯駐軍隊曰紮(三)物一束也

迮 (一)蹙迫也(二)又音窄起也有倉卒之意(三)姓也

鉔 香毬也薰香之器能四面旋轉也

鋤 切草也切草之刀俗亦謂之鋤刀

· **時**

卅 三十也

塞 塡也隔絕而不通也

掇 (一)側手擊也(二)擺掇抖擻也

撒 放也散之也如言撒手撒潑也

薩 (一)菩薩也(二)姓也

虱 同蝨

蝨 虫名六脚口突常寄生人體及其他動物類吸收血液有頭蝨衣蝨等種

蹩 (一)蹩旋行貌(二)旋用心力貌

靸 (一)亦作靸小兒履也一說韋履之深頭者(二)急行之貌

⿰垂支 支物小木也

捶 穢壞雜碎之物謂之攋捶

颯 (一)風聲也(二)衰也

駁 馬行相及也

· **英**

匌 匌彩婦人頭花髻飾也

牐 與閘同以版有所閉也

堊 (一)白土也(二)以泥塗色曰堊

惡 (一)不善也(二)醜陋也(三)讀去聲憎也疾也

抑 (一)按也揚之反猶言高下強制也(二)冤屈也(三)轉語詞或者之意

押 (一)署名也(二)拘管也如押送(三)以物抵借財幣曰押

柙 (一)檻也所以閉猛獸(二)又音甲木名也

煠 烹飪之法

狎 (一)習也近也(二)易也輕也(三)戲弄之也

閘 與牐同河中設版瀦水時啓閉以通舟水門僅容一舟銜尾貫行謂之閘

· **出**

刹 (一)佛寺所立之幡竿也(二)六朝人謂塔曰刹唐以後則通稱佛寺曰刹

察 (一)反覆詳審之也(二)昭著也(三)考也如察吏

擦 摩之急也

柒 (一)俗漆字(二)又借爲數目七字

漆 (一)木名產於相鄂皖浙諸省其皮內有黏汁可髹器具(二)水名源出陝西

膝 股經相接處有關節可伸屈者曰膝

詧 與察同

桼 漆本字

·喜

喝 (一)呵也如言呼喝(二)北省方言謂飲曰喝

嗑 (一)嗑多言也(二)又卦名噬嗑

堨 以土障水謂之堨

壑 (一)坑也谷也(二)溝也池也

搳 擖也

暍 (一)傷暑也(二)熱也

曷 何也如曷不來

毼 毛布也澗水竭也如河轍

熇 (一)火熱也(二)又音考火乾也俗謂烘之曰烤疑即此字

猲 (一)猲獢短喙犬也(二)以威力脅之也

瞎 目盲也

矐 使其失盲也

臛 肉羹也

⿱⿱宀丰車 (一)車軸頭鐵也(二)星名蝎木中蠹虫也通作蠍

褐 (一)毛布衣也賤之人曰褐(二)賤者衣褐故亦謂貧(三)黃黑色無光者曰褐

謁 (一)進見也如謁見(二)告也(三)請也

謞 謞謞威烈貌又疾呼也

豁 (一)谷通也(二)開也如軒豁(三)開放也如錢糧之豁免

轄 (一)車軸端也以鐵爲之(二)管理也如總轄兼轄

遏 止也絕也

鎋 車軸頭鐵也通作轄

閼 (一)壅塞也(二)又音央閼氏匈奴王后之號

鞨 (一)履也(二)靺鞨蕃人部落之名

頞 鼻莖也

餲 臭也味變也

鶡 鶡雞似雉而大羽褐色故曰鶡頭有毛冠性猛好鬥至死不卻故武員戴鶡

黠 慧也亦讀如結

齃 與頞同鼻莖也

江部下平聲

·柳

囒 哰謂其支離牽引可解也

囊 盛物之具有底曰囊無底曰橐

廊 堂邊廡也如迴廊又邐羅火廊

攔 阻也遮攔也亦作闌

爛 斑爛色不純也

桹 鳥桹漁舟擊以毆魚者

櫳 房屋之窗牖也

欄 木欄也欄杆也

瀧 (一)水名源出湖南臨武縣(二)又盧厖切湍也如驚瀧急瀧

瀾 (一)大波爲瀾(二)米汁也

狼 (一)獸名狀似犬(二)蠻族名在廣東廣西交界處

琅 (一)琅玕石之似玉似珠者(二)潔白之喻

瑯 瑯玡郡名在今山東又山名

礱 磨穀之具以堅木鑿齒爲之

稂 草名害苗者也

籠 (一)編竹以盛器物或以覆物統稱曰籠(二)鳥籠也雞籠也(三)又燈籠也

籣 器名盛弓弩者也其形如木桶

聾 耳無聞也

膿 本音農筋肉腐爛所變之汁液也

蘭 香草名種類甚多有草蘭蕙蘭等種

蜋 亦作螂蜋蜩之別名

螂 螳螂益虫名亦作螳蜋

襴 衫也衣與裳連曰襴

讕 誣言相加也謾語也

踉 (一)踉蹌亂走也(二)跳踉足亂動也

⿰食良 ⿰食良鐺刑具鎖也

闌 闌(一)向盡也如歲晚曰歲闌夜深曰夜酒將罷亦曰闌(二)阻隔也(三)逸出
難 (一)易之反艱也(二)又讀下去聲憂患危險之事也如落難避難(三)詰責也
韊 藏弓矢之服也

·邊 房 室之通稱又家族分支亦曰房
瓶 器之小口大腹者曰瓶
缾 與瓶同汲水器也
荓 草名叢生葉圓而小莖紫赤色疏直瘦勁以之爲帚極耐久
馮 (一)馬行疾也(二)怒盛貌輔也(三)依賴也(四)姓也
魴 魚名產於淡水頭小腹大扁身細鱗亦名鯿魚

·去 笎 農具收穫時所用之架

·地 仝 道書同字今通用又姓也
同 共也如言同居同行之類
筒 竹筒也又凡圓管之大者曰筒
銅 金屬之一有紅銅白銅數種爲用至廣可製鍋及電線等物

·坡 傍 (一)與旁通(二)徬徨猶徘徊也(三)又讀如彷不得已也
帆 以幔張風使舟行也
旁 猶側也邊也如旁路
滂 (一)沛也(二)滂澤霈雨也
膀 (一)膀胱貯水之囊(二)俗稱肩胛曰膀又臂曰膀子
航 (一)兩舟相並共濟曰航(二)行舟也如航海航路(三)以舟爲浮橋也
螃 (一)螃蜞即蟛蜞也(二)螃蟹蟹之別號也
逢 姓也與逢字別
雱 雪盛貌
霶 霶霈大雨也
颿 (一)馬疾步也(二)又與帆通
鰟 鰟魮鯽魚名似鯽而小長一二寸產淡水古名青衣魚又名婢妾與旁皮
龐 (一)大也(二)雜亂貌(三)又姓也

·他 倓 安然不疑也
唐 (一)大言也(二)荒唐無稽之言也(三)朝代名
壜 甀壜可盛液汁如今酒壜之類
彈 (一)彈弓也(二)今鎗礮所發亦曰子彈(三)彈性謂伸縮力鼓擊之也(四)彈劾
惔 燔也謂以火灼爛之也
搪 揬也抵禦之意如搪塞
曇 雲布也
棠 木名亦名甘棠
檀 木名又檀香木產熱帶作香料用紫檀材堅色赤製器之用(二)淺赭色也
溏 淖也池也不凝結曰溏
潭 (一)深水也(二)宮室深邃之貌故稱人居宅曰潭府
痰 肺內所積之粘液也
䉡 繂索也
罎 瓦器也亦作壜
蕁 (一)俗讀如尋本作燅蕁麻山野之草莖葉有刺皮可製線(二)火勢上炎也
虫 古文䖵字今作蟲字用
螗 虫名蟬屬亦作螗蜩
螳 螳螂益虫也
蟲 虫豸也有足謂之虫無足曰豸亦爲動物之總名如

魚爲鱗虫獸爲毛虫 覃(一)延及也(二)深廣也大也(三)姓也 談彼此對語也如談話清談 譚(一)安緻也(二)與談同(三)姓也 赯赤色也人面色紫亦曰赯 郯古國名少昊氏

之後在今山東郯城縣境 醰(一)酒味苦也(二)又醇也 錟長矛也又與銛同 鎕(一)鎕銻火齊珠名(二)金類礦物之一 鐔劍鼻也 餤(一)進也(二)音党以薄餅卷肉切而薦

之曰餤(三)亦音啖與啖同又餌之也 驔馬之黑色而黃脊者

•增 層(一)重複也如層樓(二)事之秩序曰層次 叢(一)聚也(二)灌木曰叢(三)又姓也

•英 紅(一)赤色之淺者(二)女工亦曰女紅 葒草名與蓼同類

•杳 姏老女之稱 尨(一)犬多毛也(二)雜也如語言尨雜也 厖豐厚也如風俗淳厚曰敦厖 忙(一)心迫也(二)事冗亦曰忙 杗棟也大樑也 芒(一)多年生草秋時開花其

穰可為草履等物(二)穀實端之細毛曰芒也 茫(一)水貌(二)茫昧無知之貌(三)茫茫廣大貌 蘉勉也 蠻(一)南夷之稱(二)不守法律徒恃勇力者俗謂之蠻如蠻橫野蠻之類

邙山名即北邙亦曰芒山又名郟山在今河南洛陽縣東北古貴人塚多在此 鋩刃端也如言鋒鋩 閩種族之名見周禮今謂福建省曰閩古七閩之地也 鬘髮好貌

•語 岩俗嚴字 嵒與嚴通山嚴也俗又作岩 嚴(一)山之高峻者曰嚴(二)山石突兀而下覆者 巘山形似甑者亦作甗 碞(一)險也(二)與嚴同 言(一)口所發聲表意思

也(二)自言曰言答述曰語(三)文一句一字皆曰一言

•出 儳(一)不齊也(二)苟且可輕之貌(三)雜入也 劖鑿也 嚵(一)襄嚵漢侯國(二)小食也亦讀上去二聲 巉山險如劖刻也 戕殺也謂殺害也又戕賊也 欃檀木之別名

殘(一)惡也傷害也(二)餘也如殘年(三)缺失也如殘疾 毚(一)毚兔狡兔也(二)毚欲謂貪婪也 獑獑猢獸名猿屬 慙羞愧也 慚同慙 田植禾稼之地曰田

藏(一)匿也(二)蓄也(三)又讀如站藏物之所也(四)西藏之署稱 讒崇飾惡言毀善害能者也如讒人讒口 鑱犂鐵也又採藥用具所以握掘草根者 饞貪食也

• 喜

函封套曰函書信曰函書亦曰函 含包容也又懷而未吐之義如含怒含情之類 咸(一)偏也(二)皆也(三)悉也 㖤㖤糊瞋憤也注㖤頤也糊咽也垂也言氣之盛而㖤糊類瞋下

啣與銜字同 嗛與銜同口含物也(二)銜恨也 圅函本字口上曰臄口下曰函或作㖤 寒(一)冬氣也(二)窮困也如寒士(三)戰慄也如心寒 杭(一)杭州府名(二)又與航同方舟也

瀚(一)瀚海沙漠也(二)浩瀚廣大也 翰(一)雞之赤羽者(二)白色馬也(三)筆所書曰翰如書翰文翰 虷虷蠏井中赤小虫也又音干犯也 衎衎俗謂樂人曰衎衎

諴和也諴也 迒(一)獸迹也(二)道也 邗邗溝古水名在今江蘇江都縣故舊稱揚州府為邗上 邯邯鄲春秋時晉邑漢置為縣今屬直隸大名道 涵(一)水澤多也(二)容也

釬固金鐵樂也接合金類令相附著亦作銲 銜(一)馬勒口以制馭馬行止也(二)凡口銜物皆曰銜(三)官階位曰銜(四)憾也 閈里門也 雗(一)雉之白色者(二)雗鸞山鵲也 韓(一)井垣也

(二)姓也(三)國名 頏頡頏為飛貌飛上曰頡頏飛下曰頏 顄頤也又與頷同 馯(一)與騂同馬突奔也(二)馬青黑色也(三)東夷別種

• 嫋

嵐山氣蒸潤也 惏貪也 枏木名其材可為棟梁亦作枏楠 楠枏與同 男(一)男子也(二)子對父母自稱曰男 藍(一)一年生草葉如蓼亦名蓼藍(二)色深青曰藍

(三)與襤同如藍褸四姓也 蝻蝗子孵化而未能飛者 諵聒語也諵諵多言貌 鏾鏾鏒馬口中鐵也 人動物之最靈者 南(一)方位名(二)向南行者曰南(三)樂名

喃喃喃語不絕也 囡吳人謂女兒曰囡 婪貪也亦作惏

江部下上聲

• 柳

埌壙埌原野無邊際之貌 朗明也清澈也如明朗清朗 浪(一)水波也(二)放浪猶放蕩(三)浪子無業之人也(四)孟浪冒昧也輕浮也 閬(一)高門也(二)空曠也又高大也亦讀如郎

同義

• **邊**
徬 依附也又與彷徨之彷同
搒 (一)與榜同謂進舟也榜人亦作搒人船人也(二)又音彭亦音邦笞掠也
謗 毀也斥人之惡曰謗

• **地**
但 (一)轉語詞意有所別出而析言以著明也(二)空也徒也
僤 (一)厚也(二)婉僤行動貌
啖 食也與啗餤並通
啗 (一)食也(二)以利餌人亦曰啗
噉 同啖食也

嚪 與啗同
宕 (一)與蕩通意氣橫佚無撿制如跌宕偏宕(二)俗謂懸事不結曰宕如久宕
憚 畏難也
㦃 同憚又㦃孤地名
撣 拂去塵土曰撣
燙 (一)火傷曰燙溫物亦曰燙(二)

鎏 金之美者
盪 (一)滌也(二)移行也動也(三)搪突也抵禦也
簜 大竹也
𦧲 亦作舕舑吐舌貌
萏 菡萏荷花也
蕩 (一)廣大也(二)平易也(三)往復動也如行船

之蕩槳(四)震動也(五)惑之也
蜑 蜑人南蠻之一種亦稱龍戶在閩粵沿海
誕 (一)妄為大言也(二)行止無檢曰誕如放誕(三)又讀去聲俗謂生日曰誕日

• **增**
站 (一)久立也(二)中途暫駐之處曰站如車站驛站
臟 胸腹內諸器官之總名也舊則以心肝脾肺腎為五臟餘則稱為腑

• **英**
菡 菡萏荷花也

• **杳**
矕 (一)目美也(二)視也(三)被也
網 佃魚之具所以羅鳥取魚也
网 古網字

• **語**
唁 弔生者曰唁
喭 粗俗也彥彥讜直也
巘 山峯也
彥 美士也
甗 甑屬分為兩層上可以蒸下可以煮
諺 傳言也謂俗語也
贗 偽物也

雁 水禽名狀似鵝鳴聲嘹喨飛時自成行列秋來春去故亦名候鳥亦作鴈
鴈 同雁

• **出**
瀺 (一)水聲也(二)出沒貌

• 喜

僩 武貌

撊 勁忿貌

沆 漭沆大水也

限 (一)界也有一定之範圍不得越過之也如言限制(二)限期也(三)門限也

項 (一)頸後部也(二)事物之條件曰項如款項事項

憾 (一)不快也(二)讎恨也

頷 (一)頦下頸上也(二)首署俯也猶俗言點頭又讀江英六

• 嬆

濫 (一)水漫溢也(二)浮泛也如濫交濫為(三)過度也

嚂 貪食也

江部下去聲

• 求

共 (一)同也(二)皆也(三)合也(四)公也

• 地

峝 苗蠻所居謂之峝

洞 (一)深穴也又孔也(二)貫澈也如稱人之明察曰洞鑒

胴 (一)大腸也(二)頭頸以下除去四肢及臟腑則謂之胴也

迵 (一)過也(二)迵迵通達也

• 增

贈 送也遺也送人物曰贈如贈言贈詩

• 杳

夢 睡中幻夢也

緩 舒遲也寬也

夣 同夢

霿 (一)晦也天氣下地不應曰霿地氣發天不應曰霧(二)人心之蒙昧亦曰霿

• 喜

巷 里中道也

衖 同巷里中道也

陷 (一)沒也沒入土中曰陷(二)穽也(三)破壞也如城破曰城陷破陣曰陷陣

餡 餅餌中所實之味也

江部下入聲

• 柳

六 數名

力 (一)筋肉也(二)凡精神所及處皆曰力(三)務也(四)為人服役也

叻 叻埠即新嘉坡也

稑 禾先後處曰稑

• 邊

縛 束也以繩纏繞之使不能動也

·去 磕 (一)石相擊之聲(二)叩頭亦曰磕頭也

·地 澤 檐冰也今亦謂之庭澤 劇 判也治木木未成器者爾雅謂之劇 喥 喥出言無度也俗亦謂不知世故者曰喥頭 嗟 嚱嗟中亞細亞古國名 毒 (一)惡也害也物之能

害人者皆曰毒如毒藥毒害(二)恨也 蓬 草名馬舄也 踱 咥喥乍前乍卻也俗亦谓緩步曰踱(二) ⿰車度 輅言旋轉也 達 (一)通也(二)通顯也(三)薦也(四)通事理也(五)生也遂也(六)偏

也(七)皆也宜也 鐸 (一)大鈴也(二)古以木鐸宜教今故謂主持教化者曰司鐸

·坡 曝 本音僕曬也 瀑 飛泉懸水也亦曰瀑布 爆 (一)灼也熱也(二)爆竹即今之鞭爆畢剝有聲相傳為驅鬼之用(三)火裂也 瓟 (一)小瓜也(二)草名九葉叢生於一莖 爮 與瓟

同又與匏同匏瓠可為飲器 [illegible] 大呼也 雹 雨冰也小者如豆大者如拳能傷禾稼牲畜 骲 骲箭骨鏃箭也

·他 讀 誦書曰讀

·增 什 (一)與十同如什伍百(二)軍隊以五為人伍二伍謂之什 十 (一)數名(二)有實足之意如十足 襍 與雜同 雜 (一)不純一也(二)集也

·英 匣 用器大者曰箱小者曰匣 盒 器類之底蓋相合以藏物者曰盒

·文 嚜 (一)嚜嚜不自得之意(二)又同嘍 墨 (一)文具也(二)黑也貪墨謂官之貪贓枉法(三)匠者以繩墨正曲直 木 (一)植物之有枝幹者(二)行星名即歲(三)星無知覺也如言麻木不仁之類

楘 車軛之飾以皮束之也 纆 繩索也

·沓 嘍 進出口貨物箱包上所作之標記也 目 (一)人及動物之視官也視也(二)條件曰目 鉬 金屬化學原質之一

•語

咢 (一)與愕通驚也(二)咢咢直言也

噩 (一)與愕通驚也(二)嚴肅也(三)俗謂凶信曰噩耗

岳 (一)同嶽山之高大者(二)又稱妻父曰岳父

嶽 山高而尊者如五嶽泰山華山嵩山恒山衡山

亦作岳

愕 驚遽之貌

蕚 花瓣之外部曰蕚

諤 直言也

遻 本作遻遇也又心不欲見而見曰遻

鄂 (一)春秋楚邑名在湖北武昌縣境故亦稱湖北省曰鄂(二)邊際亦曰鄂

鍔 刃旁曰鍔即刀劍之口也

顎 (一)面高貌(二)同鰐

鱷 爬虫類形似蜥蜴鱗甲堅硬常潛伏水邊攫取動物亦作鰐

鶚 猛禽嘴短趾有連膜常棲水邊捕魚為食古謂之雎鳩

鷲 鷲鷟鳳屬也

齶 齒齦上下肉也

•出

賊 (一)劫人財物曰賊今統稱竊盜曰賊(二)害也殘也(三)蟊賊害苗之蟲

蠈 蟊蠈食禾節虫通作賊

鑿 (一)木工所用穿木之器俗曰鑿子(二)凡穿掘皆曰鑿(三)確也如確鑿不移

鰂 烏鰂輭體動物之一亦名烏賊魚形如囊能吐黑汁故亦名墨魚有觸手十中二觸長背有甲一白而脆名曰海鰾鮹

•喜

學 (一)受人之教而效之也(二)學堂教育之所也

鷽 鳥鳴似鵲色黑而有文采嘴赤色尾長亦名山鵲

•嫋

納 (一)入也受也(二)獻納也如納稅款

衲 (一)補也猶言縫綴(二)僧衣曰衲故稱僧亦曰衲

訥 言遲鈍之謂也

諾 (一)應辭也疾應曰唯緩應曰諾(二)以言許人亦曰諾(三)文書之押亦曰諾

軜 驂馬之內轡繫於軾前者有環以貫之謂謂之觼軜

鈉 (一)打鐵也(二)金屬化學原質之一

吶 (一)吶吶聲不出難言也(二)吶喊高呼也

肭 (一)膃肭肥也(二)獸名

魶 兩栖動物一名山椒魚體長四尺餘居溪流中以魚為食又名鯢